朱培庚編著

文史典故

多看故事多增智

文史哲出版社印行

國家圖書館出版品預行編目資料

多看故事多增智 /朱培庚編著. --初版. --臺北
市：文史哲, 民 96.12
頁： 公分. .--（文史典故；7）
ISBN 978-957-549-752-1(平裝)

856.9 96023055

文 史 典 故 7

多看故事多增智

編著者：朱培庚
出版者：文史哲出版社
http://www.lapen.com.tw
登記證字號：行政院新聞局版臺業字五三三七號
發行人：彭正雄
發行所：文史哲出版社
印刷者：文史哲出版社
臺北市羅斯福路一段七十二巷四號
郵政劃撥帳號：一六一八〇一七五
電話886-2-23511028・傳真886-2-23965656
實價新臺幣四二〇元
中華民國九十六年（2007）十二月初版

ISBN 978-957-549-752-1

多看故事多增智　目錄

一　曾國藩南京受騙……欺紿……九
二　陶文毅安化託孤……知遇……一二
三　隰斯彌砍樹突停斧……慎微……一六
四　貝聿銘建館就封刀……息影……一八
五　呂坤不走權貴門……獨異……二一
六　寇準應讀霍光傳……責善……二五
七　證嚴上人發心蓋醫院……大愛……二八
八　武訓乞丐立志辦學堂……篤義……三三
九　送茶籃底藏金飾……拒賄……三八
十　糴米倉中見斧頭……疑猜……四一
十一　行事應當知錯……進善……四四
十二　撰文不可忘年……疏漏……四七

十三　林語堂甚麼都不懂……………………………謙德…………五六
十四　陳師召凡事夠迷糊……………………………昏瞀…………五七
十五　伊庵權禪師每天疚罪…………………………自省…………六〇
十六　蕭伯納文傑再度贈書…………………………珍惜…………六二
十七　家中老母如來佛………………………………孝感…………六四
十八　膝下嬌兒討債人………………………………報應…………六六
十九　陶母賣長髮……………………………………賢媛…………六八
二〇　楚王愛細腰……………………………………僻嗜…………七一
二一　魯班門前耍大斧………………………………自大…………七四
二二　牛頓海邊拾貝珍………………………………謙遜…………七七
二三　唐太宗割鬚癒勣病……………………………感恩…………七九
二四　李懋功煮粥受姊訶……………………………友愛…………八三
二五　寶硯呵氣就出水………………………………拒惑…………八五
二六　深井瞄屍便認夫………………………………露餡…………八八
二七　錢鍾書亦逸亦奇眞國士………………………博學…………九〇
二八　鮑春霆有情有義好男兒………………………酬恩…………九四

二九　蘇東坡不敢應考……………………荒　誕……………一〇〇
三〇　葉公超未曾讀書……………………勤　學……………一〇四
三一　郭令公獨臥見盧杞…………………避　凶……………一一〇
三二　許謀士單騎謁曹瞞…………………詭　譎……………一一三
三三　觀人於微東郭猜到將攻莒國………察　微……………一一六
三四　察君之隱衛姬料中要伐衛君………觀　隱……………一一九
三五　楊守陳答驛丞每天任洗幾匹馬……侮　慢……………一二二
三六　胡林翼派縣長一年穩賺三千銀……積　攢……………一二六
三七　開口問東問西笨龜性命不保………慎　言……………一三〇
三八　漫天暴風暴雨亡父屍體無存………風　水……………一三三
三九　余英時美京獲頒克魯奇獎…………成　就……………一三六
四〇　王雲五陝北趕譯法律長文…………學　優……………一三九
四一　要圓預言殺兒子……………………謬　妄……………一四三
四二　去討小債花大錢……………………得　失……………一四五
四三　志趣有差管華分座…………………賢　佞……………一四七
四四　綱目無別麞鹿同籠…………………解　窘……………一四九

四五 懷讓禪師般若寺磨磚欲成鏡……………………白費……………一五一
四六 虞舜大帝寧遠縣鑄像示崇賢……………………仰德……………一五四
四七 李密世充仗軍威徐曠或踞或拜……………………應變……………一五七
四八 秦檜王振建高閣周忱有幸有災……………………吉凶……………一六〇
四九 漢劉邦劣食有疑范增氣死……………………用間……………一六三
五〇 楚王戊醴酒不設穆生辭官……………………知微……………一六八
五一 鄧小平搞活中國經濟……………………好貓……………一七一
五二 王永慶創拓台灣塑膠……………………奮鬥……………一七五
五三 林義傑跑步橫穿撒哈拉……………………膽勇……………一七八
五四 薛德瑞騎車貫跨亞歐洲……………………堅毅……………一八一
五五 爾正平記性超強……………………穎異……………一八六
五六 宋太宗忘心特快……………………圓融……………一九三
五七 周恩來智取總統夫人九龍杯……………………聰智……………一九七
五八 宋徽宗寵賜金陵女子御金盞……………………慈惠……………二〇一
五九 難改噪喉梟鳥想要遠徙……………………護短……………二〇五
六〇 不能展翅鸚鵡獲得放生……………………同情……………二〇八

六一 石瑛市長拒英語……自尊……二一〇
六二 宋江罪犯寫反詩……任性……二一三
六三 程夫子有膽喝花酒……定心……二一六
六四 劉大人無計送門簾……守正……二一九
六五 屠牛吐測知齊君女兒容貌醜……高智……二二二
六六 司馬吞猜中趙王正妻身分高……巧詐……二二五
六七 馬英九陷官司輸贏難測……羅織……二二八
六八 駱賓王撰文檄死生不明……寬容……二三三
六九 黃克強斷指中彈……大勇……二三九
七〇 毛澤東鬆褲捉虱……無忌……二四四
七一 公孫龍白馬終非馬……雄辯……二五一
七二 孔夫子謎團還是謎……小道……二五四
七三 閻督弄私心豈知風送滕王閣……神助……二五八
七四 范公行善念怎料雷轟薦福碑……天殃……二六二
七五 莊周說孤駒未嘗有母……語病……二六五
七六 鄧攸歎良吏何竟無兒……命薄……二六八

七七　紀昌神箭射穿懸虱……………………………………絕　藝……二七一
七八　中共飛彈擊落衛星……………………………………精　準……二七七
七九　連雅堂「三百年來無此作」…………………………史　筆……二八二
八〇　胡適之「但開風氣不爲師」…………………………虛　懷……二八六
八一　鼎之假或非假拒作證…………………………………敦　品……二九〇
八二　酒的死與不死難置評…………………………………舌　辯……二九二
八三　畢加索巴黎送旅費……………………………………慷　慨……二九四
八四　曾國藩岳麓緊溫書……………………………………大　成……二九六
八五　甄彬還黃金拒謝………………………………………廉　謹……二九九
八六　裴度拯錄事賜婚………………………………………德　溥……三〇二
八七　會朋儕華友講洋語……………………………………炫　耀……三〇六
八八　傳書信燕足寄情詩……………………………………團　圓……三〇八
八九　後進洪學士哪及先進蘇學士…………………………自　誇……三一一
九〇　城南劉儀同要訪城北劉儀同…………………………迷　失……三一六
九一　高昂不作老博士………………………………………雙　擅……三一九
九二　晏殊要考新試題………………………………………不　欺……三二四

九三　陶侃飲酒設限……………………………………自　咎……………三二六
九四　郭威治喪戒奢…………………………………守　儉……………三二九
九五　文吏班蒙猜字謎………………………………智　高……………三三二
九六　才子宗臣撰對聯………………………………才　捷……………三三五
九七　無錢去宴樂……………………………………直　誠……………三三九
九八　有人來借書……………………………………寬　慰……………三四一
九九　神奇的方陣圖…………………………………妙　思……………三四三
一〇〇　有趣的英文字………………………………巧　變……………三四九
書名索引………………………………………………………………………三五九
人名索引………………………………………………………………………三八二

胞兄耽於筆耕，新作又將殺青；

低智應求高
小才宜變大
多來學幾招
放膽闖天下

我今遠在他邦，遙寄篆詞祝頌。

朱玉君

低智應求高
小才宜變大
多來學幾招
放膽闖天下

二〇〇七年桂月于美國費城

人不忍欺，人不敢欺，僅如此豈能防騙？疑心將騙，疑心已騙，只恐怕仍會受欺。

一 曾國藩南京受騙

我們不時看到某些道學先生，寫出那正經八百、論述宏博、專說大道理的長文來教訓世人，似乎太嚴肅了吧？倒不如找出若干平易近人的短淺實例，用講故事的方式來請大家欣賞。既富親切之感，又有益智之能。對你我的處事待人，諒都會有幫助。

天地間最易撈取橫財的勾當，莫過於「騙」。騙術洋洋大觀，既有詐騙狡騙、軟騙硬騙，也有詭騙謊騙、諛騙誘騙。騙徒花樣百出，防不勝防，甚至那智慮慎密、觀察精微，識人無數的曾國藩，也難逃此一劫數。

談到欺騙，我們不妨先引述一段漢代司馬遷《史記・卷一百二十六》篇尾的話來作探究：

「傳曰：子產治鄭（子產治理鄭國，仁而且明），民不能欺。子賤治單父（宓子賤治理魯國都邑單父，清靜而化），民不忍欺。西門

《史記・卷一百二十六》原文

豹治鄴（西門豹治理魏國鄴縣，威化御俗），民不敢欺。」

接著《集解》注釋又說：

「魏文帝（三國曹丕）問群臣：三不欺於君德孰優？太尉鍾繇司徒華歆對曰：君任德（長官施德澤來感化部屬），則臣不忍欺。君任察（長官以精明來考核部屬），則臣不能欺。君任刑（長官用刑威來警戒部屬），則臣不敢欺。」

但高明的騙徒，野心大，為貪財甘冒「不忍欺」，用巧術矇騙「不能欺」，有膽量化解「不敢欺」。他們能言善道，先拿高帽子慷慨免費送人，對方一高興就信而不疑，然後趁機大撈一筆溜走了，留下的爛攤子你還得收拾。請看實例：

清代洪秀全起兵，攻佔了長江中下游湘鄂贛蘇各省，建立太平天國，定都南京，歷經十五年（一八五〇—一八六四）。好不容易被曾國藩（一八一一—一八七二）平定了。當南京城光復初期，百廢待興，需才孔急，有位賓客去見曾侯（曾國藩立功封為毅勇侯），交談中話題引到進用部屬要防杜欺騙，這是選拔人才的基本條件。

這位客人揚言道：「受不受部屬的欺騙，當然還要看主人自己會不會接受欺騙。依在下的淺識來看：當朝袞袞諸公之中，例如以您曾侯爺誠篤待人的盛德，別人自然『不忍』欺騙您。例如胡巡撫林翼大人（一八一二—一八六一）精敏幹練的明察，別人自然『不能』欺騙他。又例如左宗棠季高爺（一八一二—一八八五）嚴肅方正的性格，別人自然也『不敢』欺騙他。只不過例如某某幾位大爺，別人雖然『不曾』欺騙他，卻屢疑心會受到『欺騙』。甚至已經被人欺騙了，自己還懵然『不知』受騙。類此者還大有人在。這就只能怪自己無識人之能，乃至如此。不知曾爺的高見如何，還請多賜教導！」

曾國藩聽到客人捧揚自己（這就是免費奉送高帽子而曾國藩欣然接受了），心中悅喜，覺得這位客人見事正確，言談中肯，對當朝人物的分析評斷也甚爲確當，乃禮延他爲上等客卿，不久就委派他擔任重要職務。

過不多久，這位新任歪官竟然趁大家不防備之際，拐帶了大筆錢財，溜之大吉。

曾國藩受了大騙，無奈地摸著鬍鬚，自言自語自責說：「別人『不忍』欺騙我？別人『不忍』欺騙我呀！」身旁的幕僚多人，只能暗中竊笑。原文引自未名氏《淘沙集》：

「當金陵初復之日，有人往謁曾侯。言談中論及用人須杜絕欺騙。客因大言曰：受欺不受欺，亦顧在自己之如何耳。若中堂（尊稱曾國藩）之至誠盛德，人自不忍欺。左公之嚴氣正性，人亦不敢欺。至於某某諸公，則人雖不欺，而尚疑其欺。或已受欺，而不悟其欺者，比比也。曾侯大喜，待爲上賓，委以政事。未幾，客忽挾重金遁去。侯乃自捋其鬚曰：人不忍欺，人不忍欺？左右聞者皆匿笑。」

這是個令人警惕的故事。曾國藩本是個最能判定別人正邪善惡的老手，他在奏疏中就說「不用游滑之徒。」在信札中也說「不取浮華之輩。」但這次他卻看走眼了。眞個是：

惡客存心騙！諛詞入耳宜。才華堪助我，錢帛可交伊。
捲款鴻飛杳，瞞天兔脫奇。捋鬚空自歎，爲甚獨余欺？

作聯要臻精純，交友要挑高士；
論婚要選淑女，託孤要擇端人。

二　陶文毅安化託孤

締結好友，要尋道義之交，不問其官大官小，財多財少。但必求德厚品端，履仁蹈義之良士，甚至可以付予身後之託。請看陶左相逢，兩情融洽，彼此誠心互許，溫馨感人。

（一）陶左締交

左宗棠（一八一二—一八八五，死後謚文襄）湖南湘陰人。初時很不得志，只做個醴陵書院的山長（湖南省醴陵縣學的校長）。縣城小，薪資少，幾乎不能維持生活。

有個陶澍（一七七九—一八三九）湖南安化人（瀕資江，產安化茶），官任兩江總督（指江南和江西，即今江蘇江西安徽三省）。向朝廷請了假，回湖南掃墓。那時清朝道光年代，長江汽輪尚未暢通，往來都循陸路。陶督是皇帝親准的恩假，從馬驛官道經江西回湘。醴陵在湘東，是贛湘孔道，陶澍要在此縣住宿。縣長不敢怠慢，就選定醴陵書院，作為陶總督的臨時行館，囑咐左宗棠撰寫對聯，以表歡迎之盛意。那縣在陶澍「上房」的對聯是：

「春殿語從容，廿載家山，印心石在；
大江流日夜，八州子弟，翹首公歸。」

那印心石，原是陶澍老家庭院中聳豎的一尊古老大石，呈立體正方形，命名為印心石，是鎮家之寶。陶澍還把他的書齋命名為「印心石屋」。道光皇帝召見陶澍在便殿中談話時，也從容的問起了這尊大石，還替他題了字，可見皇帝對他的恩遇。

陶澍一見這副對聯，喜其氣勢磅礡，對仗工整，文句扼要，描述恰切，贊為了不起的文筆，就問縣令是誰做的？縣長回稟，是此間山長左宗棠所作。陶澍甚為欣賞，當即派出車駕，將左宗棠從住處接了過來，兩人交談了一天一夜，十分歡洽。就把左宗棠聘請到總督幕府裡去，以客禮相待，當作上賓好友了。

（二）結親託孤

陶澍得子很晚，幼兒還在童年。左宗棠也有一女，年紀略小一點。有一天，陶澍備辦了酒菜，邀請左宗棠餐敘。吃到一半，陶澍提出兩家結親的心意。左宗棠一聽，連忙恭謹的婉言推謝。因為陶澍早年是進士出身，曾任太子少保，目前身為兩江總督，又是皇帝所眷顧的方面大員；而左宗棠只是一名陽春舉人，比進士低了一級，且沒有任何官職。論及門第、輩分、財富、官位，都相差太遠，根本不能匹配。

陶澍誠懇言道：「季高兄不必謙辭（左宗棠字季高），以你的才氣，將來的功名必會在我這老頭子之上。我已年邁，但小犬尚幼，我可能等不到他名成業立的那一天，因此想將教誨小兒的事勞累你。而且我的家務，也想一併付託給你操心。今天坦誠相懇，乃是我深思熟慮後眞摯的一番奉託。」

左宗棠聽後，十分感動，陶澍折節下交，言談眞切，推辭未免見外，就慨然承諾了。果眞隔不多年，陶澍在任上逝世，死後賜謚文毅。左宗棠協助經營了喪禮，帶領了這位小公子，回到陶澍故鄉安化縣老家，親自教他讀書，並代管陶府的家業。裡裡外外，秩序井然，如同陶澍生前一樣。

陶家的族人衆多，都欺負陶澍死後家中人丁單薄，下代幼弱。族人屢次出些邪惡主意要來謀佔產業，都靠左宗棠的婉阻化解，得以平安無事。

陶澍老家印心石屋的書齋中，藏書極富。左宗棠日夜用功，都遍讀了。自己經世治國的學識，與日俱增。他未來一生的事業，剿太平天國、平回亂、定新疆，都是在這段時期中奠定基礎的。

左宗棠像

請參閱清・徐珂《清稗類鈔・知遇類》原文：

「左宗棠，侘傺甚，充醴陵書院山長。修脯至菲，幾無以給朝夕。時安化陶文毅公澍，方督兩江，乞假回籍省墓。當時輪舶未通，吳楚往來，皆遵陸取道江西。文毅奉優詔，馳驛回籍，地方官吏，供張悉有加。醴陵爲贛湘孔道，縣令特假書院爲別館，囑文襄撰書楹帖。其上房聯曰：春殿語從容，廿載家山，印心石在。大江流日夜，八州子弟，翹首公歸。印心者，文毅家有古石一，其形正方，名之曰印心石，故文毅齋名，即以印心石屋命之。召見時，宣宗嘗從容詢及也。文毅睹楹聯，激賞不已。問縣令：孰所撰？令具以文襄姓名對。即遣輿馬迎之至，談一日夜，大洽，即延入幕府，禮爲上賓。」

「文毅得子晚，其公子尚在髫齡。而文襄有一女，年相若。文毅一日置酒，邀文襄至。酒半，爲述求婚意。文襄遜謝不敢當。文毅曰：君毋然。君他日功名，必在老夫上。吾老而子幼，不及睹其成立，欲以教誨累君，且將以家事相付託也。文襄知不可辭，即慨然允諾。未幾、文毅騎箕，文襄經紀喪事，挈公子歸里，親爲課讀，且部署其家事，內外井井，如文毅在時。陶氏族人欺公子年幼，群謀染指，賴文襄之禦侮，得無事。文毅藏書綦富，文襄暇日，皆遍讀之，學力由是日進。一生勛業，蓋悉植基於是時也。」

我們如有必要，或須交待身後之事，亦有可能須接受他人的付託時，不妨一讀此篇。

察知淵底之魚，當非吉兆；
識破對方之秘，會有凶災。

三　隰斯彌砍樹突停斧

聰明的人，能夠看穿他人的隱密。更聰明的人，即使看穿了卻假裝不知道。這等人的智商（intelligence quotient—IQ）特高。若能善於利用，則進可以攻，退可以守，隨心所欲，臻於萬全。《韓非子・說林上》有一故事：

「隰斯彌見田成子，田成子與隰子登臺四望。三面皆暢，南望，隰子家之樹蔽之，田成子亦不言。隰子歸，使人伐之，斧已數創，隰子止之。其相曰：何變之速也？隰子曰：古者有諺云：察知淵中之魚者不祥。夫田子將有大事，而我示之知微，我必危矣。不伐樹未有罪也，知人之所不言，其罪大矣。乃不伐也。」

這個故事，至今仍可作爲典範，語譯如下：

隰（音習）斯彌（齊國大臣）到田成子（也是齊國重臣，《史記》作田常，卒謚成子，故稱田成子）府中拜訪。田成子邀他同登田家樓臺遠眺，只見東西北三面都可極目遠望，只有南面卻爲隰斯彌家的大樹所遮攔，視線被阻，殊爲遺憾。隰斯彌默察到了，但田成子始終沒有對這事表示意見。

隰斯彌回家，便叫來匠人砍樹，剛正砍下幾斧頭，隰斯彌又叫不要砍了。

隰府裡的佐理官感覺怪異，問道：「隰公你剛下令砍樹，還沒三四斧，又突然下令停止不砍，爲何反覆改變這樣快呢？」

隰子答道：「我想起古人有句老話：『看清了深水底下的魚兒的人，會招來不吉祥的禍殃（察覺得太過細微精明，會招惹災禍上身）。』我覺得田成子把持朝政，壟斷國事，似乎暗地裡佈署著某椿大計謀，只是還沒有明顯發動罷了。

「這次我去造訪，無意中發現我家高樹擋住了他的視線。假若我主動砍樹，便顯得我太過精明，暗中猜透了他的心意了。最近他將要進行某種大圖謀，如果發覺我竟能體察精微，他疑心一起，我的性命就難保了。今者，我不砍去大樹，這沒有甚麼罪過。如果對手認爲我料中了他還未顯露的陰謀，這個危險就惹得太大了呀。這就是我原初要砍卻又住手不砍的緣故。」

猜到了對方內心的隱私，便是識破了別人的陰謀，這是很遭忌的，還是裝傻爲上策。倘若由此而惹上殺身之禍，豈不是咎由自取？見微知著，由小觀大，如果形勢上力量上都拼不過人家，那就得自己小心了呀。

今已成名，讓我也能回頭挑業主；
當茲亂世，為臣亦須睜眼擇君王。

四　貝聿銘建館就封刀

蜚聲國際的建築大師貝聿銘（一九一七—）的封刀之作，是蘇州博物館。此館位於江蘇省蘇州市東北街二〇四號，緊鄰有名的古蹟太平天國忠王府（李秀成府），與江南四大名園之一的拙政園也近在咫尺之間。

蘇州博物館於二〇〇六年十月六日（中秋節）開幕，館內有大小展覽廳三十二間，文物展品超過一、一六〇件，包括江南才子唐伯虎文徵明等名儒的書畫眞本，販賣部且有精緻的雙面蘇繡出售。門票暫定爲人民幣二〇元。

貝聿銘（中）在蘇州對眾人講解蘇州博物館的建築設計

全球博物館何止百千，但蘇州博物館因是由貝聿銘設計而很特出。貝先生對他貝家自明代起世居蘇州至今數百年的情懷，所謂「上有天堂，下有蘇杭」，十分戀注；加以此是壓軸之作，故十分投入，成績燦然，且親自出席開館酒會。年屆九旬的他說在歲末告休，願爲退士（退隱休息的士子），由出身哈佛的第三子貝禮中接棒。

從建築的外觀到內裝，可以感覺到蘇州博物館的「精、氣、神」凝成一體。建築物本身就是展品，而展覽文物的陳設也向建築物「借景」。建築結構很創新，去繁就簡，捨棄浮華細膩的纏綿，加強光影美學的運用，確立這千古一刀。

窗外別有洞天

（蘇州博物館採用不少的借景手法）

貝聿銘自一九六〇年在美國創立建築事務所，他的建築設計案子，著名的有美國甘迺迪總統遺孀賈桂琳委託而設計的波士頓甘迺迪總統圖書館，有在國際競圖遴選中贏得的巴黎羅浮宮玻璃金字塔的設計，有爲中東石油富國卡達設計的伊斯蘭藝術博物館，當然還有台北的國父紀念館等。

有關貝聿銘及蘇州博物館的報導，請參閱二〇〇六、十一、廿六、《人間福報》，二〇〇六、十二、十四、和十二、廿五、《聯合報》，二〇〇六、十、七、紐約《世界日報》，都有詳細敘記。貝聿銘曾經自述說：

「我成名之後，是由我去選擇業主，而不是由業主來挑選我。」

這番語意，與東漢時代的馬援（西元前一四—後四九）對漢光武帝劉秀（前六—後五七）的談話極爲相似。據范曄《後漢書・卷五十四・列傳第十四》所記：

「馬援少有大志，嘗謂曰：『丈夫爲志，窮當益堅，老當益壯。』公孫述派馬援奉書洛陽（是東漢的首都），漢光武帝迎之。馬援訴曰：『當今之世，非獨君擇臣，臣亦擇君（伙計也要挑選老闆）。』後拜馬援爲伏波將軍。」

這是說：當馬援那個時代，群雄並起，不但位居皇帝的英主，要挑選能幹的良臣，即使身爲臣僚的志士，也當要睜大眼睛，來選擇賢明的君王，才值得付出忠誠，全心效命。貝先生和馬將軍的這兩段話，志高氣壯，這要胸藏大略，才可發此豪語。我們見賢思齊，也當奉他們爲榜樣。

大師剪綵

蘇州博物館竣工開館，貝聿銘（中）當天前往蘇州為新館剪綵。（新華社）

奔走權貴之門，客人辛勞，大官厭苦；
呈送厚重之禮，主人笑納，客人升官。

五　呂坤不走權貴門

明代呂坤（一五三六—一六一八），字叔簡，號新吾，進士出身，做過山西巡撫、刑部侍郎等高職。他躬行實踐，講學不倦，撰《呻吟語》六卷（序言說是「病時疾痛語也。」）耗時三十年。全書分爲性命、修身、問學、養生等十七部份，共含兩千零七十三條，實是集修養之大成。到清代道光年間，皇帝且把呂坤奉祀在孔廟裡，尊爲典範。

該書卷之二「內篇」的「修身」裡有一條寫道：

「予不好走貴公之門。或讓之。」

（我不喜歡奔走於高貴的公卿大官之門。或許有人指責我錯了。）

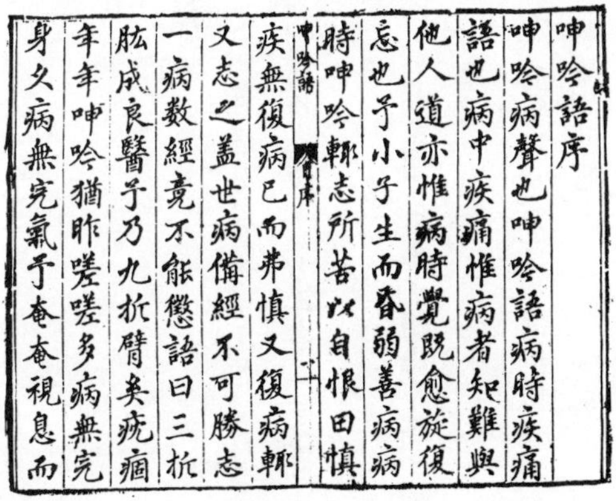
呻吟語序
呻吟病聲也呻吟語病時疾痛
語也病中疾痛惟病者知難與
他人道亦惟病時覺既愈旋復
忘也予小子生而昏弱善病病
時呻吟輒志所苦以自恨曰慎
呻吟語　序　一
疾無復病已而弗慎又復病輒
又志之蓋世病備經不可勝志
一病數經竟不能懲語曰三折
肱成良醫予乃九折臂矣疢痾
年年呻吟猶昨嗟嗟多病無完
身久病無完氣予奄奄視息而

明人呂坤撰《呻吟語》

予曰：奔走貴公，得不畏其不喜乎？

（我說：去拜見高官，難道不擔心他會不高興嗎？）

或曰：懼彼以不奔走爲罪也。

（別人說：只怕他認爲我不去拜見他反而是我的罪過呀！）

予嘆曰：「不然。貴公之門，奔走如市。彼固厭苦之，甚者見於顏面，但渾厚忍不發聲耳。徒輸自己一勤勞，徒增貴公一厭惡。且入門一揖之後，賓主各無可言，彼此愧赧矣。

（我嘆口氣說：不是的。高官的門庭內，奔走拜會他的人有如街上行人，絡繹不斷。他已十分厭煩，而且十分辛苦，甚至表現在臉色上，只是守著厚道，沒有說出聲來吧了。可見這種拜會，我這一方面是徒然付出了自己的勤勞，他那一方面又增添了貴官的厭惡，而且進入府門拜揖之後，賓主雙方都缺少話題可談，彼此都不好意思吧。）

予恐初入仕者狃於衆套，而不敢獨異，故發明之。」

（我是恐怕初始做官的人，受到大衆俗套的拘束而不敢潔身自愛，故特爲揭發，說個明白清楚。）

有道是：大官忙不了（閒暇少），還是免見好（省打擾），熱臉挨冷臉（多腼腆），何必經常跑（沒煩惱）。

不肯遊走於權貴之門，豈只明代呂坤有上述這篇短文，此外同是明代的中原才子宗臣

（請見第九十六篇）也寫了一篇《報劉一丈書》，收在《古文觀止・卷四》，提供後學士人作範本來研讀。

劉一丈是宗臣父親的好友，也是宗臣的老師，名劉墀石。這封書信，有辛辣的諷刺，有生動的挖苦，原文很長，不便全錄，僅摘譯部分描敘來作證明：

「請看那無恥的小人，早晚恭候在高官貴人的大門外，門房故意刁難，不給通報，他只好甜言懇求（原文說：甘言媚詞，作婦人狀），且奉上紅包，才買動門房接受名片進去稟報。大官又不即時引見（大官架子眞夠大），他只好站在馬棚裡，聞馬糞的臭味（原文：即使飢寒毒熱不可忍，不去也）。直到天黑了，門房說：主人疲倦了，明天再來吧！到了明天，又怕遲到失禮，披衣夜坐，等候天亮，雞叫就忙梳洗，快馬趕來扣門。門房怒道：你眞不識相，我主人哪有這早就見客的？他又送上紅包，才讓他進屋佇候（一心只想求見面）。等了好久，主人才說召見，他恭謹趨進，遠遠匍匐在階台之下。主人說：進來！他再又拜了兩拜，才近前呈上珍寶禮盒（見面只須多跪拜，禮物要重，不須講話，彼此心知）。主人故意不受，客人固請收受，主人故意再三不受，客人堅請笑納，主人才叫侍者收下了（已收厚禮有厚望）。客人又拜了兩拜，才敢告退（奴顏婢膝拜主人）。出來對門房說：貴人囑你照顧我。他日再來時，千萬不要攔阻我呀。他高興地出了大門，碰到熟朋友，就大聲嚷道：我剛才從貴人府裡出來，貴人很看重我，很賞識我呀！還假添一些與貴人歡談的情狀。朋友也十足相信那貴人眞的看重他了（得意忘形逞驕態）。大官又偶然對人說：某人不壞嘛，某人不壞嘛！聽者也都以爲某人定該出頭了（重禮會有好回應）。」

這個寡廉鮮恥，干謁求仕的故事，正是明朝嘉靖年代，嚴嵩、嚴世蕃賣官納賄時期的寫照，故事的第一步是求見：「要想拜大官，先得賄門房；閻王不易見，鬼仔更難防。」第二步是送禮：「送上貴重禮，大官心歡喜；珍寶已收下，高升等著你。」第三步是驕人：「拜別大公館，心中好溫暖；見人就吹牛，高官最愛我。」描述得極爲精透。

這是四五百年以前的事情，時至今日，求官謀職，是不是回歸到正途上了呢？這得請各位睿智的讀者諸君睜大眼睛來察鑒。

「進士」高名，豈謂「不學」？
「宰相」兩任，哪能「無術」？

六　寇準應讀霍光傳

出身進士（這是國家最高的考試），兩任宰相（這是國家最高級的官位），此人是誰？宋代寇準（九六一—一〇二三）是也。但他的好友張詠（九四〇—一〇一五，《宋史》有傳）仍說他「不學無術」。言者標準奇高，聽者欣然笑受，這是何等的格調？且容筆者介紹。

北宋寇準，字平仲，宋太宗太平興國四年（九七九），他十九歲，考取了進士，可謂少年而有才。宋眞宗時，爲宰相。他勸請眞宗親征契丹，訂立了「澶淵之盟」。後因受到讒言，離開相位，到天禧初年，又復爲宰相。封萊國公，卒諡忠愍。

他有位極好的耿直之友張詠（號乖崖，常當面講直話，後爲吏部尚書，《宋史》有傳），也是太平興國進士，在成都任益州知州。聽聞寇準做了宰相，很高興。但又說：「寇公才幹奇高，可惜他學術不足，頗爲遺憾。」

後來，寇準在陝西省，張詠正從成都歸來，兩人約好見面。寇準隆重的鋪設了宴飲的帷帳與餐具，盛情款待張詠。離別時，特意陪行，直送到郊外才停步。

寇準請張詠作臨別贈言，問道：「現在要分手了，有甚麼可以賜教於我的嗎？」張詠慢慢地只說了一句話：「《霍光傳》（西漢時代的大司馬、大將軍，權傾內外，威震人主，《漢書》有傳）不可不讀呀！」

寇準不懂張詠的語意，但也不便多問。回來時特地找出這篇《霍光傳》細讀，尋求自我省察，一直看到「不學無術」這句，笑著自語道：「這就是張詠勸勉我的話了。」

以上是元代托克托《宋史・卷二百八十一・列傳第四十》寇準傳所述。原文是：

「寇準，字平仲。年十九，舉進士，後爲相。張詠在成都，聞準入相，曰：寇公奇才，惜學術不足耳。及準出陝，詠適自成都罷還。準嚴供帳，大爲具待。詠將去，準送之郊，問曰：何以教準？詠徐曰：霍光傳不可不讀也。準莫諭其意，歸取其傳讀之，至：不學無術，笑曰：此張公謂我矣。」

世上有四類人：不學而無術的人，難以保身。有學而無術的人，不能任事。有學而有術的人，可以福民。不學而有術的人，爲禍大衆。看那西漢霍光，輔佐國政二十多年，史書說他闇於大理，族黨滿朝，後來他想造反，因而被殺，這便是不學無術卻又抓掌大權者的最後結局。

至於本篇主角之一的寇準，少年就取進士，豈謂不學？兩次任爲宰相，宋太宗稱他爲唐之魏徵，宋眞宗因他而與契丹訂盟，哪會無術？至於那第二主角張詠，他剛方正直，曾有「一錢誅吏」之果斷（請閱拙撰《古事今鑑》上冊第十四篇），傳爲美談。兩人都是進士出身，只是張詠採用最高標準來勉勵寇準，這當是愛之深而責之切者也。寇準做了宰相卻仍欣然自省，笑著坦受。這兩種古人風範，著實是好榜樣。

反觀我們，和寇張相比，恐怕是不及遠矣，何可以一得自滿，就誤以爲普天之下，唯我最能？張詠說霍光傳不可不讀，我則謂現代人對此篇更不可不讀也。

說起用高標準來衡量別人，不妨請再看清．王士禎《池北偶談》的「歐劉」條：

「劉原父（劉敞）與歐陽修友善。但劉原父常言：『好個歐九，可惜不讀書。』宋仁宗嘗問宰執（宰相）：『劉敞何如？』歐陽修對曰：『劉敞文亦未佳，但其博雅足重。』歐劉二公，似以名高而相勉嚴苛也。宋代劉克莊（官龍圖閣學士，南宋詩詞家）有江西道中詩云：『每嘲介甫（王安石）行新法，常恨歐公不讀書，浩歎諸劉今已矣，路傍喬木日蕭疏。』」

這位宋代劉敞（一〇一九—一〇六八）學識淵博，爲文敏贍。歐陽修每有疑問，時常向他請教，而且佩服他才學的廣博。至於歐陽修（一〇〇九—一〇七二）既是文學家，又是史學家，爲北宋古文運動的領袖。他撰寫了《新唐書》《五代史》。晚號醉翁，又號六一居士。他的《醉翁亭記》《秋聲賦》等宏文，都已收集在《古文觀止》書中，至今是後代學子必讀的範文。如果還說歐陽修不曾讀書，那末我們豈不都將貶低爲文盲了吧？

募經費，找土地，聘專家，椿椿困難；
發慈心，堅信念，憑毅力，步步完成。

七　證嚴上人發心蓋醫院

二〇〇七年是慈濟功德會創立四十一周年，日本「庭野和平基金會」宣佈，二〇〇七年「庭野獎」頒給創立人證嚴法師（她這年七十歲），獎金兩千萬日元，約合台幣五百五十四萬元。這是和平獎以來的第二十四位獲獎人，也是第一位台灣得獎人。

以宣揚佛教爲宗旨的大愛電視台，節目主持人李文瑗，於二〇〇六年率領一訪問小組，專赴印度，謁晤第十四世達賴喇嘛（一九三五—　，達賴意指大海，比喻德大如海，是藏傳佛教的領袖），詳情請閱二〇〇六年五月第四七四期

證嚴上人像

《慈濟月刊》。達賴為慈濟祈福說：

「慈濟替貧窮之人服務，不存任何回報的念頭，是相當殊勝的（殊勝是特異，絕佳之意）。幫助病苦無依之人，不僅重要，更是真正的修持佛法，我非常贊喜這種功德（法王就以這段話，作為慈濟四十周年的賀禮）。」

慈濟發源地是台灣花蓮，如今的服務範圍已擴大到全球。

四十年前，那時證嚴上人只是個孤單的比丘尼，還借住於普明寺，在生活捉襟見肘的情況下，卻想要成立「慈濟功德會」。有人質疑：「自己的飽暖都顧不了，還想去救人？」但憑著一股毅力，在民國五十五年（一九六六）農曆三月廿四日，功德會成立了。

做功德，幫窮人，在在都需要錢。功德會的濟貧善款，最初來自三十支竹筒。原來早期跟隨上人的主婦們，每人每天投入竹製儲錢筒五毛錢。每人都靠做手工來生活，諸如車嬰兒鞋、縫手套、做蠟燭、紙尿布，無怨無悔。六年後，又成立了「慈濟貧民施醫義診所」，免費治病。證嚴上人認為「人生最尊貴的是生命，最痛苦的是疾病。」生病導致貧窮，貧窮又多生病。但這種克難式的義診，僅能治些小病，因而想要建一所大醫院。

要蓋醫院，豈是易事？卻仗著堅信和決志，終於使建院的夢想成真。到二〇〇六年八月十七日，且舉行了花蓮慈濟醫院啓業二十周年的慶典。它的誕生，近乎不可思議，乃是源自這位清瘦的證嚴上人，她無錢、無地、無企業經驗、無醫學淵源、弟子信眾也無幾，眞是戛戛乎其難哉。

回想起民國七十二年，省府撥給花蓮國福大橋旁八公頃公有地作慈濟醫院建地，且已動土施工，不料國防部以該地是軍事用地，不可建醫院而被迫停工。直到七十三年，才又取得花蓮農校實習農場之地興建。由於大家努力，工期縮短了九個月，經費原擬八億卻僅實支五億七千萬元，到民七五年（一九八六）八月十七日落成啓用。

設計時，力求門診、檢驗、取藥諸動線要短要方便。峻工前後經歷了芮氏規模六級的強烈地震及兩次大颱風的考驗，安全無恙。前台大醫學院院長楊思標在啓業典禮中贊說：「這所醫院，全是由民間力量辦成的。」

從決定建院起，證嚴上人就期望慈濟醫療風貌要與衆不同，不止醫病，還要醫心。她認爲醫與病的關係不應是商業交易，而要以「愛」爲中心，創造出「醫療人文」，要以關心與利他做行爲準則。

硬體完成之後，醫護人員的充實又是難題。他們基於「三心」而來：上人創院的決心，慈濟倡導的愛心，和全院同仁的用心。請聽昔日的少女、今已爲妻爲母、當初籌劃急診室的林護理長說：「每

佛教慈濟綜合醫院（花蓮）

次上人從我身邊走過，那背影好不令人感動。她步伐雖然輕盈，卻看得出她肩頭負著很重的擔子。好像是說：醫院蓋好了，責任方才開始！」

慈濟醫院除了住院不收保證金之外，尚有創新的「志工」服務。初始的志工隊，有杜詩綿院長夫人、婦產科楊朝融醫師夫人等自願充當，慰問病人、推病床、捻棉球、摺紗布、居家關懷、追蹤出院病患。這是他院所無的服務，乃是受到上人宏願所引動，也可謂爲「慈濟奇蹟。」（你我也大發善心去參加好嗎？）

上人曾立下「三求與三不求」之願：

「我不求身體健康，但求精神敏睿；
不求責任減輕，但求力量增加；
不求事事如意，但求毅力勇氣。」

請閱二〇〇六年八月號《慈濟月刊》第四七七期記載：《紐約時報》（*New York Times*）專欄作家大衛·柏恩斯坦（David Bornstein）來台灣訪問證嚴上人，表示對慈濟志業的讚許，上人謙答說：

「我自己只是一介出家人，要感恩許多有志一同、步步踏實的創出這些成就的同人們。慈濟不是一個人能做到的，從創會創院到如今，志業遍及全球，是同人們抱持大愛，盡心盡力做出來的。」

柏恩斯坦臨別時表示：「慈濟從五毛錢、三十名家庭主婦開始，誰能想像會有今日的規模？這是我學習到最強有力的一課──從簡陋開始，世界是可以改變的。」

現在、慈濟已有花蓮、玉里、關山、大林、新店、台中六所醫院，廣泛造福大衆。如今的慈濟事業，正朝向慈善、醫療、教育、人文四大方向齊頭並進。除了台灣有六十八個連絡點之外，其基地已拓展到日本、香港、新加坡、印尼、菲律賓、泰國、越南、馬來西亞、土耳其、南非、澳洲、紐西蘭、英、法、德、荷蘭、美國、墨西哥、巴西、阿根廷等地。正如《慈濟頌》歌詞所詠：

「慈濟世界是佛燈，
光輝遍照蒼生；
菩薩悲懷如「慈」母，「濟」度有緣人！
…………」

證嚴上人，還有「語錄」，足以發人深思：

「別人因爲『沒有』，才要佔我的便宜；我卻因爲『有』，才有便宜讓人佔。」

「每天無所事事，只是人生的『消費者』；積極有用，才是人生的『創造者』。」

「賺了錢，就要會用錢；如果不會利用錢，就會被錢利用。」

「每一天，都要在人生的白紙上，寫出一篇人生的好文章。」

「『得』的後面是『失』，『利』的後面是『害』。」

「時間何等寶貴！若去計較小事，豈不是太浪費、太可惜了嗎？」

自願吃剩飯，討錢存起來；
武訓立大志，興學偉矣哉！

八　武訓乞丐立志辦學堂

討乞興學的武訓，生於前清道光十八年，卒於光緒廿二年（一八三八—一八九六），山東省堂邑縣武家莊人，當地鄉民叫他武七。自幼喪父，討飯奉養母親，鄉人稱他爲孝子，不久母親也死了，他沒有兄弟戚族，一生以乞討過活。

長大後，替人做工，但因未讀書，不識字，歷年積存在主人家未領的工錢，先後多次都被好幾位雇主的欺騙吞沒，化爲烏有，吃虧大了。由於自恨無知，乃立誓要興辦學塾，教人讀書識字。

他不娶妻，不要後代，不妄費，不求舒適，晝行乞，夜績麻，每天可得十多文錢，都存起來，只用討來的殘羹剩飯充饑。幾年後，存滿了六緡（一緡是一貫，一貫是一千文），因到該縣富紳楊樹坊的大門前，跪地求見主人。守門人見是個討飯的，攆他走，向他

武訓夫子遺像

吐口水，他都不起來。丟給他錢，他也不要，主人害怕他敲詐耍賴，避不見面。武訓跪了幾天幾夜，主人無可奈何，只好見他。

武訓仍然跪著，請求道：「我有求於貴人，請你答應，我才敢講。」楊主人問道：「你是要討多少錢吧？」武訓說：「我不是向貴人討錢，而是想借錢給貴人。我今帶來了六貫錢，想存放在貴人處生利息。一年後，本利相加再存，請你答允，好嗎？」楊主人見他是討乞的，錢數又不多，就接受了。

自此以後，每積到一貫，就送往楊樹坊家中生息。這樣過了十年，本利相加有幾百緡了，武訓說：「如今終於可以實現我的志願了。」堂邑縣原本較爲落後，讀書的子弟也不多，武訓建了座學堂，招集窮人子弟來免費讀書（請注意：一律免費），聘請該縣的良儒來教課，致贈的束修（給教師的酬金）也很豐厚。有人鄙視武訓是乞丐，不肯答應，武訓就一直跪地篤請，直到同意才起身。

開學之日，武訓辦了豐盛的筵席，款宴老師，禮意懇摯。武訓自己不當主人，也不入席，而是請縣裡有名望的紳耆來主持。倘如有人不願來，武訓也是跪請。至於義塾學堂的教務，武訓絕不過問，自己每天仍然吃所討來的剩飯度日。

閭里間有人笑他，但也有人同情他，因此討錢時，施捨比較豐厚。武訓行乞時，爲了要興學，還唱出許多歌詞，例如：

「吃得好，不算好，修個義學才算好……！」

他仍一本初衷，討來的錢，全都積來生息。每隔幾年，存下的錢，如果足夠，就又另行創辦一所義塾學堂。綜計他的興學歷程：

前清光緒十四年（一八八八），五十一歲。山東堂邑縣柳林鎮興建義學落成，定名爲崇賢義塾，他跪請堂邑舉人候選知縣官崔準任教席。這是第一所義學。

光緒十六年（一八九〇），五十三歲，館陶縣的楊二莊義學成立。

光緒十八年（一八九二），五十五歲，在臨清縣設立善書會（有如現在的公共圖書館），任人閱覽。山東提學使羅正鈞撰具武訓行乞興學事實，奏請朝廷宣付史館立傳。

光緒廿一年（一八九五），五十八歲，臨清縣御史巷義學建成。

光緒廿二年（一八九六），五十九歲。這年春季，御史巷義學開學，六月，武訓因病逝世。歿後葬於堂邑縣柳林鎮崇賢義塾東壁外側。

中華《辭海》上冊辰集二四〇頁及三民《大辭典》中冊

武訓先生像贊

陳恩普

狹額隆首　豐頤扁口
狀類老嫗　行乞四走
布素銅釜　身與爲偶
斷綫殘縷　手自結紉
繪象者誰　松亭李叟
而貌精神　十得八九
其貌則醜　其功則久
三縣興學　出一丐手
允矣奇人　永永不朽

武訓先生像贊

二四二七頁「武訓」條說：武訓在堂邑縣、館陶縣、高唐縣、臨清縣等地先後設義學凡四所，且稱他爲「武善人。」

以上有關武訓一生，是依據《武訓夫子全集》梁啓超序、中華《辭海》、三民《大辭典》、以及商務《中國人名大辭典》的綜合敘述。

前述武訓絕不過問義塾的學政，但他對師生的勤惰仍然掛懷，每逢初一及月半，他都會去義塾探視，見到盡心教學的老師，他就下跪以示感謝，發現未盡力的老師，他也落淚跪地不起，使得老師們都感畏武訓的眞誠，不能馬虎教學。又或遇學生貪玩怠惰的，他也跪著勸勉用功，有時且以唱詞規戒：

「讀書不用功，回家無臉見父兄；
讀書不用心，回家無臉見母親！」

使得學生愧感而振奮。如此數十年，學生都努力讀書，有的考取了高等科第，有的成了大儒，但武訓仍然安於乞討生活，不以爲苦。

如今他的義學，都已改爲國民學校，武訓中學也在山東設立。東北大學校長臧啓芳在《武訓傳》首頁題詞曰：

「抱宗教精神　辦教育事業」

創辦「中華平民教育促進會」的陶行知撰「跋」說：武訓具備了「三無四有」，他一無錢，二無靠山，三未受教育。但他一有宏願，二有自己的辦法，三有公私分明的廉德，四有堅持到底的決心。

民國二十七年二月，國民政府以武訓行乞興學，義行可風而明令褒揚。

我們試看：他的知識，是個文盲；他的身分，是個乞丐，他的能耐，最爲卑小；但他的志氣，卻是極大。這位武訓奇男子，創出了一番偉業，哪不令人贊服？筆者在感佩之餘，特藉此篇，敬予傳揚，也望你我不要以爲自己力薄而凡事消極瞻顧，學學武訓的堅毅精神就是了。

明說送茶葉，暗裡藏黃金，奉上大禮求高職；
只說有茶葉，實是拒財賄，還你茗筐保清廉。

九　送茶籃底藏金飾

「鄭曉（明代人，後來官任兵部尙書）爲選官時（掌管選拔官吏），士宦有餽金飾者（有人要送上黃金首飾），承筐以將，而上覆以茗（盛在竹籃裡送來，上層覆蓋著茶葉）。公直謂茗也，受之（鄭曉直覺以爲是茶，收下了）。入夫人手，撥茗知之，語公（送到後房太太手裡，撥開茶葉，發現金飾，告訴鄭曉）。公不動聲色（鄭曉口不出聲，臉不變色），第整理其茗，覆筐如初（只是鋪平茶葉，蓋好竹筐，恢復原狀）。召其人（將送禮官員找來），謂曰：吾初以家適乏茗，故拜君惠（我起初以爲正好家中沒有茶葉了，因而拜受你的惠賜），頃入內詢，家中尚有餘茗，心謝尊意矣（剛才進內室詢問，得知家裡仍有多餘的茶，謝謝你的美意了。）。令持歸（命令來人拿回去）。」

這是佛教「華藏精舍」印行的《德音古鑑》書中「功過案，性行」篇裡的一段故事，文後尙有評語說：

「清者極易刻，廉者多好名（清高的人很容易流於苛刻，廉潔的人多要追求美好名聲）。

這位鄭大人，既無以上二者之病，且又出之從容謙婉（不當面罵人，不張揚自己，不急躁而態度舒緩，不直說而言辭婉轉），反覺楊伯起之『四知』（見下文故事）直而寡趣矣（直莽而欠缺風雅情趣）。」

上段提到的「四知」楊伯起，就是東漢時代的楊震（公元五四—一三四，字伯起），做過湖北省的荊州刺史，又調職爲山東省的東萊太守。當他由湖北前往山東上任時，路過昌邑縣（也屬山東），天色已晚，便在昌邑過夜。

昌邑縣長王密，乃是從前由楊震拔識而薦舉的荊州茂才升任的，有如楊震的門生。這天晚上，王密專程來看他，獻上黃金十斤，來報答老師以往的提拔之恩。還解釋說：「夜晚無人知道，請老師收下。」

楊震正色回拒說：「天知、地知、你知、我知，怎說無人知曉？」王密面慚，只好帶著黃金告退了。

這段故事，請見《資治通鑑・卷四十九・漢紀四十一》，又請看《後漢書・卷八十四・楊震列傳》，又請參閱清代尹會一《四鑑錄・卷一・師儒》。清代薛暄且有詩詠贊這位嚴守清白的好官曰：「人間無處不天公，卻笑黃金饋夜中；千載四知台下過，馬頭猶自起清風。」的確是椿有名的掌故。

王密獻金，只是報德酬恩，動機純淨，並不含賄賂請託，求取利益。但楊震一生廉正，不肯無端受惠，無怪乎當代士子儒生都尊他爲「關西孔子楊伯起」。他這「天地你我」四知銘言，成爲至今楊姓後裔的氏族宗祠取名爲「楊四知堂」的由來。楊震秉此「清廉」，到漢安帝延光年間，乃升爲太尉。他這種懿行，就是「愼獨」（《中庸》首章），「不欺暗室」（駱賓王《螢火賦》），「不愧屋漏」（《詩經．大雅》）的高品格。

可是、這種直接、當面、正經八百、嚴詞訓斥對方的行徑，卻遠不如鄭曉的從容謙婉。《德音古鑑》將楊震這樁嚴肅的峻範評說爲「直而寡趣」，應是深刻，且亦允當。

請看鄭曉這番溫和順適的舉動，既守護了自己的清廉，又維繫了人際的厚道，且也保住了對方的顏面，給予了送賄者的下台階。贈受兩方皆心知肚明，不必戳穿了來指責叱喝。這種醇化了的優寬情操，確是勝過楊震多少倍了，值得我們欽敬與深思。

怪是錯怪，怪隔壁老父竊財。疑不該疑，疑鄰居兒子偷斧，

十　糶米倉中見斧頭

南宋呂本中《東萊雜志》說：「疑心生暗鬼。」賦性多疑的人，常是疑鬼疑神，自己因受疑團之困而心神不寧，別人也因無端被疑而信用受損，有百害而無一利，請看戰國時代《列子．說符》篇所述：

有個農夫，遺失了一把斧頭，疑心是鄰家的兒子偷了。農夫留神盯著鄰家兒子看，愈覺得他是小偷。看他走路的神態，是偷了斧頭的神態。瞧他臉上的表情，是偷了斧頭的表情。聽他講話的口氣，是偷了斧頭的口氣。總之，從他的各種神情言語動作態度來看，沒有哪一樣不是像偷了斧頭的樣子。

過了幾天，農夫要挑穀出倉去糶（音跳，米穀賣出叫糶）賣，他在穀倉裡刨扒穀堆時，竟然發現了那柄失斧。原來是自己不經意遺忘在穀倉裡，後來又被倒入的新穀粒埋住了。斧頭失而復得，心情大為愉快。第二天，又見到鄰家的兒子，今時再看，覺得他的言談、姿態、舉動、表情，都沒有半點像是偷了斧頭的樣子了。原文如次：

「人有亡鈇者，意其鄰之子。視其步行，竊鈇也。顏色，竊鈇也。言語，竊鈇也。動作態度，無為而不竊鈇也。俄而扣其谷而得其鈇。他日復見其鄰之子，動作態度，無一似竊鈇者矣。」

若再深一層來探究，財物遭竊，「知情」的人和相關的人都犯了嫌疑，誰都脫不了干係。如要警察來偵查，也必是先從相關者和知情者下手。假如尚未破案，這個疑團便永遠存在，犯嫌者頭上的疑雲一輩子都難化解。

今續舉《韓非子・說難第十二》事例作證：

宋國有位富翁，他家住宅的外牆，因大雨而坍塌了一大片。他兒子說：「牆塌了，如不趕快砌好，會有小竊來偷盜。」鄰居一位好心的老父，也看到了，同樣對這富翁說：「牆塌了，如不趕快砌好，會有小竊來偷盜。」

富家翁重砌外牆，打算要用相同材質相同顏色的磚石來修復，以求新舊一致。招工選料，要花時間，當天只能簡略的遮攔一下，待第二天再正式施工。

很不幸，當天夜裡，果然有小賊從破牆處潛入宅中，偷去了大批財物，損失不小。

這位富翁很懊惱，心中暗想：我的兒子很有見識，事先料到會失竊，智慧真高。只是隔壁鄰居那個老頭大有問題。只有他曉得牆是壞的。很可能是他知情而趁機起了歪心，這次被偷，一定是他幹的了。原文見下：

「宋有富人，天雨牆壞。其子曰：不築，必將有盜。其鄰人之父亦云。暮而果大亡其財。其家甚智其子，而疑鄰人之父。」

前半篇是《列子》說偷斧，後半篇是《韓非子》說竊財，都是因疑心作祟。又例如應劭《風俗通義・怪神篇》中的「杯弓蛇影」故事，是杜宣疑心喝下了小蛇而竟生了大病，眞相則是杯中之酒因陽光反射映出了弓的幻影。再例如劉向《戰國策・卷二》的「曾參殺人」故事，是曾母疑心兒子曾參犯了大罪而竟翻牆逃禍，眞相則是同縣另一同名的曾參殺了人。（以上兩事詳情，請閱拙撰《古事今鑑》上冊第廿八篇杜宣，及下冊第三六一篇曾參，文史哲出版社印行）

這兩件事，杜宣是自己說給別人知道的，曾母是別人說給她知道的，兩者都有旁人參與，找出眞相不難。最壞的是：一個人獨自猜疑，這就難有解藥了。斧頭丟失了，家財遭竊，疑是鄰家小兒，怪罪隔壁老父。這都僅憑我的主觀意識咬定，暗藏在我的心底，沒有講出來，對方完全不知道，連剖白的機會都沒有。如果疑心錯了，豈不是天大的寃枉嗎？

犯了錯，坦誠改錯，大家看得見，這是小錯；有了過，假裝無過，誰都瞧不到，才是大過。

十一　行事應當知「錯」

明代呂坤（請見第五篇），著有《呻吟語》，該書卷之二「問學」篇中，有一段與好朋友互相規過的自述，可供大家參看，語譯如下：

「我有位互相勸勉共求向善的好朋友，隨時會指出我的錯誤。離別兩個月了，見面後，我問道：『近來你沒有聽說我有過錯嗎？』朋友說：『你沒有過錯嘛。』我回道：『你說的這句話，才正是我的大過錯呀。大凡看得見的過錯，其罪小；那看不到的過錯，其罪大。爲甚麼呢？因爲有的人不肯聽眞話，別人自然就不敢說直話。有的人掩飾自己的罪過，使別人不得而知，自然也無從說直話，這些才是最大的罪過呀！例如我、假若我是聖人完人，就當然不會犯過；但我不是聖人完人嘛，你卻說我沒有過錯，這豈不是我最大的犯錯嗎』？」

呂坤的確是位端人君子，自奉嚴正，以致難討小人的歡喜。同時代另有位進士出身的孫丕揚做過御史，也是位極有風骨的人。當孫丕揚轉任吏部尙書（掌管官吏的任用升降）

時，百官都不敢營私舞弊。孫尚書八十歲之年，還向皇帝上書：「甘坐失舉之罪」，推舉呂坤做刑部尚書（掌管刑法罪犯），足證呂坤品德無虧，才有孫尚書薦他、才有皇上准他擔當大任。

呂坤主動請人挑出他的過錯，足以和孔子弟子子路比美。我們看《孟子．公孫丑上》孟子曰：「子路，人告之有過則喜。」這眞是難得。良以「人非聖賢，孰能無過，知過能改，善莫大焉。」至於孔子則更爲謙虛，他自述道：「假我數年，五十以學易，可以無大過矣。」又說：「丘也幸，苟有過，人必知之。」（上二段同見《論語．述而》）大凡君子，多不飾過，過則勿憚改，「君子之過也，人皆見之；更也，人皆仰之。」但小人則反是，「小人之過也，必文（文過飾罪）。」（上二段同見《論語．子張》）以上這些，何妨多加體會。

今再舉一知錯即改、保存漢朝的實例，是採自《史記卷五十五留侯世家》的語譯：

「項羽圍攻劉邦，謀士酈食其建議分立齊趙等六國的後裔爲王，來削弱牽制項羽。劉邦贊同，吩咐即雕刻六國諸王印信，以便及早劃分全國疆土，各立王位。張良從外回來，劉邦正在吃飯，因將這個策略告訴張良。張良說：『這個策略大錯，今請借你面前的筷子當籌碼來作計算，你看、總共有八個大錯不可行。如果照做，你漢朝一切都完了。』（「借箸代籌」據此而來）劉邦停止用餐，口裡吃的都吐了出來，罵道：『小子酈食其這個陋儒，幾乎壞了我老子的大事！』急忙下令，停刻印信。」

劉邦出身泗水亭長，並非大有才，但他勇於改錯，是他成功之鑰。再舉一事，請續閱《史記卷九十二淮陰侯傳》，且看劉邦如何改錯應變：

「韓信攻下齊國，要自立爲假王，派人來見劉邦，請求允准。劉邦大怒，開口罵道：『我被項羽圍困在此，日夜盼望他來救我。今他不顧我的死活，還要自立稱爲假王……』張良陳平用腳在桌下踩踏劉邦的腳，且附耳小聲提醒：『現刻我們力弱，哪能攔得住他稱王？不如順勢准他。否則他一翻臉，就沒法收拾了。』劉邦即時知錯，馬上改口再罵道：『大丈夫在外立了大功，幹嘛只做個假王，爲甚麼不一口氣直接做個眞王，爲何這等小家子氣？』立即派張良作專使，前往封誥，同時諭知韓信，速行出兵攻打項羽。」

反面的事例是曹操，他犯了過錯，竟然在赤壁大戰中慘敗，《三國演義·第四十五回》說：

「曹操派周瑜的同學蔣幹前往周瑜軍營中刺探情報。周瑜裝醉，假意睡熟了。蔣幹半夜起床，偷到一封機密書信，是曹營水師都督蔡瑁、張允兩人私通周瑜、說準備暗殺曹操的密函，這封信本是周瑜故意假造的僞信。蔣幹偷了此信，回去給曹操看，曹操大怒，立即將這得力主將蔡張二人斬首。沒五分鐘，曹操猛然覺悟，不該全未查證就殺人，暗叫糟了，錯了，卻又不肯認錯。結果大敗。」

有錯就改，不要猶豫，也不要不好意思，這才是偉人行徑，才會成功。

朋友老少相交，忘年才真可貴；
文牘長時永在，漏年應是不佳。

十二　撰文不可忘年

這原是一樁舊故事，可是今日看來，漏誤還在，因此不避囉唆，仍擬提醒。

十多年前，筆者住在美國，長期訂閱紐約出版的華文世界日報。該報一九九四、九、二、登載了當時參謀總長劉和謙寫給立法委員廖福本的信函，回覆有關「三五快砲砲彈」採購案，都須公開競標，不能獨家議價。這信的首尾說：

「福本委員吾兄勛鑒：四月廿四日（來函未寫年）華翰敬悉……（本部軍品採購，係以競標為原則，不以議價方式辦理）……弟劉和謙敬啓。五月六日。」（覆函也未寫年，原信全文見第 12-1 圖）

這是一封個人具名的信，雖叫私函，談的卻是公務。原本可用「公函」回覆，但那種按公文程式撰寫的「主旨」「說明」分條列舉的僵硬格式，多是據「法」以申「理」，缺少「情」誼，未免冷峻，尤其在拒絕之際，很不適宜。改用私函，就溫婉柔順多了。

但是，推究其實際的內部文書作業程序，必然仍是經過參謀官撰擬函稿，各級長官審閱修飾，最後由首長批可判行的這些階段。原稿也會併案存檔備查，處理程序和正式公文沒有兩樣。

問題是：這份覆函僅寫「五月六日」，漏了「年」。時日久遠之後，就不知此日究竟是何年？小疵影響大局，可能誤了要事。

爲了免除此病，應該把年月日都書寫完全。

歐美國家不論是公文或私信，一直是年月日完整寫出，只不過其先後次序略爲相異。英國是「日、月、年」，而美國則是「月、日、年」，微有習慣不同而已。記得胡適之先生就曾經強調此事，筆者很早就遵行不渝，寄出給朋友的信函，國內的寫民國年月日，國外的則寫西元年月日，絕不漏「年」。

更進一層，若寄往歐美諸國，如果年月日寫成 4/2/2007，這究竟是二〇〇七年四月二日呢（美國人認知）？抑或是二〇〇七年二月四日呢（英國人認知）？爲免混淆，筆者就把月份用英文簡寫，成爲 Apr. 2, 2007，這就確定它是二〇〇七年四月二日，絕無誤認之弊。

不但國人忽略寫年，請看日本作家梅棹忠夫撰著的日文《知識生產的技術》，由余阿勳與劉昆輝合作中譯，改書名爲《知識誕生的奧秘》，經台北晨鐘出版社於民國五十九年出版。書中寫道：

「日本人有個奇怪的習慣，寫信只寫月日，而沒有寫年，最好不要遺漏。」

這段話見該書第一一四頁，也是提醒大眾：不可忘「年」。

此乃細微小節，只是至今仍難免有疏忽漏寫的情事，或許是積習難改吧？想起那有些知名的大人物，以及高階長官們出手的公私函文，將來都會珍存爲歷史文獻，傳之久遠，「小處豈可隨便」？爲此、奉請諸位：不可忘「年」！

列舉幾則沒有寫年的例子：

第 12-1 圖：劉總長和謙答復廖立委福本原函（未寫年，推知是民國八十三年）。

第 12-2 圖：革命元勳黃興在廣州三二九起義推翻滿清之役前四天的三月廿五日寫給革命同志的絕筆信（未寫年，推知是西元一九一一年）。

第 12-3 圖：滿清駐德公使蔭昌自德國柏林函覆北京陸軍部壽勛的信（往來雙方都未寫年，已無從查考）。

第 12-4 圖：孫中山先生寫給廖次長仲愷的密函（未寫年，已不可考）。

第 12-5-1 圖：周恩來致陳果夫陳立夫信函（未寫年，不知是民廿四或廿五年）。

第 12-5-2 圖：周恩來致陳果夫陳立夫兩先生信函「楷書」全文。

第 12-6 圖：行政院長孫科函吳開先信（未寫年，查到是民卅八年）。

第 12-7 圖：胡適寫給毛澤東信函（未寫年，查知是西元一九四五年）。

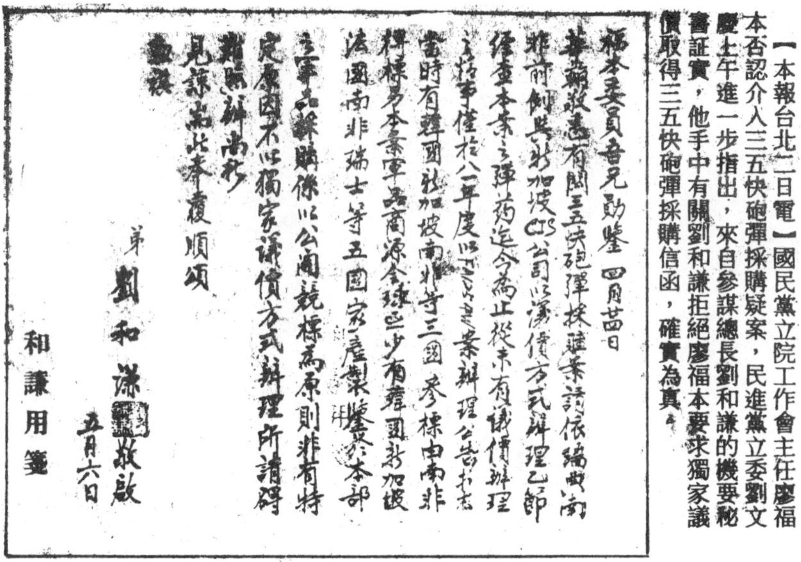

【本報台北二日電】國民黨立院工作會主任廖福本否認介入三五快砲彈採購疑案，民進黨立委劉文慶上午進一步指出，來自參謀總長劉和謙的機要秘書證實，他手中有關劉和謙拒絕廖福本要求獨家議價取得三五快砲彈採購信函，確實為真。

福本委員吾兄勛鑒 四月廿四日
華翰敬悉有關三五快砲彈採購案請依瑞典、南非、前與新加坡CIS公司以議價方式辦理乙節經查本案之彈藥迄今為止從未有議價辦理之特事僅在八一年度以FMS案辦理公告於當時有韓國、新加坡、南非等三國參標由南非得標另本案軍品商源全球亦少有韓國、新加坡、法國、南非、瑞士等五國家產製本部之軍品採購係以公開競標為原則非有特定原因不以獨家議價方式辦理所請礙難照辦尚祈
見諒為此奉復順頌
勛祺
弟 劉和謙 敬啟
五月六日
和謙用箋

第 12-1 圖：1994.5.6，劉總長覆廖立委函

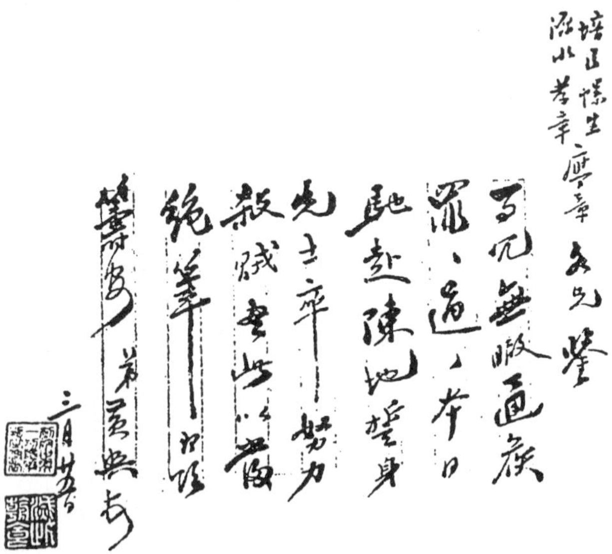

培臣、懷生、涵小、孝章、庸章各兄鑒：事冗無暇面辭，罪罪。本日馳赴陳地，身先士卒，努力殺賊，書此以當絕筆。
弟黃興叩
三月廿五

第 12-2 圖：民前一年廣州三二九之役前四天革命元勳黃興絕筆信（未寫年，推知是西元1911年3月25日）

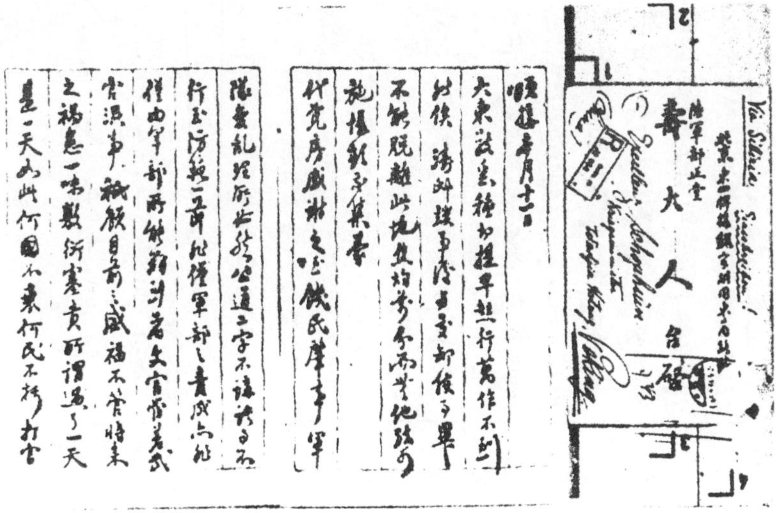

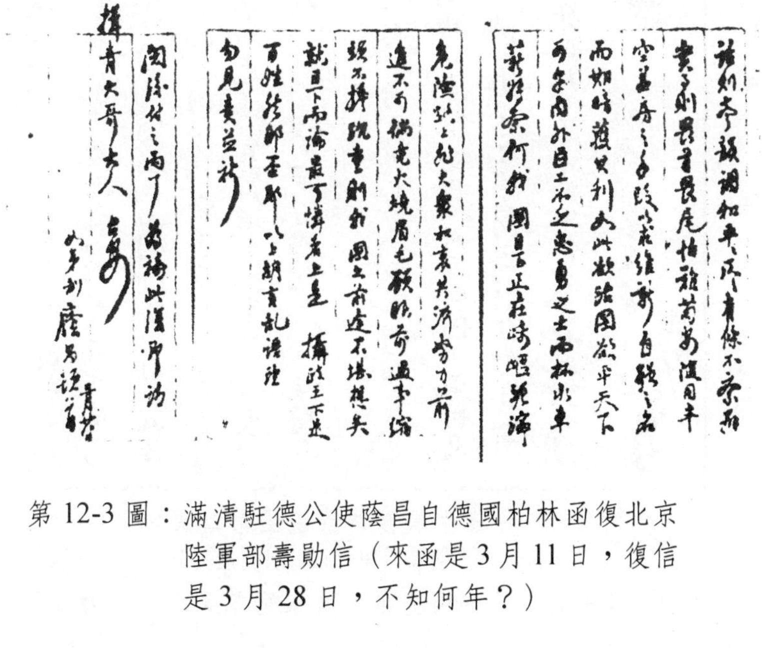

第 12-3 圖：滿清駐德公使蔭昌自德國柏林函復北京陸軍部壽勛信（來函是3月11日，復信是3月28日，不知何年？）

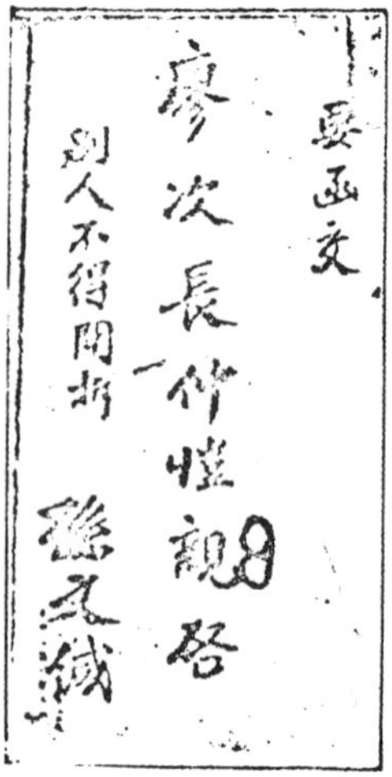

要函文

廖次長仲愷親啓

别人不得開拆

孫文緘

孫先生致廖仲愷
密函信封

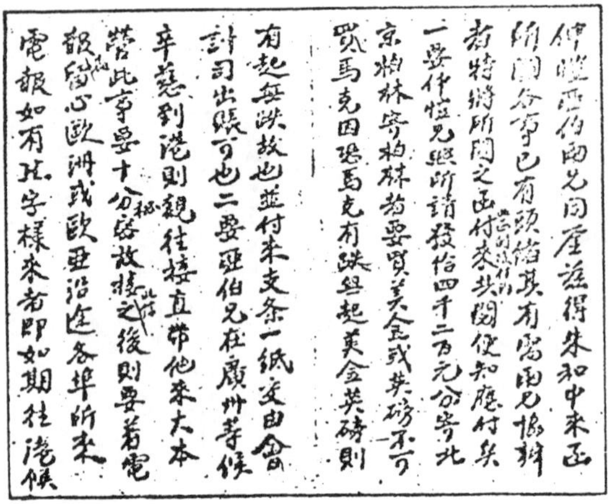

仲愷兄 仍函兄同座並得朱和中來函
所開各事已有頭緒 其有需兄協辦
者特將所開之函付來共閱 使知應付矣
一要仲愷兄照所請發給四千二百元付寄北
京柏林寄柏林者要買英金或英磅不可
買馬克因恐馬克有跌無起英金英磅則
有起無跌故也 並付來支條一紙交由會
計司出賬可也 二要亞伯兄在廣州等候
辛慈到港則親往接直帶他來大本
營 此事要十分秘密故接之後則要着電
報 留心歐洲或歐亞沿途各埠所來
電報如有此字樣來者即如期往港候

孫先生致廖仲愷密函第一頁

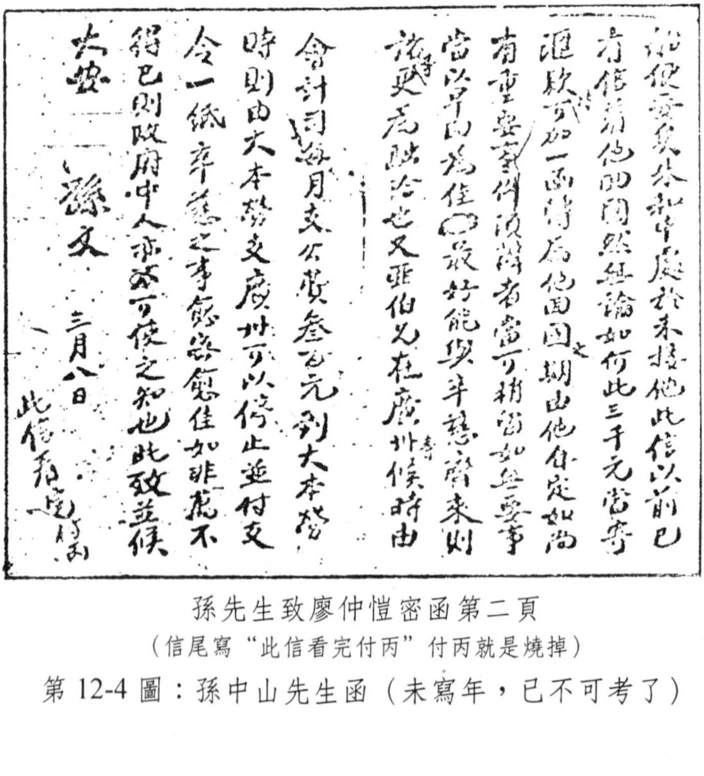

接 但要與朱和中磋於未接他此信以前已
有信請與他問問 然無論如何 此三千元當寄
匯款 或加一函請與他面商 期由他自定 如尚
有重要事件須與兄商者 當可稍留 如無要事
當以早回為佳 最好能與辛慈齊來 則
諸事已屬妥洽也 又亞伯兄在廣州候辛時由
會計司每月支公費叁百元 到大本營
時則由大本營支 廣州可以停止 並付支
令一紙 辛慈之事 能密愈佳 如非甚不
得已 則政府中人亦不可使之知也 此致 並候
大安 孫文 三月八日
此信看完付丙

孫先生致廖仲愷密函第二頁
（信尾寫“此信看完付丙”付丙就是燒掉）

第 12-4 圖：孫中山先生函（未寫年，已不可考了）

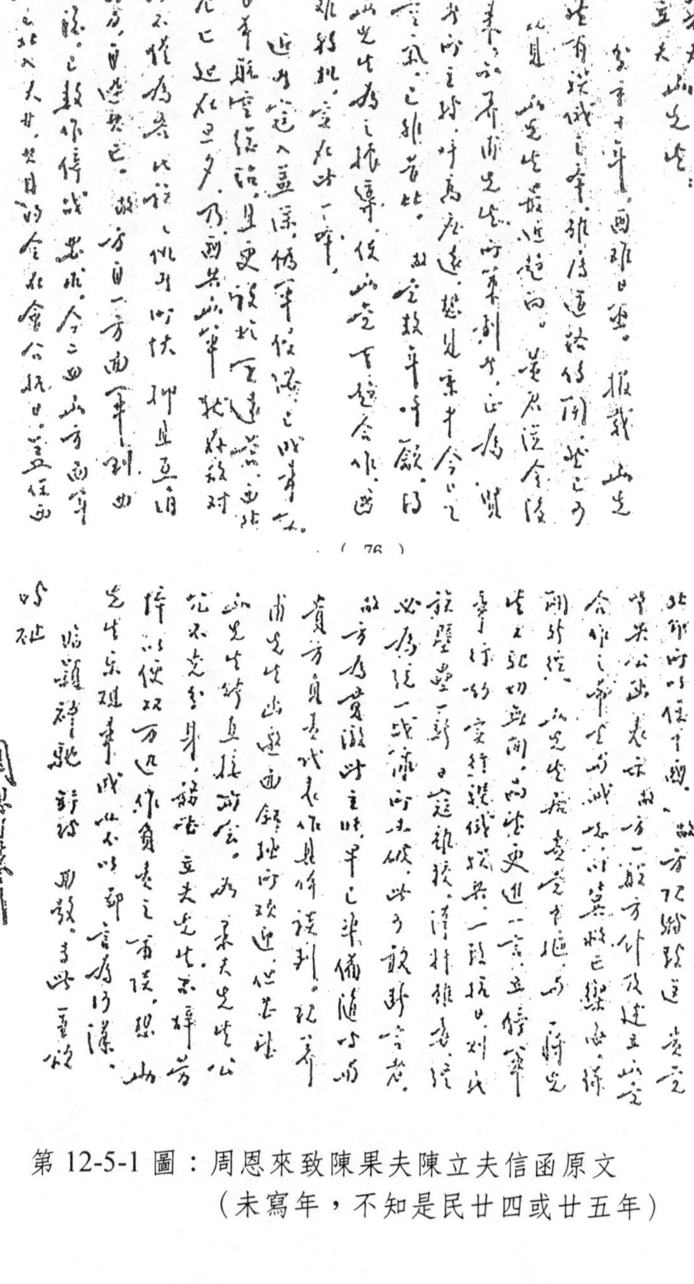

第 12-5-1 圖：周恩來致陳果夫陳立夫信函原文
（未寫年，不知是民廿四或廿五年）

果夫
立夫 兩先生：

分手十年，國難日亟，報載兩先生有聯俄之舉，雖屬道路傳聞，然已可窺見兩先生最近趨向。黃君從金陵來，知養甫先生所策劃者，正爲賢者所主持，呼高應遠，想見京中今日之空氣已非昔比。敝黨數年呼籲，得兩先生爲之振導，使兩黨重趨合作，國難轉機，定在此一舉。

近者寇入益深，僞軍侵綏，已成事實。日本航空總站，且更設於定遠營，西北危亡，迫在旦夕。乃國共兩軍猶存敵對，此不僅爲吾民族之仇者所快，抑且互消國力，自速其亡。敝方自一方面軍到西北後，已數作停戰要求，今二四兩方面軍亦已北入陝甘，其目的全在會合抗日。確保西北即所以保中國，敝方現特致送貴黨中央公函，表示敝方一般方針及建立兩黨合作之希望與誠意，以冀救亡禦侮，得闢新徑。兩先生居貴黨中樞，與蔣先生又親切無間，尚望更進一言，立停軍事行動，實行聯俄聯共，一致抗日，則民族壁壘一新，日寇雖狡，漢奸雖毒，終必爲統一戰線所擊破，此可斷言者。敝方爲貫徹主張，早已準備隨時與貴方負責代表作具體談判。現養甫先生函邀面敘，極所歡迎，但甚望兩先生能直接與會。如果夫先生公冗不克分身，務望立夫先生，不辭勞瘁，以便雙方迅速作負責之商談，想兩先生樂觀事成，必不以鄙言爲河漢。

臨穎神馳，竚待 回教。耑此並頌

時祉

周恩來 九月一號

第 12-5-2 圖：周恩來致陳果夫陳立夫兩先生信函“楷書”全文

第 12-6 圖：行政院長孫科函吳開先（未寫年，查考是民卅八年）

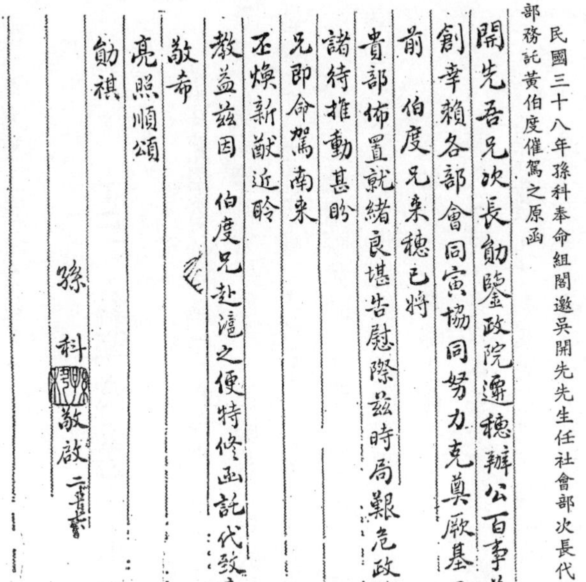

民國三十八年孫科奉命組閣邀吳開先先生任社會部次長代理部務託黃伯度催駕之原函

開先吾兄次長勛鑒政院遷穗辦公百事草創幸賴各部會同寅協同努力克奠厥基日前伯度兄來穗已將貴部佈置就緒良堪告慰際茲時局艱危政務諸待推動甚盼兄即命駕南來丕煥新猷近聆教益茲因伯度兄赴滬之便特修函託代致意敬希亮照順頌勛祺

孫科敬啟 二十六

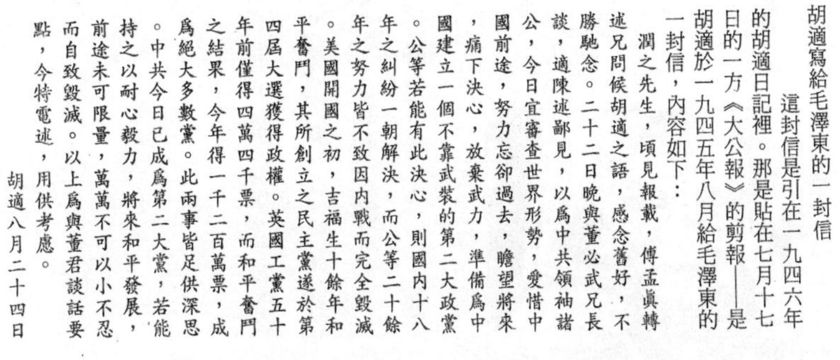

胡適寫給毛澤東的一封信

這封信是引在一九四六年的胡適日記裡。那是貼在七月十七日的一方《大公報》的剪報——是胡適於一九四五年八月給毛澤東的一封信，內容如下：

潤之先生，頃見報載，傅孟眞轉述兄問候胡適之語，感念舊好，不勝馳念。二十二日晚與董必武兄長談，適陳述鄙見，以爲中共領袖諸公，今日宜審查世界形勢，愛惜中國前途，努力忘卻過去，瞻望將來，痛下決心，放棄武力，準備爲中國建立一個不靠武裝的第二大政黨。公等若能有此決心，則國內十八年之糾紛一朝解決，而公等二十餘年之努力皆不致因內戰而完全毀滅。美國開國之初，吉福生十餘年和平奮鬥，其所創立之民主黨遂於第四屆大選獲得政權。英國工黨五十年前僅得四萬四千票，而和平奮鬥之結果，今年得一千二百萬票，成爲絕大多數黨。此兩事皆足供深思。中共今日已成爲第二大黨，若能持之以耐心毅力，將來和平發展，前途未可限量，萬萬不可以小不忍而自致毀滅。以上爲與董君談話要點，今特電述，用供考慮。

胡適八月二十四日

第 12-7 圖：胡適寫給毛澤東（字潤之）的信（未寫年，推知是 1945.8.24.）

幼時到中年，以為都懂又不懂；
演講或寫稿，最好愈短才愈佳。

十三　林語堂甚麼都不懂

福建籍學者林語堂（一八九四—一九七六）原名和樂，改玉堂、語堂。上海聖約翰大學畢業，美國哈佛大學碩士、德國萊比錫大學博士。曾任廈門文學院長，南洋大學校長。才智傑出，著作等身（書籍數十種，英文書多於中文書）。望重士林，蜚聲國際。

林博士是幽默大師（林將英語 humour 音譯爲幽默，是意味深長而有趣之意）。他不但是位卓越的文學家，也是位風趣的演說家。他曾於某年十二月八日在復旦大學講演時說：

「我幼時，甚麼都不懂。
讀大學時，自以爲甚麼都懂；
畢業後，才知道甚麼都不懂。
進入中年，又以爲甚麼都懂；
到了晚年，我才又知道其實甚麼都不懂！」

林語堂還說：「演講（包括文章）要像女人的裙子，愈短愈佳。」

這些話簡短幽默，一經回味，卻又發人深省。既然愈短愈佳，筆者哪敢再肆饒舌？

林語堂像

十年猶未識冠纓，只好蘇州作判通；
宰相房融雖失德，糊塗朋友最丟人。

十四　陳師召凡百夠迷糊

腦袋不清楚，認識混亂，叫「糊塗」，又稱「糊突」，也叫「迷糊」。

明代陳音，字師召，進士出身，爲翰林，任編修，自稱「媿齋先生」。但他除了博通經史之外，餘事大都糊塗。《明史・卷一百八十四》有他的傳記。傳中說他熟知經書，士人多有游其門者。但很健忘，而且對世俗瑣事都不解。依清代獨逸窩退士《笑笑錄》中「健忘」篇所記語譯如下：

陳師召走訪遠客，多天之後回來，進入自家門內，忘記了這是自己的家。見到墻上掛的字畫立軸說：「這與我家掛的很相似嘛！」又看到他兒子從內室出來，吃驚地問道：「你爲何也來這裡幹啥？」

他又曾經預備酒菜，邀請客人來家宴會。預定的日期到了，那天上午，他卻忘了，反而前往客人家去訪談。快近中午了，客人只好留他用餐。這時家中僕人前來敦請客人去吃飯，陳翰林以爲是別家的人邀這客人赴宴，他發怒問道：「你請這家主人去吃飯，丟下我在此怎麼辦？」

又陳翰林有匹舊馬，因蹄腳有病，賣給了鄰家，另買了一匹新馬。有一次，新馬生病不能騎，僕人借來了舊馬。陳師召不辨新舊，詫問道：「我這新馬也有蹄腳病嗎？」僕人說：「這是借來的那匹舊馬？」他又問：「我的舊馬賣掉了嗎？」

後來他官升太常（掌管宗廟禮儀），他看到李文正公的官帽上有冠纓（就是帽帶子），覺得怪異，問道：「李公官帽上怎麼會有帽帶？」李文正公答曰：「你的官帽上也有，爲何還要問呢？」兩人相視而笑。爲此李公還寫詩嘲笑，詩中有「十年猶未識冠纓」之句。（本書第九十篇劉儀同故事，也是除了書本熟習但外務生疏的糊塗蟲一個）。

這《笑笑錄》中還有「仲翁」篇說：蘇州有位通判（輔佐州長管理民刑財穀之官），糊塗到將「翁仲」叫做「仲翁」。那翁仲乃是銅製或石雕的巨形人像，豎立在墳墓前，作爲守護之用，有人以詩嘲笑這位通判說：

「翁仲如何作仲翁，讀書全未下夫工；
想來難以爲林翰，只好蘇州作判通。」

這詩將翁仲、工夫、翰林、通判都反過來倒用，也頗有趣。此外，明代馮夢龍《古今譚概》述及另一糊塗故事：

唐人郗昂，與吏部尚書韋陟友好。有一次閒聊唐朝宰相誰最無德，郗昂脫口就道：「韋安石最無德。」話方出口，即時想到韋安石正是韋陟之父，自悔失言，嚇得趕緊告辭。

路上碰到侍御史吉溫，問他何事慌忙？郗昂說：「剛才我同韋陟尚書談論本朝宰相誰最無德，原想講吉瑣最無德，我卻講出了韋安石。」語音方落，猛想起吉瑣乃是吉溫的叔父，又知失口，打馬就走開。

又來到房琯府上，房琯見他一臉不寧，問他出了何事？郗昂答道：「我與吉溫說哪一位宰相最無德，本要說房融最無德，結果誤說成吉瑣。」話剛說完，突然意識到又說錯了，傷及房琯的父親房融（按韋安石、吉瑣、房融在武則天稱帝時先後任宰相）。郗昂平時頗有人望，忽然一天之內得罪了三個人，所幸只有韋陟與他絕交。

明代顧元慶《簷曝偶談》中有「老人糊塗詩」，頗有小趣，錄供消閒：

「不記近事記遠事，不能近視能遠視。
哭時無淚笑有淚，夜裡不睡日裡睡。
說前言，忘後語，怕嚴寒，畏酷暑。
要吃軟食不吃硬，戴了眼鏡找眼鏡。
不愛喝酒愛喝茶，大事糊塗小事喳。」

鄭板橋喜歡書寫「難得糊塗」。《宋史・呂端傳》宋太宗贊譽呂端「大事不糊塗」。大致看來，一時小事糊塗，無傷大雅，但由於糊塗而無心得罪了別人，那卻是最值不得的疏忽，應該留意避免。此點想必讀者都會同意。

白日莫閒過，青春不再來（唐・林寬・少年行詩）——及時須努力，老大免悲哀。
白髮催年老，青陽逼歲除（唐・孟浩然・歲暮詩）——悠遊無所事，後悔已嫌遲。

十五　伊庵權禪師每天疚罪

弘一大師，俗姓李，字惜霜，號叔同。祖籍浙江平湖。早歲畢業於上海南洋公學、東京上野美術學校，執教京杭間，一時稱師表，精詩詞、古文、書法、繪畫。民國七年師事了悟和尚，出家杭州虎跑寺（在杭州西郊大慈山，寺內有虎跑泉）。民卅一年夏曆九月初四示寂（寂是佛家語，死了，指涅槃寂滅），壽六十三。荼毘（梵語 jhapeti 的音譯，或作荼毗，僧人死後火化叫荼毘）得舍利（梵語 sariputra 的音譯，佛身火化後所結成的珠狀物）千餘顆。

依福州怡山西禪寺沙門（梵語 sramana 音譯的略稱，指出家信佛的人）傳貫所記：弘一大師，自號晚晴老人，蓋取李義山（李商隱字義山）《晚晴》詩「天意憐幽草，人間愛晚晴」句之意也。大師集佛經祖語警句爲二卷，以《晚晴集》名之。其上卷有一條開示說：

「伊庵權禪師（禪師是對學佛的人能得禪定波羅蜜者的尊稱。波羅蜜是梵文 Paramita 的音譯，全譯是波羅蜜多，乃圓滿無缺之意。義譯是度到彼岸）用功甚銳。至晚間、每流涕曰：『今日又只恁麼（恁ㄖㄣˋ音任，恁麼即這麼、如此這般之意）空過！未知來日工夫如何？』師在眾，不與人交一言。」

這裡只有一句話：「今天又如此這般空過了！」且讓我們做一次「三省吾身」吧：品德未進，學業未增，徒然又空耗了一天，半點收益都沒有，怎麼對得起這一天的三頓飯？歲月是不會等待閒散懶惰的迷糊漢的。請看這位出家禪師，每天用功甚銳，卻還說這一天又任它白過了，他愧疚很深。何可不回頭來觀察一下我們這些不曾用功的人，以爲「過了今日還有明日」，又該如何猛省？

明代夏寅，明英宗時進士及第，初任低層職位的郎官，幹了三十年，未嘗因爲沒有升官而降志。後來任布政使，一生爲官五十六年，未嘗一日懈怠，他有警語說：「君子當有三可惜：此生不學一可惜，此日閒過二可惜，此身一敗三可惜。」至今都認爲是銘言。

有位哲人更說得使人心驚：「我們自出生之日起，每多過一天，就是讓壽命減少了一天，也就是進入墳墓縮短了一天。」光陰是無情的，等你突然覺得髮白齒搖時，已經龍鍾老矣，後悔來不及了呀！

作者慎重簽名，贈書好朋友；
受者棄如敝屣，賣給舊貨攤。

十六　蕭伯納文傑再度贈書

幽默把嚴肅化爲輕鬆，使枯澀變爲有趣，大家都喜歡這劑調味料。近代沈謙先生，介紹了一篇「蕭伯納再度敬贈」文章：

「蕭伯納到舊書店閒逛，忽然看到有本書十分眼熟。仔細一瞧，原來是他早年的成名之作《窈窕淑女》。蕭對每一本著作都視同自己的兒女，如此被棄置在舊書店，情何以堪？他心想，定價兩英磅的舊書，大概只要十個先令（二十先令等於一個英磅）應可成交。哪知老闆獅子大開口：『這本書至少要十英磅，因爲有原作者蕭伯納的題簽，彌足珍貴。』蕭伯納不忍自己的著作淪落風塵，忍痛買了，對老闆說：『這本書的作者還活著，如果等他死後再賣，至少可以照原價加十倍！』蕭攜書回家，想起老友將自己的愛書棄之如敝屣，眞是豈有此理？轉念一

蕭伯納圖

想，乾脆在扉頁上加寫『某年某月某日蕭伯納再度敬贈』，交郵再行寄奉。」蕭伯納（George Bernard Shaw 1856-1950），英國作家，也叫伯納蕭，一九二六年獲得諾貝爾文學獎，才氣橫溢，著作很多。稱為文豪，並非虛譽。

筆者也曾接受別人主動的贈書，內頁每有題署。可是、我對有些書的興趣並不很高，有時就轉送他人，但必將題字裁去。此外，筆者也會把自撰的書籍贈給朋友，卻都儘量免寫題簽與署名。爲甚麼呢？說句實在話，受贈者能夠抽閒閱讀一遍，就已很感謝了，以後則是冷藏在書櫃裡。若干年後，他的晚輩，大多會將書送往舊書店，甚至丟入垃圾場。這不必錯怪對方，只能說各自的興趣不同，你喜歡文史，他醉心科技，你所摯愛的，他卻全無胃口，此其一也。其二則是現今出版書籍太多太快，太劣太濫，書籍汗牛充棟，滿坑滿谷，無處堆放，只好當作廢物丟掉，此其二也。其三是則是書籍內容貧乏，不值得一看，受贈者豈會珍惜？此其三也。既明乎此，就毋須懊惱。我們比莎士比亞、蕭伯納、司馬遷、蘇東坡差太遠了，哪有資格去計較呢。

赴蜀訪大師，離塵隱居，是否真如難判定；
歸家見慈母，披衾倒屣，才知活佛在跟前。

十七　家中老母如來佛

明代楊黼（ㄈㄨˇ音府），雲南省太和縣人（即今大理市），品端學博，曾注釋《孝經》數萬言。有一天，他辭別老母，遠赴四川，要去拜訪無際大師（無際隱居向佛，俗士能否謁見？尚難確定）。中途、遇到一位老和尚，請問他要往何處？楊黼說：「去見大師無際。」老和尚謂：「見無際不如見佛。」楊問：「佛在何處？」答說：「你只須回去，看到那身披布衾，倒穿鞋子的就是！」楊黼乃返回雲南，到很晚才抵家敲門。他母親聽到扣門聲，料知是兒子回來了，萬分欣喜，來不及著衫穿襪，急忙裹著大被單，赤腳倒穿布鞋，趕緊出去開門。楊黼一見，頓時感悟到那老和尚的禪語，從此盡力孝順慈母。他活到八十高齡。某一日，沐浴淨身後，召集子孫們環侍在側，吩咐大家道：「明天，我就要走了。」果然第二日恬然逝世。

清儒張廷玉撰的《明史・卷二九八・列傳一八六・隱逸》中有楊黼的傳記，但沒有上段故事，而是記述在《德育古鑑・功過案・孝順》一書中，原文是：

「太和楊黼，辭親入蜀，訪無際大師。遇一老僧，問所往。黼曰：訪無際。僧曰：見無際不如見佛。黼問佛安在？僧曰：汝但歸，見披衾倒屣者即是也。黼遂回，暮夜抵家，扣門。其母聞聲，喜甚，不及衫襪，遽披衾倒屣而出。黼一見感悟，自此竭力孝親。年八十而逝。」

諺語說：「百善孝爲先。」這故事敘述母慈子孝，過程全不勉強，令人易於接受，不似那正面訓示一堆大道理的無趣。

尤其父母在四種情況之下，亟需盡孝：㈠是年衰，㈡是多病，㈢是鰥寡，㈣是貧乏，都亟盼兒女照顧，身爲後輩的，請毋忽視。只不過現今工業社會，人人都忙，子女成年後，有自己的工作要趕，有自己的家庭要顧，有自己的下一代要養，以致沒有多餘的時間精力和金錢去孝敬父母。今且請你聽聽前人姚若侯所說：

「妻亡可再續，子死可再生，
唯有父母親，一去便無蹤。
上天兼下地，尋覓兩無門，
行孝請及時，追悔有何用？」

應請三復斯言。

你仍積欠四十千，該當清償；
我今要討十九兩，理應索還。

十八 膝下嬌兒討債人

生兒是傳宗接代，延續後嗣。但如兒子早死，那些相信因果報應的人，便認定是為父的前生欠了他人的債，今世讓債主投胎來索還。清代《四庫全書》總纂官大學士紀昀（一七二四—一八〇五），字曉嵐，撰有《閱微草堂筆記》，其中「卷五・灤陽消夏錄第五」的第三則「殤子為債鬼」記的便是此事：

「世稱殤子為債鬼（未成年而死叫殤），是固有之。盧南名曰：朱元亭一子病瘵（癆瘵，即肺癆病），綵惙時（快要死去之際），呻吟自語曰：『現尚差我十九金。』俄而醫者投以人參，煎成未飲而逝，藥價恰值十九金，此近日事也。或曰：『四海之中，一日之內，殤子不知凡幾。前生逋負（前世虧欠債務的人），安得如許之眾？』夫因果循環，不可測算，君子寧信其有，或可發人深省也。」

此外、清代文學家蒲松齡（一六四〇—一七一五），撰有《聊齋誌異》，其中「卷十三」有「四十千」一則，也記述有索討前世欠債事：

「某甲，家財殷富。某日，夢到有一人跑來訴曰：『汝還積欠我四十千錢，該償還了。』邊說邊往內室跑去，不見了。某甲醒來，女僕報說太太剛生下一男嬰。某甲心知此是孽債，便取出四十千錢，存放於另一私室中，舉凡嬰兒所需，都從這堆錢裡來支用。過了兩年，錢已只剩七百了，此時奶媽抱著小孩來玩，某甲提醒他說：『四十千錢快用完了，你也該走了吧？』話剛說畢，這小孩臉色突變，全身抽筋，俄而斷氣死了，那餘錢正好用來治喪，這該是欠債不還者的鑑戒。」

佛家相信：種因就有果。善因得善果，惡因得惡果。北涼時代沙門曇無識譯的《涅槃經・遺教品》說：「善惡之報，如影隨形；三世因果，循環不失。」

紀曉嵐認爲寧可信其有，藉以告戒世人。而蒲松齡則正面肯定，認爲前世欠債，今生仍須清償。俗語說：「今世你賴債不還，來生變犬馬相報。」這是基本原則，錄此二事，雖非定論，或可作爲勸勉之用。

剪下頭上柔絲，換買佳餚，款娛賓客；
抽出床底草薦，剁成飼料，餵飽馬群。

十九　陶母責長髮

偉人成功的背後，多隱藏有一位賢母。《列女傳・鄒孟軻母》載孟母三遷，《唐書・柳公綽傳》記柳母和丸，《宋史・歐陽修傳》敍歐母畫荻，《宋史・岳飛傳》錄岳母刺字，都是彪炳史冊的好榜樣。今再述陶母截髮一例，增益光彩。事見《晉書・卷六十六及九十六》《世說新語・賢媛》《幼學瓊林・卷二・女子》《龍文鞭影・初集・卷下》。而以《世說》較為鮮活，引之如次：

「晉代陶侃（二五九—三三四）從小就立有大志，但家境清寒，與母親湛氏窮困度日。同郡縣的孝廉范逵，因事順道過陶侃家作客，且須留宿過夜。那時正下了幾天雪，家中無糧，而范逵一行有人有馬，怎生款待？母親說：『你只管與客人接談就好，其餘的事，我會盡善辦

德行第一
宋　臨川王義慶　撰
梁　劉孝標　注
陳仲舉言為士則行為世範登車攬轡有澄清天下之志

寫滿眉注的《世說新語》（原書為紛欣閣刊本）

妥。』她解開髮髻，剪下長髮，從後門上街，賣髮換來酒肉，回家作成佳餚宴客。又抽出床內所墊的草薦，剁成草料，用來餵飼客人的馬匹。客人都很盡歡。湛母包著頭巾，出入廳堂，招呼應對，甚爲得體。後來范逵得知這番底細，大爲感動，歎道：『非此母不生此子。』不多久，廬江太守召陶侃爲縣令。」

劉義慶《世說新語》敘來有情有義，有智有慈，原文勝過譯文，請看：

> 陶公少有大志，家酷貧，與母湛氏同居。同郡范逵素知名，舉孝廉，投侃宿。于時冰雪積日，侃室如懸罄，而逵馬僕甚多。湛氏語侃曰：汝但出外留客，吾自爲計。湛氏散髮委地，斷爲二髲，賣得數斛米。剉諸薦以爲馬草，遂設精食，從者皆無所乏。逵至洛陽，稱揚侃，大獲美譽。」

而《晉書》則另有補充，更能增添風采：

> 「陶侃貧乏，其母湛氏每紡績資給之，使交結勝己。范逵聞之，歎曰：非此母不生此子（見《晉書》卷六十九）。」
>
> 「范逵過侃，其母截髮，以易酒肴，樂飲極歡，雖僕從亦過所望。後范薦侃於廬江太守張夔，召侃爲縣令（見《晉書》卷六十六）。」

陶侃是東晉時代的名臣，江西潯陽人。他忠順勤儉，厭惡酗酒賭博。他搬運磚塊以習勤勞，自勵說：「吾方致力中原，過爾優逸，恐不堪事，故自習勞爾。」又勉人愛惜光陰，也自勵說：「大禹聖人，乃惜寸陰，至於吾人，當惜分陰。」又收集竹頭木屑，旁人不知何用。後當初春，積雪初晴，廳前餘雪猶濕，又濘又滑，乃用木屑鋪地，往來稱便。及後桓溫伐蜀，急需大批船隻，正好用所儲竹頭作釘造船（船舶不能用金屬釘，會鏽蝕）。時人比之爲諸葛孔明，眞是我們多方面的模範。

再請檢閱《增廣詩韻全璧．詩腋補篇．歷代人名二》中（見第三一〇頁第三欄）有詠贊陶侃五言詩曰：

「郡齋勞運甓，淝水憶投鞭；
臂指供驅使，光陰惜寸分；
自在荊襄督，能收幄幙勳；
用材餘竹木，奮武借風雲。」

將他一生的功跡都表揚出來了，可見好人不會寂寞，史筆自有佳評也。

上有好者，下必有甚焉者矣！（孟子・滕文公上）

長官喜歡，部屬哪敢不喜歡？（俗語・大眾都知）

二〇 楚王愛細腰

當你身居高位，貴為首長，不論是擔任政府領航人、財經決策人、企業創建人、商貿掌權人、或軍旅指揮人，你的喜好是甚麼，你的屬員也會跟著喜好甚麼，甚至還會超過或深化。《孟子・滕文公上》說：「上有好者，下必有甚焉者矣。」這話不假，如果不信，請看史例：

范曄《後漢書・卷五十四・列傳第十四・馬援傳》敍道：「吳王好劍客，百姓多瘡疤（百姓跟著喜歡鬥劍，因相刺受傷而多瘡疤）。吳王好細腰，宮中多餓死（皇宮內的嬪妃為求瘦身而減食餓死）。」

《後漢書》同卷中又說：「城中好高髻，四方高一尺（束髮於頂，紮成高髻，四境仿效，有高到一尺的）。城中好廣眉，四方且半額（寬眉最美，就有畫為半個額面的）。城中好大袖，四方全匹帛（衣袖愈大愈俏，四方百姓便用全匹帛綢縫製）。」

《墨子・兼愛中》云：「楚靈王好朝士而有細腰者。故楚臣皆以一飯為節（每天只吃一頓飯），扶牆然後起（要扶著牆壁才能站起來。）墨子評說：「是其故何哉？君悅之，故臣樂爲之也。」

《韓非子・二柄篇》也云：「楚王好細腰，國人多餓死（前段後漢書說是宮中多餓死，本段韓非子則擴大說國人多餓死）。《管子》亦云：「夫楚王好小腰，而美人省食。」因愛美而不敢多吃。

《尹文子》也說：「楚莊愛細腰，一國皆有饑色。」

《晏子春秋・內篇雜下》述：「景公好婦人而服丈夫衣飾者（喜好女人穿男裝），國人盡服之。景公使吏禁之曰：『女子而男子衣飾者，裂其衣，斷其帶。』裂衣斷帶相望而不止也。」

又《韓非子・外儲說左上》：「齊桓公好服紫裳（喜穿紫色衣裳），一國盡服紫。當是時，五素不得一紫（五匹白素絹布，換不到一匹紫色絹布，因爲紫絹太俏了）。桓公患之，管仲曰：『君何不試勿衣紫也。』（你何不試一試不穿紫衣嘛）。桓公於是不衣紫，國中亦莫衣紫焉。」

又《韓非子・外儲說左上》：「鄒君好服長纓（喜歡將官帽帶子留很長），左右皆服長纓，纓甚貴。鄒君患之，問左右。答曰：『君好服，諸臣亦服，是以貴。』鄒君因先自斷其纓（鄒君領先把帽纓帶子剪短），國中乃皆不服長纓（都不用長帶子了）。」

由上可知，君王的喜好，竟然能造成朝廷及全國的風氣和習尚，可見位居首長的眞得要小心了。君不見《論語・顏淵》篇說：「君子（在位的高官）之德、風（指自然之風，也指風節氣度）。小人（在野的受統治者）之德、草。草上之風必偃（草受風吹，隨風向而傾倒）。」《書經》也說：「爾惟風（你在高位是風），下民惟草（屬下人民都是草）。」漢・劉向《說苑》更詳釋云：「夫上之化下，猶風之靡草。東風、則草靡而西。西風、則草靡而東。在風所由，而草爲之靡。」

前總統蔣經國提倡節約儉樸，那時大官婚事請客都不敢超過十桌，每桌五盤菜，稱曰「梅花席」（取梅花五瓣之意）。後來民進黨執政，政風奢靡，民間也競相花費，鴻海集團董事長郭台銘喪妻，買雙層棺柩花一百萬台幣，刻個石像超過了一百萬台幣，墓園建造費當更驚人（見二〇〇五、四、一、聯合報）。

全球最大的半導體封測廠日月光公司，二〇〇六年營收突破一千億元，爲全世界第一名。二〇〇七、二、二、公司辦陰曆過年的尾牙大宴，席開一千六百桌，也就是一萬六千人坐席，得燒出一萬六千道主菜，但不知要建多少爐灶？招雇多少位廚師？當菜肴送到最遠的一桌時，那熱盤都變爲冷盤了吧？（見二〇〇七、二、三、聯合報）

唐・魏徵《群書治要・孝經》說：「上行之，則下效法之。」（這話也見於《周禮・天官・太宰》）。唐玄宗《鶺鴒頌》也說：「上之所教，下之所效。」《禮記・緇衣》更說得明白：「上好某物，下必有甚者矣。上之所好所惡，不可不愼者也。」奉請各位身爲首長的，不可不防微杜漸呀。

虎丘山下塚纍纍，真娘墓上獨題詩。——譚銖詠真娘墳詩句
李白詩名耀千古，魯班門前耍大斧。——梅君題李白墓詩句

二一　魯班門前耍大斧

半吊子文人，喜歡賣弄，到處題詩留名，未免淺俗澆薄了吧！請看下列故事。

（一）虎丘山上眞娘塚前留句

「眞娘者，吳國之佳人也，比於錢塘蘇小小（唐朝有位眞娘，是江浙一帶著名的歌妓，與杭州蘇小小齊名），死葬吳宮之側（眞娘歿後埋在江蘇吳縣虎丘山劍池之西）。行客感其華麗，競相題詩於墓，櫛比鱗臻（往來遊士，爭相題詩，似魚鱗般的密集）。有舉子譚銖者，吳門之秀士也（譚銖是吳縣才華優秀的儒士），因書一絕（最後題一首七言絕詩），後之來者睹其題句，稍息筆矣（後來的遊客便休筆停寫了）。詩曰：『虎丘山下塚纍纍，松柏蕭條盡可悲，何事世人偏重色，眞娘墓上獨題詩（虎丘山下，墳墓很多，爲何只看重女色，大家都在眞娘墓上題詩呢）』。」

以上是宋・李昉《太平廣記》卷一九九・譚銖條，以及唐・范攄《雲溪友議》敘述的

故事。今再舉一類似的例子，主角則是李白：

（二）采石磯畔李白墓間題詩

「有『斗酒詩百篇』的李白，遊采石磯，喝醉了，躍身投入長江中，要去撈水下之月而溺死（這是唐・王定保《唐摭言》說的），葬在采石磯（在安徽省當塗縣的長江右岸，即他投水處）。歷代詩人詞客，憑弔絡繹不絕，人人都題些詩句，寫滿了墓廬內外（宋代喬仲常有「李白捉月圖」。南宋進士戴昺有「捉月仙人呼不醒」詩句）。有位儒士，眼見這麼多酸臭文人，不自量

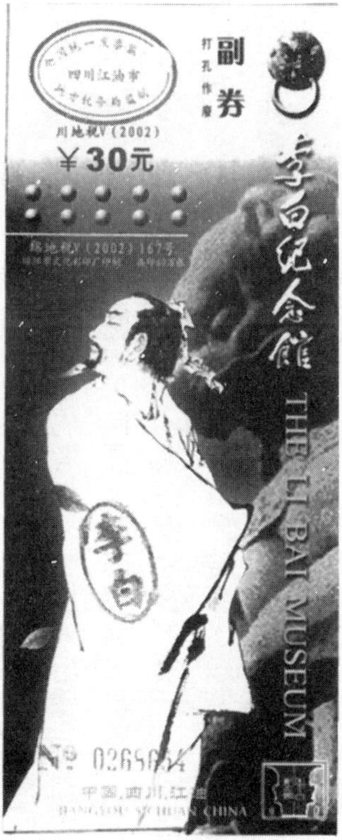

李白（七〇一—七六二）字太白，號青蓮居士，祖籍隴西成紀。先代因戰亂遷蜀，故李白生於四川省江油市青蓮鎮。在江油市昌明河畔，有李白紀念館，為國家AA級景區。館內高聳露天塑像，蓮池溪瀑，迴廊亭閣，值得一遊。筆者特往瞻仰，圖為門票縮影。

力，竟敢在仙才李白跟前，賣弄詩詞，豈非狂妄，忍不住警誡他們一番，留了一首絕句曰：『采石江邊一抔土，李白詩名耀千古，來的去的寫兩行，魯班門前耍大斧』。」（這首詩據《幼學故事瓊林・人事》篇「班門弄斧」條的注解說是明代梅之渙作的「題李白墓詩」）

右面是引自明・馮夢龍《古今譚概》酬嘲篇，又見於明・楊循吉《蓬軒別記》。

從以上這兩篇文字來看，我們讀了第一篇「何事世人偏重色」之句，就不妨複習一下《論語・衛靈公》篇，孔子說：「已矣乎，吾未見好德如好色者也。」世人培養「美德」者少，喜愛「美色」者多。但我們總宜除掉這低層的孽障，向高一層的境界去昇華才對。

至於第二篇「魯班門前耍大斧」之句，則請參閱歐陽修《與梅聖俞書》所云：「班門弄斧，可笑可笑」之鑑戒，而生警惕之心。那時期的一些文人，疏於檢束，題詩於李白之墓，正好像在孔子廟前賣文章，這叫不知藏拙，實屬可哂，我們還當避免爲好。

我像在海邊嬉戲的天真小孩，
偶然間拾到一枚美麗的貝殼。

二二　牛頓海邊拾貝珍

牛頓（Isaac Newton 1642-1727。或譯爲奈端），英國物理學家、數學家和哲學家，是十七世紀科學界的頂峰人物。所提出的力學三大定律，即慣性定律（law of inertia）、作用與反作用定律、運動定律（law of motion）；以及萬有引力定律（law of universal gravitation），奠定了近代物理學的基礎。另在光學、天文學、微積分等方面，也都有不可磨滅的貢獻。

牛頓

一七〇五年，榮封爲爵士。

偉大人物，大多不會驕傲，中外皆然，牛頓也是如此。他十分謙虛。在《牛頓傳》中，他曾有一段自我敘述說：

「I do not know what I may appear to the world, but to myself I seem to have been only like a boy playing on the seashore, and diverting myself in now and then finding a smooth pebble, or a prettier shell than ordinary, whilst the great ocean of truth lay all undiscovered before me.」

這段話如譯爲中文，那就是：

「我不知道自己呈現給世人的是甚麼？但對我個人而言，我始終好像是一個在海邊嬉戲的小孩，在浩瀚的眞理海洋將一切『未知』置於我面前之時，自娛於偶爾拾到一顆光滑的小卵石、或一枚格外美麗的貝殼而已。」

牛頓在一六六五年自「劍橋大學」畢業，一七〇三年當選爲「皇家學會」會長，以後每年連任，直到去世爲止。死後葬於倫敦大寺院，每天都有人前去瞻仰。

他的著作有：《數學的自然哲學原理（Philosophiae Naturalis Principia Mathematica, 1687年）》、《光學論（Opticks, 1704年）》、《普通數學（Arithmetica Universalis, 1707年）》。

吾人當知：著書不在乎量多，而在乎質的精粹和詮的重要，例如《數學的自然哲學原理》一書，便是現代科學史上最重要的著作之一。他有如此崇高的成就，卻又流露其自謙的胸懷，眞是難得，令人打從心底敬佩。

剪鬚為老臣治病；
降職讓太子施恩。

二三　唐太宗割鬚癒勣病

鬍鬚是古時男子表現氣概的象徵，代表威嚴莊重美觀和身分。男人都留鬚，成爲美髯。歷來鬍鬚不可自毀，本篇卻發生了剪掉鬍鬚之事，故可一記。

唐代李勣（勣的音義都同績，五九四—六六九），字懋功，追隨秦王李世民（五九八—六四九）平定了竇建德（夏王），俘虜了王世充（自稱鄭王），攻潰了劉黑闥（號漢東王），討伐了徐圓朗（自號魯王）。秦王李世民即帝位爲唐太宗後，封李勣爲太常卿，後來做了宰相。

李勣貞誠可靠，效忠不遺餘力，唐太宗認爲可託付大事。某次，李勣突然得了重病，御醫診斷後說：須要用鬍鬚一束，燒焙成灰和藥服之，才可治癒。」唐太宗慨然剪下自己的鬍鬚（昔都留長鬚美髯），付與太醫作藥，果然病治好了。

李勣病危復活，癒後進皇宮拜謝，以頭叩地，額顙碰地出了血，感激救命大恩。唐太宗說：「我是爲國家而救你，不用謝了。」《新唐書》卷九十三．列傳第十八原文曰：

「李勣，字懋功。從秦王，平竇建德，俘王世充，破劉黑闥，討徐圓朗。太宗即位，改太常卿。勣既忠力，帝謂可託大事。嘗暴疾，醫曰：用鬚灰可治。太宗乃自剪鬚以和藥。及勣愈，入謝，頓首流血。帝曰：吾為社稷計，何謝為？」

此事又見宋・孔平仲《續世說》卷五・寵禮章：

「李勣遇暴疾，驗方云：唯鬚灰可療。唐太宗乃自剪鬚，為之和藥。勣頓首見血。帝曰：吾為社稷計而剪鬚，不煩深謝。」

唐太宗

前面提到唐太宗認為李勣忠誠可靠，能夠將大事託付給他，這事在史書中有此記載。《新唐書》卷九十三・列傳第十八有敘：

「唐太宗留李勣酒宴。太宗顧曰：朕思託幼孤，無易公者。公昔不遺李密，豈負朕哉？勣感涕，因嚙指流血。俄大醉，帝親解衣覆之。」

這段話的意思是說：以後某一次，唐太宗留下李勣，賜以酒宴，飲談之間，唐太宗對他說：「我一直想要託付一位可信賴的心腹大臣，照顧我那年幼的太子，將來輔佐治國，沒有比你更適當的了。你以前全心幫助李密（五八二——六一八，牛角掛書就是他），他造反被殺，你為他埋葬帶孝，如此忠義，怎會辜負我呢？」

李勣十分感動，激切間竟淌下了眼淚，並咬破手指爲誓，讓鮮血流出作證。君臣互吐肺腑之言，酒也喝得不少，到後來李勣竟然大醉了。唐太宗脫下外層御袍，親自覆蓋在李勣身上，免他著涼，讓他熟睡。李勣自然要貼心報答了。

但要想令強人傑士乖乖聽話，也非易事，唐太宗就曾請問過李靖。今人任畢明《龍虎集・勝篇・李靖操縱李勣》條中記敘道：

「唐太宗謂李靖曰：卿嘗言李勣知兵法，然非朕控御，則難服也。他日太子將治事，何以御之？靖對曰：爲陛下計，莫若先黜勣，令太子復而用之，不亦可乎？太宗乃以事黜李勣，及高宗立，召勣爲尚書左僕射。」

這是說唐太宗可以控制駕御李勣，但太子年幼，沒法管住他，李靖便出了個主意。請看後晉、劉昫《舊唐書・卷六十七・列傳第十七・李勣》篇中所述：

「貞觀廿三年，唐太宗寢疾。謂高宗曰：汝於李勣無恩，我今將責出之。我死後，汝當授彼以僕射之位。勣既荷汝恩，必致其死力。乃出勣爲疊州都督。高宗即位，冊拜爲尚書左僕射。」

同在歐陽修撰的《新唐書・卷九十三・列傳第十八》有相似的記事：

「唐太宗疾，謂太子曰：汝於李勣無恩，我今以事出之。我死、汝登位後，宜即授以僕射，彼必感恩圖報，致其死力矣。乃授登州都督。唐高宗立，遂徵勣爲尚書左僕射。」

這三段都是述及怎樣來操縱英雄人物，玩些權術，耍點手段，以收攬他人的心。唐太宗老了病了，自知活不久了，對兒子唐高宗（那時還是太子）說：「國事治理，要靠李勣。但你對他無恩無德，他不會服從你，非得想個計策來收服他才行。方法是：我明天就責怪他辦事不力，罰他降級，充軍到外地去。我死後，你繼承皇位，就由你升他為宰相，調他回京，位居百官之上。如此一來，他因沐受了你的隆恩宏典，就會出死力報答你了。」

果然，李勣被罰降官，遠調到外郡去作疊州都督。等到唐高宗登帝位後召他回京師，拔擢他為尚書左僕射（就是宰相）。李勣自此必更盡瘁於國事了。

我們要有這番認識，官場中多的是權謀。為了鞏固自己的地位，統制者或領導者會使出厲害絕情的手法；有時候，對方也配合演出，正像是「周瑜打黃蓋」，一個願打，一個願挨。我們姑且作個觀衆，來看明代李暉吉所撰《龍文鞭影．二集．上卷》「徐勣就官」（李勣原名徐勣，見第廿四篇）所說：

「唐太宗有疾，謂太子曰：李勣才智有餘，然與汝無恩。我今黜之，若彼即行，將來可用為僕射；如彼徘徊顧望，定當殺之（好可怕）。乃貶他為登州都督。李勣預知其意（猜中了葫蘆裡賣的是甚麼藥），甫受命，不至家而去。」

唐太宗用計來測試李勣，如若服從，將來會重用；如若猶豫，立即要殺掉（免生後患）。那李勣也料透了箇中底細，合作無間。調職命令一到，竟然沒有回家料理，就逕自離京去上任了。想必是預知不多久定會回來，啓程時乾脆爽利一些，豈不更好？

煮粥焚鬚，嗟以往英年何在？
病姊衰弟，歎今後來日無多！

二四　李懋功煮粥受姊訶

兄弟友愛，姜家大被以同眠（漢代姜肱，三兄弟篤愛，同睡一大被，見後漢書姜肱傳）；手足情深，宋君灼艾而分痛（趙匡胤爲弟灼艾故事，見《宋史》太祖紀三）。本篇也引述一則姊弟親誼濃厚的典故。事雖尋常而無啥希奇，卻顯現出溫馨的人情味。

唐代李勣（音義同積。五九四—六六九）字懋功。本姓徐，叫徐世勣。唐太宗（五九八—六四九）因他立了大功，賜他姓李。又因唐太宗叫李世民，爲避諱（因與皇帝及孔子同名而換字、改讀、或缺筆劃以避之叫避諱）去掉世字，單名李勣，後來官任僕射。

僕射就是宰相，爵高位崇，但他本性純良，篤於友愛。老姐姐病了，想吃粥，李勣親自爲她熬稀飯。那時代，用的是瓦罐，燒的是柴灶。必須守在灶旁，隨時照看水乾了沒有？火旺了沒有，米爛了沒有。李勣年紀大了，熬粥又不在行，添水加柴吹火時，一時不小心，把長長的鬍鬚燒著了。

老姐姐看到了，於心不忍，半勸半訶道：「算了好啦！府裡女婢僕役丫鬟那麼多，偏要自己來煮粥，何其勞苦？瞧你笨手笨腳的，連鬍子都燒焦了，不要弄了，好嘛。」

李勣回答道：「府中婢僕，當然不少，但都是外姓傭人，我心不安。如今姐姐年歲大了，難免時常有病；而我年紀也老了，即使想要爲你多煮幾次粥，還能煮幾回呢？」

這段故事，見於宋・歐陽修《新唐書》卷九十三・列傳第十八：

「李勣，字懋功。本姓徐氏，唐太宗賦姓李。性友愛。其姊病，嘗自爲粥而燎其鬚。姊戒止，答曰：姊多疾，而勣且老，雖欲數進粥，尚幾何哉？」

又見於明・蕭良有《龍文鞭影》初集・卷上「李勣焚鬚」條：

「唐・徐世勣，字懋功，太宗賜姓李，官僕射。其姊病，勣親爲煮粥，火燃其鬚。姊曰：僕妾多矣，何必乃爾？勣曰：豈爲無人耶？今姊老，勣亦老，欲常爲姊煮粥，其可得乎？」

再看明・鄭瑄《昨非庵日纂》敦本篇：

「李勣，貴爲僕射。姊病，必親爲粥，釜火燃焚其鬚。姊曰：僕妾多矣，何爲自苦？勣曰：姊年老，勣亦年老，雖欲久爲姊煮粥，復可得乎？」

姊弟親情篤厚，洋溢於字裡行間，覽讀之餘，不無興感，因占曰：

粥豈無人煮，鬚燒有姊訶；
唯憐來日少，侍疾哪嫌多？

向硯呵氣水就生，索價卅千，確是珍寶；一天呵得一擔水，不過三文，要它何用？

二五　寶硯呵氣就出水

宋代孫甫（九九八—一〇五七），字之翰，著有《唐史論斷》，熟通古籍。即令與文友閒談之際，他都常引經史語句來作對答。當朝宰相杜衍（九七八—一〇五七，與晏殊、范仲淹同時代）也稱他爲「益友」。今且述一段他的識見：

「有人拿來一個磨墨的硯台，說是價值三十千錢。孫甫問道：『這硯有何特異，值得如此高價？』對方解釋說：『這是奇石寶硯，這種珍貴的石材特別有潤性，用嘴向它呵氣，就會出水。』孫甫道：『就算一天呵得一擔水，才值三文錢，買來有何益處？』沒有接受。」

元人托克托撰的《宋史》第二九五卷有孫甫的傳記，但正史中沒有這段。此事載在宋代沈括《夢溪筆談・卷九・人事一》書中，原文是：

「孫之翰，人嘗與一硯，直三十千。孫曰：硯有何異而如此之價也？客曰：硯以石潤爲貴，此石呵之則水流。孫曰：一日呵得一擔水，纔直三錢，買此何用？竟不受。」

不過，另一宋代文儒吳坰（坰，音扃，樂平人，受業於國子博士楊簡）著有《五總志》（記錄舊聞雜事，書名五總，取「龜生五總，靈而知事」之意），書中也記有這同一故事，主角卻是王安石。不知究以何說爲是？

器物太奇，似乎不合常態，今且另外摘出一件相似的故事，這是錄自《宋史・卷三六五・列傳第二十四・呂蒙正傳》，其中有「古鏡能照二百里」的一段，文曰：

「朝士（朝廷中的士大夫）有藏古鏡者，自言能照二百里，欲獻之蒙正以求知（想要送給呂蒙正，借以求取知遇之寵）。蒙正笑曰：『吾面不過楪子大（我的臉面不過碗碟般大小），安用照二百里哉（哪會用得上照兩百里的寶鏡呢）？』聞者歎服（聽到的人都歎賞佩服）。」

孫之翰、王安石、呂蒙正諸賢，都是我們的好榜樣。申言之，我們的心境要廣，志趣要高。所珍視的，若無益於自身，又無裨於社會，就不必理睬它便了。

此外，明・曹臣《舌華錄・慧語第一・王旦》，及清・畢沅《續通鑑・宋紀・眞宗》，又清・趙伯平《續通鑑雋語・宋紀・眞宗・王旦七》，都有一篇同是玉帶的故事，今引敍畢沅所述：

「王旦（北宋宰相）沖淡寡欲。有賣玉帶者（用玉片鑲嵌的腰帶，代表身分地位高貴），子弟以爲佳，呈旦（家中晚輩，認爲很美，拿給王旦欣賞）。旦命繫之（王旦叫他纏在腰上），問曰：『見佳否（你看到這美好的玉帶嗎）？』曰：『繫之，安得自見（玉帶圍在我腰，自己哪會看到）？』旦曰：『自負重而使觀者稱好，無乃勞乎（要自己負擔重量，只求別人說美，未免太勞累了吧）？』亟還之（即時退還不要了）。」

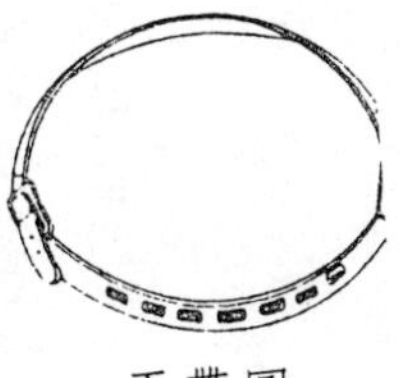
玉帶圖

《易經・繫辭上・第十二章》說：「形而上者謂之道，形而下者謂之器。」所謂形而下，是指屬於物質層面的有形的東西。我們不要爲物所累、爲物所役。本篇摘列的孫之翰、王安石、呂蒙正、王旦等四位，都不爲俗物所拘，以至他們的思想和作爲，都趨向於高遠的境界。觀察小處可以悟大，多看故事定能增智，諸賢都是我們應該效法的好榜樣。

井底沉一屍，哭訴是我夫；
旁人認不出，為何你獨知？

二六　深井瞄屍便認夫

宋代名臣張昪（ㄅㄧㄢˋ音和義都與忭同），字杲卿，明察秋毫。在沈括《夢溪筆談・卷十二・官政二》中引述了一樁刑案：

「張杲卿知潤州（潤州即今江蘇鎮江縣，知是官任縣長），有婦人，其丈夫出外數日未歸。忽有人報說菜園中井內有死人，婦人驚往視之，號哭曰：是吾夫也。遂以聞官（於是官府都驚動了）。公令屬官集鄰里（張縣長命令官員集合鄰長里長）就井驗是其夫與非（到井邊勘驗是她丈夫或不是）。眾皆以井深不可辨（大家都認爲井太深不能辨認），請出屍驗之（須打撈屍體出井才可驗證）。公曰：眾皆不能辨，婦人獨何以知其爲夫（何以單獨此婦知道確爲其夫）？收付所司鞫問（收押交付司法官審問），果爲姦夫殺其親夫，婦人與聞其謀。」

今日我們來看這樁謀殺案的破解，似乎覺得既單純又顯易，無啥稀奇，這可能犯了「事後諸葛亮」的毛病。要領是：犯罪行爲的前後，常會留下破綻。關鍵是：遇到這位思慮周密的張縣令，細節全不放過。這井坎既深，光線又暗，那婦人，自井上睇瞄，竟然就能確認是她丈夫，這可有違常識，此中應有蹊蹺。跟著這個疑點去追問，就破案了。我們要能體察文字簡單直敘背後的情節發展，學到張縣長敏銳的注意力和迅捷的判斷力，對解決其他類似的難題，當有大助。

補敘一句：張昪的政聲應該不錯，才可在《宋史》第三一八卷中列名爲他寫傳記，但木刻版卻將他的名字刻爲「張昇」，錯了。這當是手民之誤，也該是校讎者的疏漏。不過正史僅記錄大事，這宗謀殺案就只能見於閒逸文人的筆記中了。

牛津辭典，韋氏辭典；熟讀成誦，批注滿擠；痛恨文閥，開罪文痞；德語純正，拉丁無比。

二七　錢鍾書亦逸亦奇眞國士

中國大陸學界泰斗（《新唐書·韓愈傳》「仰之如泰山北斗」）無錫錢鍾書先生（一九一〇—一九九八），他博聞強記，學貫中西，出口成章，才華揚溢。以下是他的一些逸聞奇事：

「一九七九年四月，錢先生隨中國社會科學院代表團訪美。二十三日代表團抵達紐約哥倫比亞大學，下午賡即參加校方的座談會。在毫無準備的情況下，錢先生有問必答，一口流利的『牛津英語』，震驚了在場的聽眾。」

在座談過程中，爲求氣氛輕鬆，長駐美國的學者夏志清先生輪到作主持人時，便夾說些幽默話，他說：

「錢先生的中西學問，我無法跟他相比，可是美國電影的知識，我一定比他豐富。現在我要考考他：珍芳達是誰？不料、錢鍾書竟然頗爲內行的說：這位女明星，最近不是得了個甚麼獎嗎？」

鍾書先生連女影星珍芳達都知道（Jane Fonda 1937—兩次獲奥斯卡最佳女演員獎），可見他涉獵之廣，而且他讀書時，有寫批注的習慣：

「他長期使用的《牛津辭典》上面密密麻麻的在邊沿和夾縫空白處都寫滿了批注。牛津大學知道後，要用巨款求購。但錢先生卻拒絕說：我姓了一輩子錢，還迷信錢嗎？」

「錢先生讀字典成癖，那些重得拿不動的字典、辭典、百科全書，他不僅挨著字母逐條細讀，而且見了新版本，還不厭其煩地把新條目增補在舊書上。一本抽屜般大小的《韋氏大辭典》，他竟先後精讀了三遍。」（以上四條是施江虹所記）

錢鍾書撰有《管錐編》《談藝錄》《圍城》《宋詩選注》等多種書籍。他夫人楊絳教授在《錢鍾書與〈圍城〉》一文中的第三十七頁寫道：

「我認爲《管錐編》《談藝錄》是顯示好學深思的鍾書，《槐聚詩存》是顯示憂世傷生的鍾書，《圍城》呢，是顯示個癡氣旺盛的鍾書。《圍城》裡的人物和情節，都憑他的那股子癡氣，呵成了眞人實事。」

這種癡氣，就代表他的性格和爲人。他一不好名，二不求利，一心筆耕，才可創作出《管錐編》這部被人稱之爲奇著的文集。由於這股癡氣，他都不理會那些鼎鼎大名的中外學者，以及慕名求見的文人，可說是很孤傲。楊絳在上述《錢與圍城》文中還提到：

「自從一九八〇年《圍城》重印後，多少人想見面，他竟是既欠禮貌又不講情理的拒絕。某次他在電話裡對一位求見的英國女士說：『假如你吃了個雞蛋覺得不錯，何必認識那下蛋的母雞呢？』我眞擔心他得罪了好多人。」

憑著他這一身國士傲骨，他最恨兩種文人，一是「文閥」，一是「文痞」。文閥者，以文求官，以官仗勢，以勢壓衆，乃是文化蟊賊。文痞者，以文吹牛，借文拍馬，因文求利，乃是文化流氓。這兩種人，都缺「文德」，錢先生嗤之以鼻。

二十四歲的錢鍾書

錢先生不但讀書認眞，即令對自己的寫作，出版後總也要再細讀一兩遍。舉個例，他的學生鮑玉珩爲文說：

「他送給我一些書，例如他的《七綴集》中的第一篇《中國詩與中國畫》最後注解中，他有一句『理由是湊數的東西。』錢先生將『湊數』改爲『湊趣』，還對我講述這兩個字的區別。當然改後更佳，這也該是一種癡氣。」

周振圃稱贊錢先生做學問的踏實和認眞，就用錢鍾書《談藝錄》中的一例來作證。那便是錢鍾書對蘇軾「春江水暖鴨先知」的批評（按係蘇軾題《惠崇『春江晚景』圖》詩云「竹外桃花三兩枝，春江水暖鴨先知，蔞蒿滿地蘆芽短，正是河豚欲上時」）。周在《解詩》文中說：

「錢先生談詩是實事求是。他看了袁枚的話並不罷手，還要找毛奇齡的話來看。還要找唐人的原詩來看。還要參考王闓運的意見。這值得我們好好學習仿效。」

追溯從前，錢鍾書投考清華大學時，數學只得到十五分，但英文卻是滿分。學校愛才，破格錄取。其後他留學英國牛津，回國後在西南聯大、清華、北大任教，先後出席義法美日等國國際會議。他記憶力超群，能夠流暢的背出湯顯祖的《牡丹亭》詞。施江虹先生爲文說（又見《傳記文學・一九九五年第一期》漢學家費景漢的記述）：

「他在美國耶魯大學學術大會上的表演，更震驚中外。他見聞廣博，咳唾成珠。每談到一位英國詩人，就用優美的牛津英語背出一首這位詩家的原詩。又提及德國詩人，就用標準德語讀出他的原句。再提到某位拉丁詩人，他也用拉丁語唸上一段拉丁著作。把眾多的美國與會者唬倒了。無怪一些西方學者說：到中國去，一是爲了遊覽長城，一是爲了拜晤錢鍾書。」

以上所述，僅是錢鍾書的一鱗。筆者以爲：錢的天賦才華，旁人難以趕上；但他的治學態度，卻是我們該效法的榜樣。他讀書必尋根究柢，寫書則再三校改。本篇中提到他對「春江水暖鴨先知」的討論，是《談藝錄》的第六十八篇。筆者檢閱該書，見他縷列了毛西河（即毛奇齡）、王漁洋、張文麓、袁子才、王筠、孟東野、梅聖俞、莊子、王文誥、丁敬身、王壬秋（即王闓運）、田綸霞、朱隗等各家的意見，旁徵博引，這裡無法詳述。我們讀來都頗費精神，他似乎輕易的就端出來了。

挑水一白丁，畫圈求救兵；
游民拔釘會，千里探恩人。

二八　鮑春霆有情有義好男兒

英雄哪怕微時賤，好漢何愁出處低；試看風雷平地起，劉朱創出漢明天。

生爲一個壯男，既有天賜勇力，只要投入正路，便會揚名立萬。本篇介紹一位粗人，由挑水夫而官拜九門提督（清代提督爲漢人武職中的最高職級），錫封子爵，值得賞覽。此人非他，鮑春霆是也。

（一）畫圈求救

鮑超，字春霆（一八二八—一八八六），以故他統率的部隊旗號就叫「霆軍」，四川奉節人，他驍勇善戰，是滿清時代的名將。

他早年貧困，沒錢上學，以致大字不識，又無手藝，謀生乏術，只好挑水零賣，以求溫飽。適值洪秀全建太平天國作亂，鮑超仗著天生體健，肯武有力，投身軍旅，與太平軍作戰，每戰必勝，武功彪炳，升官到五品，但仍只會寫自己姓名這兩個字。

有一次，他統率的霆軍，在九江被敵軍包圍，情況險急，須立即派人往祁門縣向曾國藩的大軍營請求救兵，隨即叫那管文牘的師爺趕寫救急公文，限時出發。

鮑超等了好久，那信函還沒寫好，急得親自去催。但見那位文案師爺，握筆沉思，凝神冥想，因為這是撰寫上行公文（向直屬上級長官奏報的稟牒），曾國藩又是一代碩儒，用詞必須推敲，哪敢馬虎造次，正在字斟句酌，因此迄未完稿。

鮑超急了，頓著腳說：「這麼緊急的時刻，哪有功夫讓你來研究這些文縐縐的詞句？不用了！」偏頭叫身邊的親兵，拿來白麻布一方塊，他自己抓著大筆管，醮滿黑墨，就在麻布中央，畫了一個「鮑」字，然後在四周圈上無數的小圈圈，圍繞著這個單獨的鮑字。馬上蓋好印信，摺合加蠟封，交給通信兵趕緊上馬，立刻出發跑路。

旁邊見到的人，都不明何意，露出疑怪的臉色，意思是問：「這管用嗎？」鮑超卻蠻有信心，說道：「你們不懂，曾大帥自會知道！」

白布送到祁門，曾帥大營的師爺拆開一看，眞也猜不出是何含意，只好呈給大帥定奪。曾國藩一瞄，笑道：「老鮑被圍住了，情勢危急，正式公文都辦不及，老鮑親筆求救了呀！」急令部將多倫阿（曾帥屬下的滿人統兵官）帶領精兵，奔赴九江救援，鮑超解困了。

以上是依徐珂《清稗類鈔．戰事類》語譯的，原文錄請參閱對照：

「清、鮑超，由擔水夫從戎，以剿粵寇，立功至專閫（專任統領軍隊的將帥），班五等。然貴後仍不知書。自姓名二字外，更無所識。方鮑超被圍於九江也，亟遣人赴曾國藩祁門大營求救。令幕客撰牘，移時不至，乃親往促之。見其握筆構思，頓足曰：此何時耶？安用此文縐縐爲者？呼親兵，以白麻布一幅至。自操管，大書一鮑字，以無數小圈繞其旁，亟加封付遞。衆不解，問之。鮑曰：大帥自能知其故。遞至祁門，曾之幕僚啓視，亦莫知其意。持示曾，曾笑曰：老鮑被圍矣。乃亟檄多隆阿往援，鮑圍乃解。」

非常時刻，要用非常方法，比循正常程序有效。鮑超雖是粗人，卻非常人，此事既奇又妙，而且絕後空前。有分教：

受困被圍時際，師爺修稟求援；救命奪秒爭分，卻待咬文嚼字。
儒士常難應變，武將急智有方；鮑超只會畫圈，曾帥最能破謎。
圖繪簡明快捷，遠勝也者之乎；雖能化解危機，畢竟險招一記。

（二）拔釘大會

大人物小時顚沛，成名後大富大貴；思往事實在丟人，提起來都是忌諱。

想那些出身低卑的人，顯達後，對從前不光彩的過去，大都羞於啓齒。唯有這位鮑超將軍，從游民奮起，掙到提督，卻不怕出醜，竟風光的辦了個「拔釘大會」。依據鄒覺民所記《鮑超拔釘》一文，內容是這樣的：

清代鮑超，字春霆，當過挑水夫，後又流落到長沙市，潦倒江湖，貧無立錐，只好進入游民收容所，混食嗟來，姑且活命。

游民收容所立有規章，凡是收留的游民，都要將寫上姓名的牌子，用大鐵釘一字橫排釘在大廳的牆壁上。游民所裡發給的叫化袋，回所時也要掛回鐵釘上，方便管理。如果謀到了好出路，離開游民所時，就要報請拔釘告別。否則游民名籍，永久留存，難除賤譽。這也是鼓勵游民，爭取向上的用意。

鮑超在清朝咸豐二年投身軍伍，離所時匆忙，來不及拔釘。迄後功成名立，官拜九門提督（提督府在北京），封爲子爵。憶及往事，乃親赴長沙（湖南省會長沙市），通知游民所與各方朋友，定期公開舉行「拔釘大會」。

此次大會，儀典隆重。全城文武百官，都欣然蒞會觀禮，參與鮑帥的除名拔釘盛會。其餘的商民百姓，也都佇聚街頭大門前，相與駢肩瞻望，咨嗟贊歎。

鮑大人也富不諱貧，貴不忘賤，未曾因年少落魄，視爲羞恥。他在這拔釘大會之中，談笑風生，怡然自得，令人感佩。

筆者按：鮑超雖未讀書，但有勇有智，從軍後，以哨官投入曾國藩麾下，攻剿太平天國，領兵十多年，轉戰湘贛徽各省，大小七百餘戰，斬首三十萬級，降俘二十萬衆。他的部隊，號爲「霆」軍，卒諡忠壯。他還是個極講義氣的鐵血漢子，請看下段「冒死遠探恩人病」實錄。

（三）千里探病

便服單身，奔千里急趨武漢；國恩私誼，冒萬死專探胡公。鮑超一介武夫，幸而獲得巡撫胡林翼（號潤芝）的信賞，乃能揚威建爵。胡之對鮑，恩重如山；鮑之對胡，碎身難報。請閱鄒覺民《胡林翼識鮑超》所述：

清咸豐十一年（一八六一）八月廿六日、湖北巡撫胡林翼死前數日，恰值滿清大軍與太平天國劇戰正酣，其時鮑超正在江西省德安縣馬回嶺戰地，與太平軍的英王陳玉成反覆鏖兵、難解難分之際，鮑超在軍營中忽得消息，訊報自後方傳來，謂胡巡撫重病，性命危在旦夕。

鮑超爲欲趕去探病，必須先行殺退陳玉成，令其重創，無力反撲，才可乘暇探視胡公病況。因就提振軍威，集中戰力，經三晝夜之窮攻直搗，殺得陳玉成棄甲曳兵而逃，竄退浮梁縣（鄰近安徽省），潰不成軍，已無回攻之力了。

鮑超立即單身便服，星夜突破敵人佔領區域，越過沿著長江層層封鎖防線，歷經贛北鄂東，潛行近千里，晝夜不息，趕抵湖北巡撫衙門的武昌，直奔巡撫胡林翼的床前，問安視疾。乃因鮑超自知當初若不是胡林翼慧眼提拔，哪有今日？此恩此德，無以爲報。

胡林翼以鮑超未經請假，擅離前線，面斥鮑超：「你該以國事爲重。友誼私交，非關緊要。因私廢公，尤爲不可。」

鮑超把身體撲投到胡林翼懷中，放聲哭道：「鮑超冒萬死而來，祇想見公一面。即令處斬，也無遺憾！」兩人互相擁抱撫慰，泣不成聲。蓋雙方都知死生之交，僅此一晤，後會無期了。鮑超跪伏床前，叩首爲禮，灑淚告別、含悲離去。胡林翼死後（卒謚文忠），鮑超爲酬答知遇之恩，率所部披麻戴孝，爲期百日。君子之交，可敬可仰。

筆者附言：讀罷此段，感喟良深。憑他兩人的交情，似宜在管鮑交（管仲與鮑叔）、刎頸交（藺相如與廉頗）、忘年交（孔融與禰衡）、總角交（孫策與周瑜）、死生交（范式與張劭）、膠漆交（陳重與雷義）、忘形交（韓愈與孟郊）、文字交（陸游與范成大）、八拜交（張君瑞與杜確）之後，加添一胡鮑二位的潤超交，可乎？再者、本篇文體略長，建議不妨將三段內容視同三篇分次來閱讀，就不會覺得冗費了。

蘇軾那四川童生，豈因怕見范進而怯考；
范進這山東學道，為何不識東坡是文豪。

二九　蘇東坡不敢應考

清代范進，僥倖取了進士，後來派任爲山東學道。按照清制，學道的職責是掌理全省教育的學務官兼管國家考試。他上任之前，依理向恩師周司業（司業是官位，約當國子監的副校長）辭行。

周司業囑咐說：「山東省是我故鄉，我有個學生，名叫荀玫。他若前來應考，你看在我的面子上，如能提拔錄取，也算了卻我一樁心願。」

范進牢記在心，前往山東上任。定期舉辦了考試。他在考卷裡一一查閱覆對，竟然不見荀玫這個名字。心中納悶，自言道：「難不成這位荀玫，壓根兒沒來應考嗎？」他始終查不出來，還眞不知該如何向恩師交待。

那些襄試考官們也莫能幫助。一位幕客蘧景玉說：「這倒合了一個故事：多年以前，有位學官，被任命爲四川主考官。行前到他的上司何景明寓所參加酒宴，何景明一高興，喝過了量，醉中胡亂說道：『四川人如有蘇軾的文章，就應該錄取。』這位四川主考官記住了。前往四川，辦了三年主考，回來向何景明稟告說：『學生我，在四川主考三年，到處細查，就是沒有見到蘇軾前來應考，想必是蘇軾學問太差，臨到考期逃避不參加了。』和你現在的情況差不多嘛！」

各位看官，那宋代蘇軾（一〇三六—一一〇一），四川省眉山縣人，號東坡居士，廿二歲考取了進士，歷任翰林學士，禮部尚書。學識淵博，文章汪洋奔肆，那《前後赤壁賦》選入《古文觀止》，身為唐宋八大家之一。工詩擅詞，豪邁不羈，《水調歌頭》《念奴嬌》尤為人傳誦。書法長於行楷，與蔡襄、黃庭堅、米芾、並稱宋代四家，《宋史》有傳。

東坡居士蘇軾像

回到原題，范進不知這是趣話，只見他答道：「我想那童生蘇軾，他的文才一定不好，所以不敢來應考，查不到就算了吧！」

這是根據清代吳敬梓《儒林外史・第七回・范學道視學報師恩》簡譯的。原文是：

「范進中了進士，欽點山東學道。行前，叩辭恩師周司業。周曰：山東是我故鄉，有個學生，名荀玫，若是應考，賢契留意看看，拔了他，也了我一番心願。范進專記在心，去山東到任。考後，范進查對姓名，全然無有荀玫。心中納悶道：難道他不曾應考？幕客蘧景玉道：這倒合了一個故事：數年前，一位學儒，點了四川學差，在何景明寓所飲酒。景明醉後道：四川如蘇軾的文章，是該錄取者。此學儒記在心中，作了三年學差回來，又見何景明，稟道：學生在川三年，各處細查，不見蘇軾前來應考，想是臨場迴避了也。范進回道：諒蘇軾文章不好，查不著也就罷了。」

昔時以文取士，通過縣考的叫秀才，省考叫舉人，京考叫進士。進士是國家最高級的學位，須廣熟五經、子史、詩賦、策論。像范進貴為主考官（清制、須進士出身），竟不知蘇軾大名，顯然是諷刺的虛構吧？但也不盡然，且舉實事為證，請看清代康熙帝敕撰，允祿監修的《子史精華．卷七十一．不學》「班孟堅」條，譯之如下：

張由古，長於當官的技巧，雖然沒有學識，卻屢升而爬到高官。某天，他當衆歎息說：「班固（西元卅二—九二，東漢人，字孟堅，史學家，撰有《漢書》）才學高超，他的文章卻沒有列入《文選》（梁．昭明太子編選，世稱《昭明文選》，分卅八類），眞是可惜。」有人提醒他說：「他那有名的《兩都賦》《燕山銘》《典引》等篇，都已經收進《昭明文選》中，怎說沒有呢？」張由古辯說：「這些都是班孟堅（孟堅是班固的字號）的文章，與班固有何干係？」聽到的人都不好再行指正，只得摀著嘴巴暗笑。

這段謬語，又見於唐．劉肅《大唐新語》（集合軼聞舊事，有裨勸戒，分為三十門），「班孟堅」條，原文說：

「張由古，有吏才而無學術，累歷臺省。嘗於衆中歎曰：「班固大才，文章不入文選。或謂之曰：兩都賦燕山銘典引等並入文選，何為言無？張由古曰：此並班孟堅文章，何關班固事？聞者掩口而笑。」

既然書中如此記載，想當然應是眞有其事了。究其實，《昭明文選》「典引」篇第一句就是「臣固言」，已經開宗明義地寫出了「我做臣子的班固說……」，難到還不足以證明作者是誰嗎？這張由古眞是荒唐。

說起荒唐事，又想到《舊唐書》中的李林甫傳，這位李宰相把「弄璋」之慶（賀人生了男孩曰弄璋，祝他將來封侯執圭璧）寫成「弄麞」之慶。再有易宗夔《新世說・紕漏》記載：山東濟南府尹張若霈說：「那暴君秦始皇（秦是國號，始皇姓嬴名政）後裔，竟然出了個秦檜。」又有人說：「孟子的後代，爲何有孟獲（是夷族南蠻酋長）這種壞人？」還有人說：孔子是聖人，所以後輩有孔明（複姓諸葛，字孔明）。」這種荒誕不經之病，至今未絕，仍然後繼有人。一位名教授撰文在聯合報上指出：有台灣大學的畢業生，竟然不知道「傅斯年」是誰（一八九六—一九五〇，傅是台大前校長，他除舊革新，創建開拓，提振了台大的學術地位，故至今台大校區裡還有傅鐘和傅園）？這都是哭笑不得之羞，豈可不引以爲戒！

中西文苑稱雄傑，字畫精工妙入神；
無愧書香門第出，嶺南又佔一枝春。——朱延輝《追憶葉公超先生詩》

三〇　葉公超未曾唸書

葉公超（一九〇四—一九八一）廣東籍，留學美國，師事著名詩人佛洛斯特（Robert Frost）。其後留學英國，入劍橋大學（Cambridge University），受教於名詩人艾略特（Thomas Stearns Eliot）。學成後，又去巴黎研究。回國任教於北大、燕大、清華、暨大、西南聯大、台大，是最年輕的教授。

後來他步入政壇，任外交部長九年，做駐美大使，派爲中日雙邊和約全權代表，又爲中美共同防禦條約全權代表。

他息影後，仍舊手不釋卷，讀書不輟。兼擅寫字繪畫，辦過書畫個展。他自述道：「怒時寫竹，喜時寫蘭。」例如他的「題竹詩」云：

「臨風不作尋常態，偃仰胸中自有姿，

葉公超像

但得記根清淨土，天寒勿寫最高枝。」

偃仰自有姿，不寫最高枝，都含深意，讓別人去體會。他是位學者，是位政治家，但是他的名聲，也並非人盡皆知，遇一婦人，便「有眼不識泰山」。請看中央日報出版部編印的《趣譚》單行本第三輯第四篇「以前沒有讀過書」，就由另一位學者寫出一段有關葉公超的短文如下：

「我請了一位婦人到我家做半日工，幫忙家務。

她走到我家書房，很驚訝地看著堆近天花板的書。

『我以前幫過一家人，也有很多書。』她說：『那人叫葉公超。』

我唔了一聲。

『我在猜，他是不是以前沒有讀過書？』她很迷惑地說：『要不然，怎麼會現在還在讀個不停呢？』」

葉是詩人，他有《論新詩》文說：（一）他反對把舊詩看作「背負」，看作「鐐銬」。（二）他主張

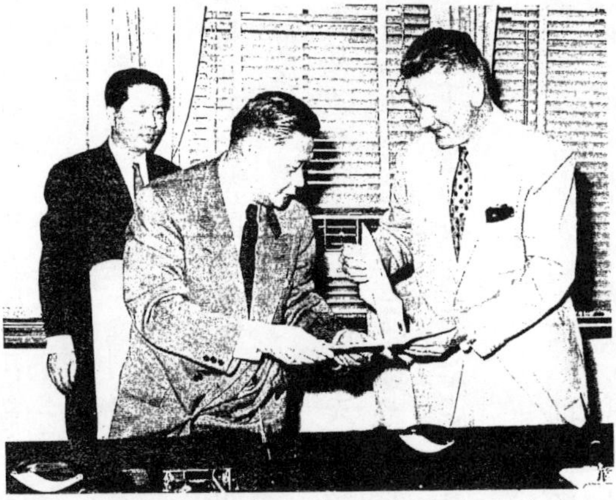

葉公超與美駐華大使莊華德在外交部簽訂一項剩餘農產品銷售協定。

新詩也應有自己的格律，格律是任何詩的必需條件。（三）他主張用音組替代音步。這些論點，頗有識見。

他逝世後，張大千有輓聯曰：「入主大政，出使大邦，絕代奇才歸冥漢。喜則畫蘭，怒則畫竹，長留健筆見縱橫。」

前段提到他退休之後，仍讀書不倦，這種佳範，應是我們學習的好榜樣。爲了加強勤學之效，請容許筆者多找些實例來作旁證，以增勸進之助：

一、朝讀百篇：《墨子・貴義》子墨子南遊，載書甚多。弦唐子問曰：夫子載書甚多，何也？子墨子曰：昔者、周公旦、朝讀書百篇，夕見七十二士。吾安敢廢書而不讀。

二、彌綸諸事莫如書：《揚子・法言・問神》彌綸天下之事，著古昔之嗒嗒（目所不見），傳千里之忞忞（心所不了），莫如書。

三、吾不敢休：《呂氏春秋・博志》甯越，苦耕稼之勞，問其友曰：何爲而可以免此苦也？其友曰：莫如學。甯越曰：請以十五年，人將休，吾不敢休；人將臥，吾不敢臥。十五年而周公師之。

四、居近識遠：《文中子・禮樂篇》居近識遠，處今知昔，唯學矣乎？

五、三餘：《三國志・魏志・王肅傳注》三國、魏、董遇、好學，讀書晝夜不輟。人有從學者，云苦無日。董遇曰：學者讀書，當以三餘：冬者歲之餘，夜者日之餘，雨者時之餘也。又云：讀書百遍，其義自見。

六、三惜：《明史・夏寅傳》夏寅，吏部主事，力學，爲文宏奥。嘗語人曰：君子有三惜：此生不學，一可惜。此日閒過，二可惜。此身一敗，三可惜。世傳爲名言。

七、三上：《歐陽修・歸田錄》錢思公嘗言：平生好讀書，坐則讀經史，臥則讀小說，上廁所則閱小辭，蓋未嘗頃刻釋卷也。歐陽修曰：余平生作文章，多在三上，乃馬上、枕上、廁上也。

八、韋編三絕：《史記・孔子世家》孔子晚年喜讀易經，韋編三絕（韋是用皮做的細繩子，意謂因勤讀而把穿繫書版的韋繩磨斷了多次）。

九、圯上老人：《史記・留侯世家》張良遇圯上老父，賜張良一册曰：讀此，可爲王者之師。張良視其書，乃是《太公兵法》。後佐劉邦，定漢朝天下。

十、引錐刺股：《戰國策・秦策》蘇秦見秦惠王，王不用蘇，只好回家。乃夜發書，得太公陰符之謀，伏而誦之，讀書欲睡，引錐自刺其股，血流至足。曰：安有不能取卿相之尊者乎？後佩六國相印。

十一、負薪誦書：《漢書・朱買臣傳》朱買臣家貧，好讀書，常刈薪樵，賣以給食，肩負束薪，行且誦書。後官至丞相長史。

十二、五行並下：《後漢書・應奉傳》應奉，少時聰明，讀書五行俱下。自幼至長，凡所經履，莫不暗記。後任武陵太守、司隸校尉。

十三、窗外聽經：《後漢書・承宮傳》承宮少孤，爲人牧豕。鄉里徐子盛以《春秋》

授徒，承宮過廬下，就窗外聽經，遂請留下，爲學生拾薪。數年，勤學不倦。經典既明，乃歸家教授。

十四、已非吳下阿蒙：《三國志・吳志・呂蒙傳注》孫權謂呂蒙曰：卿今並當塗掌事，宜學問以自開益。呂蒙始就學，篤志不倦。後來魯肅贊曰：吾謂大弟但有武略，今者學識英博，非復吳下阿蒙。呂蒙答曰：士別三日，即當刮目相看。

十五、年老還在讀書：《晉書・閻纘傳》光祿大夫劉寔，寒苦自立，始終不衰。年同呂望（姜太公呂望八十歲才遇文王，劉寔也八十歲了），經籍不廢。

十六、帶著經書下田：《晉書・皇甫謐傳》皇甫謐家貧，躬自下田稼穡，帶經而農，遂博綜典籍百家之言，自號玄晏先生。後得風痺之疾，仍手不釋卷。

十七、織簾誦書：《齊書・沈驎士傳》驎士好學，家貧，織簾誦書，口手不息。

十八、寧餓死不賣書：《南史・謝僑傳》謝僑缺糧無食，其子謝啓，欲以家藏班固漢書及司馬遷史記質賣得錢買米。謝僑曰：寧可餓死，豈能以質書充食乎？

十九、以燭繼晝：《魏書・劉昺傳》劉昺任撫夷護軍，雖有政務，手不釋卷。李日高謂曰：卿注記典籍，以燭繼晝。白日且然，夜可休息。劉昺曰：朝聞道，夕死可矣，孔聖稱焉。昺何人斯，敢不如此？

二十、一覽就記得：《北齊書・裴諏之傳》裴諏之，嘗向常景借書百卷，十餘日就還書。常景疑其不能讀，因每卷策問。裴應答無遺。常景歎曰：應奉五行俱下（見第十二條），禰衡一覽便記（見本書第五十五篇），今復見之於裴生矣。

廿一、牛角掛書：《唐書・李密傳》李密聞包愷在緱山，往從之。以蒲韉乘牛車，掛漢書一帙於牛角上，且行且讀。越國公楊素見之，與語，奇之，後李密為漢中太守。

廿二、小萬卷：《宋史・文苑・朱昂傳》朱昂與同學朱遵度二人好讀書，家中藏書多，時人號遵度為朱萬卷，視朱昂為小萬卷。朱昂歷年俸祿，以三分之一購書。

廿三、非學何立：《宋史・蘇頌傳》蘇頌有「書帙銘」曰：「非學何立？非書何習？終以不倦，聖賢可及。」

廿四、以冷水洗面：《朱子名臣言行錄》范仲淹住南都學舍，晝夜苦學，或遇昏怠，輒以冷水沃面，清醒後，繼續用功，後考取進士，任參知政事。

廿五、鑿壁引光：《葛洪・西京雜記》西漢匡衡，家貧，勤學而無燭。鄰舍有燭光，匡衡乃穿壁引其光入室，以書映光而讀。唐人獨孤鉉撰有《鑿壁偷光賦》。

廿六、不要停止學習：印度軟體之父柯理（Fagir Chand Kohli），被譽為印度的李國鼎。他說：「絕對不要停止學習。如果你在畢業離開學校後，就停止學習，那就是你的生命到達終點了。」

實例還不少，如晉代車胤「囊螢」，晉代孫康「映雪」，南齊江泌「映月」讀書等等，未克盡舉，倘能師法其中一二，定將受益彌多。

盧宰相鬼臉毒心，婦女睹笑將惹禍；
郭令公防微杜漸，姬妾迴避可免殃。

三一　郭令公獨臥見盧杞

臉面醜惡的人，由於自慚形穢，心胸常較狹隘，反應也較敏銳，每每睚眦必報。位高官大如郭子儀者，竟然還能謹小愼微。反觀我們，差他遠了，能不引爲鑑戒嗎？

那郭子儀（六九七—七八一）在唐玄宗時，就官任節度使。唐肅宗時，封爲汾陽王，因稱郭汾陽。唐代宗時，單騎退回紇。唐德宗時，進職爲太尉中書令，故又叫郭令公。身繫唐朝安危二十年，權傾中外，兒子娶了公主，跟皇帝結成了親家。《新唐書》有傳。

他本是累世重臣，有一回，病得很重，文武百官都來郭府探病。郭子儀每每在寢宮裡臥榻旁接見他們，內室的侍妾姬婢也都不曾迴避。但一聽說宰相盧杞要來探病，便把所有的侍姬都摒退了，一個也不准留在寢室，他獨自臥著，等候盧杞光臨。

郭子儀像

那盧杞，字子良。有口才，善逢迎，憑著小聰明在唐德宗時居然官任宰相。他面貌奇醜，心腸惡毒，只要別人不順己意，就要置別人於死地。終於被李懷光揭發他的罪狀，免官而死。《舊唐書》列入姦臣傳，這是後話。

郭子儀要丫鬟侍妾統統退避，郭府裡各人都不知其中道理，事後問及究是因何緣故？郭子儀解釋道：「盧杞生得太醜，像個猙獰的惡怪，心地又太兇險。我家府內的婦女們見事不多，看到他那副長相，忍不住會要發笑。盧杞善於記仇，來日他抓到報復的機會時，我們這群人就可能被殺得一個都逃不掉了呀！」

宋・孔平仲《續世說》卷十二「讒險」有此記載：

「盧杞，字子良，貌陋而色如藍，人皆鬼視之。初爲御史中丞，尚父（唐肅宗時，加封郭子儀爲尚父，意爲可敬的父輩）郭子儀病，百官造問，皆不屏侍姬。聞盧杞將至，悉令屏去，獨臥待之。盧杞既去，家人問其故。子儀曰：杞貌陋而心險，左右見之必笑。此人得權，則吾族無噍類（盡遭殺戮而無活口）矣。」

又明・俞琳《經世奇謀》「知幾」篇亦有此事原文：

「唐郭子儀病甚，百官造省，不屏侍姬。及盧杞至，則屏之，隱几而待。家人怪，問其故？曰：盧杞貌陋而心險，婦人見之必笑。他日得志，吾屬無噍類矣。」

大凡體貌有缺憾的人，出身不光彩的人，都很在乎別人的反應。明太祖朱元璋年輕時討過飯，當過和尚，做到皇帝之後，對僧、禿、光、丐等字特別忌諱，任誰寫了說了，都要殺頭。究其實，缺憾不是罪過，自己要能寬解；他人應寄予同情，不宜訕笑。按史載盧杞鬼獰藍面，險狡陰狠，人有小忤己，不置之死地不止，太可怕了。

再論郭子儀，他官位高，做官久，必然有人對他不滿，但他每能化解仇恨。有一次，盜賊挖毀了郭子儀亡父的墳墓，久久未能破案。大家都知同朝為官的魚朝恩妒恨郭子儀，疑心就是魚朝恩暗中派人幹的。郭子儀在遠方作戰未歸，聞訊後也猜知主謀者是誰。等到郭子儀自涇陽帶兵回京，滿朝文武都擔憂會發生大事。郭子儀返京，逕行先見皇帝代宗，哭著奏稟道：「我統兵太久，士兵們在打仗時毀掉別人墳墓的事太多了，以致如今遭到上天的報應。我只有自責，怪不得別人。」由於他這番寬容，便把這場風暴消弭了，也使魚朝恩因感動而變得善良了。此事請見後晉劉昫《舊唐書・卷一百二十，列傳第七十、郭子儀傳》，原文是：

「十二月，盜發子儀父墓，捕盜未獲。人以魚朝恩素惡子儀，疑其使之。子儀心知其故。及自涇陽返京，咸慮其構變，公卿憂之。及子儀入見唐代宗，帝言之。子儀號泣奏曰：臣久主兵，不能禁暴，軍士殘人之墓，固亦多矣。此臣不忠不孝，上獲天譴，非人患也。朝廷乃安。」

今日我們在社會裡打滾，身邊可能就有這種同僚，既無法不相接觸，就只好處處小心了。（待別人要從寬，不予計較；防小人要從嚴，不可疏忽）。郭子儀能防患於微，以故二十年功勳不墜，我們也不宜隨處結仇，即令是小處都須注意才是。

曹操撒謊說糧多，未肯吐實；
劉邦瞞騙嚷趾痛，安定軍心。

三二　許謀士單騎謁曹瞞

這裡有段說謊的趣事，主角有兩位。一位是曹操（一五五—二二〇）字孟德，小名阿瞞，《太平御覽・卷九十三》有「曹瞞」傳。在東漢之末，他打敗黃巾賊，討伐董卓，進位丞相，封魏國公。他機警而有權術，又長於詩，稱「建安體」。死後尊為魏武帝，《三國志・魏志・卷一》有武帝紀。

另一位是許攸，字子遠，性情簡傲，足智多謀。年少時，和袁紹及曹操都是朋友，《三國志・魏志・卷十二》有他的傳記。他在袁紹麾下任謀士，但袁紹對他言不聽，計不從，還說他不忠，逼著他轉投曹操。

請看羅貫中《三國演義・第三十回》精彩敘述的片段：

許攸向袁紹獻計，袁紹卻面斥他是奸細，還說本要殺他，暫且把腦袋寄放在頸子上，來日再行算帳。許攸退下歎道：「忠言逆耳，豎子不足與謀。」於是趁夜單騎出走，去投奔曹操。

曹操據報許攸來了，不及穿履，跣足出迎，攜手入室，歡然笑道：「子遠肯來，吾事濟矣。」

許攸直接切入正題，坦率問道：「請教曹公，你軍中糧食，尚存多少？」

曹操撒謊，回說：「可以支持一年。」（一答）

許攸笑道：「只怕未必！」

曹操騙說：「還可支持半年。」（二答）

許攸起身道：「我是誠心想幫你，你卻騙我，那我還是告辭算了。」

曹操像

曹操留住他，忙說：「子遠不要生氣，聽我實情實講，軍中糧食，還可支持三個月。」（三答）

許攸笑道：「別人都說你曹孟德是奸雄，不肯說實話。今日看來，果眞不假。」

曹操也帶笑說：「你難道沒聽過『兵不厭詐』這句話嗎？」他挨近許攸，在耳邊低聲說道：「軍中只有這個月的糧了！」（四答）

許攸大聲嚷道：「不必瞞我，你軍中已經沒有存糧了！」

曹操一聽，滿臉無奈，悠悠地說：「子遠，你從何知道？要如何救我呢？」（五答）

這以後的發展，不必多敘，結果是曹操採用了許攸的計策，袁紹大敗。

由以上對談來看，曹操所說，句句都是謊言。稱他是說謊專家，當也並不為過。但軍事機密，也不能儘情洩露，這點或須包容。究其實，說謊也是難以全免的，作用也有利的一面。實例是：劉邦與項羽對壘作戰，項羽發箭，射中劉邦胸口。劉邦痛得彎下身來，摸著腳，卻大聲嚷道：「射中我的腳趾了。」這句謊話一說，使軍營大衆的心情放鬆多了。因爲野戰互有距離，傷在何處？遠觀難以確知。若是傷胸則十分嚴重，傷趾就無關緊要，這是劉邦的急智。《史記・卷八・漢高祖本紀》原文是：

劉邦塑像
（中國最高的歷史人物雕塑，豎立在河南省商丘永城市芒山鎮，旅遊景區，連基座高四十公尺，耗資三千萬人民幣）

「漢王項羽，對壘於廣武之間而語。漢王數項羽十罪，項羽大怒，伏弩射中漢王。漢王傷胸，乃捫足曰：虜中吾趾。索隱曰：捫者、摸也。中胸而捫足者，權以安士卒之心也。」

說謊是有功還是有過？似乎要看它的出發點爲何而定。英文裡對那無害的謊言稱之爲「white lie」，意爲「白色謊言」，無傷大雅。如要究問可不可以說謊，仍當請高明的讀者作評斷。

君子必善謀，小人常善意，憑此可以揣測；
嘴唇發莒音，手勢指莒國，猜到將要進攻。

三三　觀人於微，東郭猜到將攻莒國

齊桓公和管仲，關起門來秘密商議，要攻打莒國（春秋時代的小國，在齊國境內，即今山東莒縣）。計謀還未發動，國內有些人就知道了。

齊桓公大為生氣，問管仲說：「我與你在秘室裡商討要伐莒國，事情還未實行，竟然國內有些人就知道了，而且在傳述了，是何緣故？」

管仲答道：「皇宮之內，必然有了聖人，猜知了我倆的心意。」

齊桓公說：「恐怕確然如此，就不可不查。」於是召集宮裡全體執役人員。一會兒，東郭郵（漢・劉向《說苑》則說是東郭垂）也姍姍來了。

桓公試探地問東郭郵道：「是你講的要伐莒嗎？」

東郵郵坦然承認，回答說：「是的。」

桓公問道：「我沒有說要伐莒，而你卻說要伐莒，你根據甚麼敢如此講？」

東郭郵回答說：「我聽聞有智者之言曰：『君子善謀（居高位者長於決策定謀），而小人善意（低卑的人長於察言觀色）。』我這是猜到的。」

桓公問道：「你是如何猜的？」

東郭郵回答說：「大凡露出喜樂高興臉色的，是鐘鼓慶賀的預兆（勝利歡欣）。露出沉默肅靜臉色的，是死喪哀痛的預兆（悲傷敗亡）。若是信心飽滿而手足舞動的，是干戈兵刀的預兆（發動戰爭）。前些日子，我偶然瞧到你們兩位大人自秘室出來，仍在續談，嘴唇半合，我猜想你們說的是莒。手勢方向，我猜指的是莒。再者，如今小國諸侯不服從的，我猜只有莒國。所以我判斷君王與仲父（管仲）決定要伐莒了。」

齊桓公事後說道：「猜測得很高明呀。善用精微的觀察力，判斷成明確的結論出來，這不就是個好例子嗎？」

這是春秋時代管仲所著《管子‧小問雜篇》所述，又見於東漢時代王充所著《論衡》。又見於西漢劉向《說苑‧卷十三‧權謀》篇，以及拙撰《風雨見龍蛇》第六十三篇。今錄《管子》原文，以供對閱：

「桓公與管仲，闔門而謀伐莒，未發也，而已聞於國矣。桓公怒，謂管仲曰：寡人與仲父闔門而謀伐莒，未發也，而已聞於國，其故何也？管仲曰：國必有聖人。桓公曰：然。於是乃令役者。少焉，東郭郵至。桓公問焉曰：子言伐莒者乎？東郭郵曰：然。桓公曰：寡人不言伐莒，而子言伐莒，其故何也？東郭郵對曰：臣聞之：君子善謀，而小人善意。臣意之也。桓公曰：子奚以意之？東郭郵曰：夫欣然喜樂者，鐘鼓之色也。湫然清靜者，縗絰之色也。漻然豐滿而手足拇動者，兵甲之色也。日者、臣視二君之在台上也，口開而不合，是言莒也。舉手而指，勢當莒也。且臣觀小國諸侯之不服者惟莒，於是臣故曰伐莒。桓公曰：善哉。以微射明，此之謂乎？」

劉向《說苑》有評語：凡是耳所聽到的，是聲音。如今沒有聽到聲音，而改用臉色、口型、手勢來猜定，這使得東郭郵不必用耳去聽了。因此，一些有深度的人，聽自無聲之言，看出隱形之意，以故齊桓公認為東郭郵確是了不起，跟著給他升官加祿，表示禮敬云云。《說苑》的原文是：

「君子曰：凡耳之聞，以聲也。今不聞其聲，而以其容與臂，是東郭垂不以耳聽而聞也。桓公管仲雖善謀，不能隱。聖人之聽於無聲，視於無形，東郭垂有之矣。故桓公乃尊祿而禮之。」

此種高明的猜測判斷能力，我們怎能忽視呢？

衛姬拜問：想要討伐衛國嗎？
管仲猜說：暫不攻打衛國了？

三四　察君之隱，衛姬料中要伐衛君

上一篇齊桓公「密謀伐莒」，是春秋時代《管子》的記述。到戰國時代，秦國宰相呂不韋《呂氏春秋・精諭》篇，也記有相似的「伐衛捨衛」故事。若能兩相比看，當會更饒興味，內容見下：

齊桓公是春秋時代的霸主，他尊王攘夷，九合諸侯，天下的國君，都聆聽他的號令。有一次，他召集各國諸侯會盟，獨有那衛國國君不太聽話，最後姍姍遲到。事後，齊桓公與管仲在朝中計議，決定要攻伐衛國，以示懲戒。

朝議結束了，桓公返回後宮。他的夫人，乃是衛國的女兒，名叫衛姬。察覺到桓公的臉色和往常不同，便跪在堂下，一再叩拜，說：「請問我王，衛君犯下甚麼大罪，惹得君王不愉快？」

桓公假意回答說：「我與衛君之間，並沒有甚麼嫌隙，你爲何要替他請罪呢？」

衛姬答道：「我看君王進宮的時候，腳步抬得很高，氣勢表現很亢，這顯示有攻打別國的意志。然後看到了我，又露出不安而帶慚的臉色，我猜想是要討伐衛國了吧？」

第二天，桓公上朝，見到管仲來了，桓公向管仲十分客氣的拱手行禮，請他入殿。管仲問道：「君王放過衛國，不討伐了嗎？」

桓公說：「仲父（管夷吾叫管仲，父是尊稱）你怎麼知道？」

管仲答道：「你對我拱手行禮，態度十分謙恭，言語也變得十分徐緩。看到我時，臉上又露出幾分愧怍之色，想必是單獨地改變了昨天同我決定的大計，心裡不安吧？所以我猜想你不會討伐衛國了。」

桓公說：「好呀！仲父你精明練達，幫我安定了宮外的國政；我夫人聰慧過人，替我管好了宮內的事務。我有你們兩位的輔佐，諸事將不再有差錯，絕不會讓諸侯見笑了。」

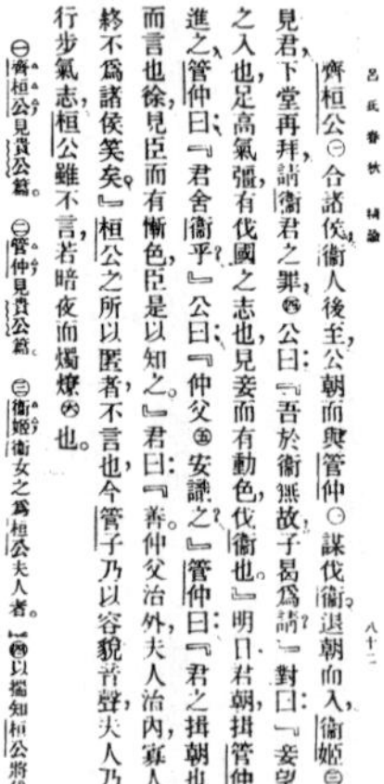
呂氏春秋　精諭　八十二

齊桓公㊀合諸侯，衛人後至，公朝而與管仲㊁謀伐衛。退朝而入，衛姬㊂望見君，下堂再拜，請衛君之罪。㊃公曰：『吾於衛無故，子曷爲請？』對曰：『妾望君之入也，足高氣彊，有伐國之志也。見妾而有動色，伐衛也。』明日君朝，揖管仲而進之。管仲曰：『君舍衛乎？』公曰：『仲父㊄安識之？』管仲曰：『君之揖朝也恭，而言也徐，見臣而有慚色，臣是以知之。』君曰：『善。仲父治外，夫人治內，寡人知終不爲諸侯笑矣。』桓公之所以匿者不言也，今管子乃以容貌音聲，夫人乃以行步氣志，桓公雖不言，若暗夜而燭燎㊅也。

㊀齊桓公見貴公篇。㊁管仲見貴公篇。㊂衛姬衛女之爲桓公夫人者。㊃以擿知桓公將伐衛，

《呂氏春秋・精諭篇》原文

今引述《呂氏春秋》原文附參：

「齊桓公合諸侯，衛君後至。公朝而與管仲謀伐衛。退朝而入，衛姬望見君，下堂再拜，請衛君之罪。公曰：『吾於衛無故，子曷爲請？』對曰：『妾望君之入也，足高氣彊，有伐國之志也；見妾而有動色，伐衛也。』明日君朝，揖管仲而進之。管仲曰：『君捨衛乎？』公曰：『仲父安識之？』管仲曰：『君之揖朝也

恭，而言也徐，見臣而有慚色，臣是以知之。』君曰：『善，仲父治外，夫人治內，寡人知終不爲諸侯笑矣。』」

這個故事，又見於明，馮夢龍《增廣智囊補》卷上・明智章・知微篇「伐衛」一文，足見有其分量。

我們觀史，得知齊桓公卒於西元前六四三年。那就是距今兩千六百多年前的掌故了。年代雖然久遠，今日讀來，仍感鮮活親切。先看那夫人衛姬，從行步氣勢之姿，觀人於微，猜中要討伐衛國。再看那宰相管仲，憑拱手言貌之態，察君之隱，猜中不討伐衛國了。這伐與不伐，齊桓公並未出聲，卻都被兩方識破，若無極高的聰銳，何能精準測度？這就很值得我們玩味了。

賜宴瓊林，狀元該坐首席；
任官洗馬，御史跪稱門生。

三五　楊守陳答驛丞每天任洗幾匹馬

（一）洗馬官多大

明代楊守陳，進士出身，一直在皇朝為官。當他任職為洗馬時（洗馬是官名，漢時是太子出行的先導官，晉以後改掌圖籍文翰），皇帝准他請假，回籍省親。歸途中，經過一個官方驛站（中途換馬的休息站），天晚了，就入住驛站官舍中的上等雅房過夜。

管站的驛丞不知道楊守陳是幾等京官，只是以普通禮貌簡慢相對，接談時平起平坐。還率直地譏評道：「你的官職叫洗馬，但不知每天要洗幾匹馬？」楊公也不生氣，隨口答道：「這倒隨便，勤快時就多洗，懶散時就少洗。」

過了一會，傳來通報，有位御史大人，即將到臨此站。驛丞便促令楊公搬往下舍，將上房讓與御史佔用。楊公說：「不必忙，等那貴官到時，再讓也不會晚。」

不多久，御史到了，三人一對面，原來來者卻是楊公從前的學生。御史見了老師，當即跪地叩頭，恭候恩師安好。驛丞這才知曉犯了侮慢大罪，匍匐在地，自請處罰。但楊守陳寬宏大量，全然不予計較。這事引自明・鄭瑄《昨非庵日纂・汪度第十》第八條。

（二）以前是宰相

宋代杜衍（九七八—一〇五七）宋仁宗時官居宰相，與富弼、范仲淹等人相友。以太師身分退休後，居家簡樸，沒有官架子。一天，他前往河南府衙作客，不料府尹大人因事短時外出，杜衍便暫在接待室等候。

此時一位富貴家庭的浮薄公子闖進來，看見杜衍安然坐著、沒有起身對他拱手施禮，大不高興，怒聲斥問道：「你這老傢伙，呆頭呆腦，當過甚麼芝麻官來？見了本公子，為何還大剌剌的坐著，一點禮貌都不懂，你以前是幹甚麼差事的？」

杜衍微微一笑，心平氣和答道：「同中書門下平章事（宋朝對宰相的稱謂）。」以下的逆轉，不必提了。此事引自清・朱綱正《湘濱漫話》。此外《宋史・杜衍傳》也有他的生平，此處不贅。

（三）三次坐首席

清代王杰，陝西韓城人。狀元及第，累官大學士、尚書、加太子少保，位極人臣之榮。因為不願與奸臣和珅（滿人，大貪官）同朝共事，便辭官退休鄉居。但他閒住久了，又感無聊，就往數十里外的鄰縣去屈就某富紳的家庭教席，來消遣時日。

某天，那鄰縣的知縣因事下鄉，這位富有鄉紳擺開宴席款待縣長，順便禮貌的邀王杰老師作陪。入席時，該縣長本是主客，但他假意表示謙讓，先請王老師上坐。王杰沒有推辭，就逕行昂然坐上了首位。

那位縣官原本只是虛讓，見王杰竟然自認是老大，把縣長比低了，心中大不高興。在宴席之間，就很不禮貌的問王杰：「請問老夫子，一生坐過幾次首席？」

王杰即時回答：「三次。」

縣長接著問道：「那第一次是爲何坐首席？」

王杰說：「新婚宴。」依照禮儀，結婚大喜，新郎倌坐的該是首席。

結婚有啥希奇？縣長又問：「那第二次是爲何坐上了首席？」

王杰說：「瓊林宴」。按進士在京考殿試及第後，皇帝賜新科進士御宴於瓊林苑，故叫瓊林宴。王杰是第一名，稱爲狀元，狀元該當坐首席。

天子賜宴，坐上首席，已是難得的殊榮了，小小的縣官算個甚麼呢？但這還嚇不倒縣長。他仍不死心，率性問到底：「請問老夫子，那第三次是爲何坐上首席的呢？」

王杰說：「功臣宴。」

此話一出口，驚得那位縣令以及鄉紳都變了臉色，魂不附體。經低聲請求詳賜教誨說明，才知道這位王老夫子原是朝廷中的太子少保，當乾隆皇帝當朝時，參贊大臣兆惠（滿人，姓吳雅，字和甫），平定新疆之亂（擊敗厄魯特，平霍集占，降安集廷，卒謚文襄）勝利還京，皇帝賜宴慶功，朝中重要大臣與宴。那時王杰在軍機處，倍受寵信，任爲軍機大臣，官位最高，資歷最老，由他坐上了正首席之位。

這等國家大事，絕非等閒小可，倘有絲毫假冒，就會斬首殺頭。眼前這位王老夫子，當年乃是皇朝中的第一號人物。如今虎威應當還在，哪敢再行唐突造次。知縣與鄉紳戰慄恐懼，恭謹陪侍。終席後，哪敢屈留他再做老師，奉上一份厚禮，敬送王杰返回韓城老家去了。請參閱清·朱秋雲《秋暉雲影錄》。爲節約篇幅，以上三段，都免錄原文。

這些夜郎自大者，每每自以爲了不起，一旦遇上高人，又嚇得膽顫心驚，窘態畢露。鑑古以觀今，這類小人現時也還多有。想想不必和他們計較吧，何須降損自身的品位呢？

三年清知府，十萬雪花銀，此話不假；
一年好縣長，三千落袋金，這事是真。

三六　胡林翼派縣長一年穩賺三千銀

元好問《薛明府去思詩》說：「能吏尋常見（能幹的官吏時常見到），公廉第一難（公正廉潔的卻極難出現），只從明府到（自從你薛明府到任後），人信有清官（相信眞有清廉的好官了）。」反過來看，貪官定還不少。做官既可撈錢，無怪乎人人都要搶著當官了。今有一位縣令，幹了一年，積銀三千，心願已償，就此收手，誠可謂知所進退矣。此事錄自《益陽縣志》，不妨參看：

清代胡林翼（一八一二—一八六一）湖南益陽人。他任湖北巡撫時，有個等待派職的候補縣長來拜見他。時節正是大熱天，那年間電風扇冷氣機都還未問世，這位候補縣長服飾整齊，帽子長袍馬掛穿戴了全套，在盛暑之下，便隨手不停地搖著扇子取涼。

在官場中，這種當著上司之面搖扇的態度是有欠莊敬的。胡林翼不高興，但又不便明講，便說道：「可以把帽子摘下來！」縣長果然依言脫下官帽，卻仍舊搖著摺扇。

胡林翼心生厭惡，想要他停止揮扇，便又故意逞口說道：「可以再把掛子及上衣脫下來！」這話有點像是下了命令，縣官眞的又照著脫下了馬掛上衣。

對著上司卸衣，這是大虧禮儀的。這個候補縣令，竟然猜不到長官言外的心意？胡林翼生了氣，登時拂袖而起，逕自退往內室裡去了。縣令這才知曉虧大了，倉皇間拎著官帽馬掛，身上袒著的是粗布單長袍，趕忙步出府衙回去。

胡林翼的老母親湯太夫人，在後堂見胡臉色不和悅，問是因何事故？胡將搖扇脫衣的實情稟告了，說：「這個士人有辱衣冠，哪能派他去擔負服務人民衛理社稷之任？」

湯太夫人說：「這也未必盡然，其實這就是讀書人的本色，只不過他未曾懂得官場中的禮儀罷了。怎可僅因一把扇子就抹殺一位文士？再說，你是他的長官，屬下如有錯誤，應該正面告誡，你卻出於顚倒作弄，說的是反面話，你也有過失呀！」

胡林翼有了悔意。隔不幾天，再召那候補縣令見面，這次他沒帶扇子了，氣度安閒，拘謹畏縮的神情也沒有了。

胡問他爲甚麼想要做官，他答道：「想賺三千兩銀錢而已。」

胡林翼心中又不高興，但忍住沒有發作。再問他賺三千兩銀錢做甚麼？他答道：「卑職家境貧寒，沒錢供我讀書。完全靠祠堂的津貼（供奉本族祖先的公所叫祠堂，祠堂對族中清寒子弟讀書所需學費，多有奬助），以及族人親戚的借貸。如今幸而有資格服官了，只想掙得一千兩捐獻給祠堂，一千兩償還族人親戚，剩下的一千兩養妻活子，心願就足了。」

胡林翼微微點頭，覺得這人說話老實，所講的原由也還算是在情理之中，都還保持著純樸的書生本色，也不忍苛責了。

不多久，委任令發了下來，派他去當某縣縣長。他做了一年多，這期間，沒有發生一樁上訴的冤案，沒有一件未結的訟獄，沒有一宗欠繳的糧稅，政清民和，治績良好，全然不要長官操心。胡林翼歎道：「若不是當初母親的一番訓誡，幾乎錯失了這位好縣長。」

過了一陣，這位縣長呈來稟牒，請求晉見。

胡林翼笑著問他：「三千兩銀錢到手了沒有？」

縣令回稟道：「託撫臺大人的洪福，俸祿積存所得，還多了三百兩，連同縣令大印，一併恭謹繳呈。卑職心願已達，要請求准予辭官，返回原鄉故居去了。」雙手獻上三百銀包和官印大盒，留在几案上，長揖告辭走了。

敘述到此為止，讀者如有興趣，不妨再閱原文引自《益陽縣志》：

「胡林翼撫鄂，一新需次縣令晉謁。時方盛夏，令搖扇不止。胡心不喜，曰：可脫帽。令如之，仍搖扇。胡慍，謂可再卸上衣，令又如之。胡拂然返內堂，令始知獲咎，倉皇袒裼而出。湯太夫人見胡有慍色，問故，具以實告，曰：此眞辱沒衣冠，安能任民社之任？太夫人曰：不然，此乃讀書人本色，特不知官場儀注耳，奈何以一扇棄士？且汝為上司，屬吏有過，當正言諭之，今出之以播弄，是汝亦有過矣。胡悔，明日再諭見，則已不復持扇，氣度安閒，亦無縮澀態矣。詢何為而服官？答曰：想賺三千銀耳。胡雖不懌，而隱忍未發。再問賺三千銀何為？

曰：卑職家貧，力不能讀書，胥賴祠堂津貼，族戚資助。今幸獲一官，欲得一千銀捐給祠堂，一千銀分贈族黨，餘則養妻子也。胡頷之。已而委署某縣，在任年餘，無一上控案，無一未結獄，無一欠收糧。胡曰：微母訓，幾失一好官矣。亡何，令具稟求謁。胡笑問：三千銀已到手否？曰：託大人洪福，尚餘三百金。謹與印俱呈，卑職自是歸矣。遽袖出銀並印置几上，長揖而去。」

滿清後期的道光咸豐同治諸年代，有鴉片戰爭大敗仗，有英法聯軍陷大沽攻入北京慘劇，有太平天國對峙，有捻亂回亂，那時期朝廷頑闇，政治窳敗，官吏貪瀆，民不聊生。無怪乎清人李寶嘉寫出了《官場現形記》一書，都是貪腐、顢頇、鑽營、矇混等故事，官場險惡，當屬實在。

本篇這位老實候補縣長，還沒有經過政治大染缸的浸泡，尚未懂得官場中的酬對，他言行憨直，是塊璞玉，才渲染出這篇文章來。但官場不是老實人可以久戀的，見好就收，不如歸去。我們瀏覽之後，何妨鑑往以觀今，現在的官場，牽涉更加複雜了，上下關係，平行關係，政商關係，黨派關係，族群關係，敵我關係，國際合縱連橫關係，交錯糾纏，更甚往昔，你要壓倒群雄，獨步青雲呢？還是想反璞歸眞，保持清白呢？這就在考驗你的智慧了。

惹禍只為多開口
討死皆因強罵人

三七　開口問東問西，笨龜性命不保

唐．西門寺．沙門．釋道世（字玄惲）撰《法苑珠林》，分類編纂，每篇又分子目，引用典籍頗多，闡發佛理甚詳，其中卷八十二．六度篇．忍辱部第三．引證部四之第一條有則寓言說：

「水池邊有，二雁一龜，共結爲友。後時天旱，池水涸竭。二雁議言：池水已竭，友必受苦。議已語龜：此池水涸，汝無活理，可銜一木，由我二雁，各銜一頭，飛向遠方，到有水處。銜木之時，愼不可語。龜即銜木，經過聚落，諸小兒見，齊皆喊叫：雁銜龜去，雁銜龜去！龜聞惱怒，瞋目忿言：何預汝事？一時鬆口，即便失木，高空墜下，觸地砸死。」

請與白話譯文對看：

「水池邊有兩頭野雁和一隻烏龜，結爲朋友。後來池水乾涸，野雁說：水涸了，龜友你受苦了。不如你銜住一根木枝，我倆再叼住木枝的兩端，飛到有水的地方去。但你銜著木枝時，要小心絕不能講話。於是龜便銜著木枝，兩雁帶往天空。經過村落聚居地時，小孩們看見了，一齊喊道：大雁銜著烏龜飛了，大雁銜著烏龜飛了！烏龜十分氣惱，瞪著兒群張嘴怒罵道：這與你們有何相干？哪知它一鬆口，就自高空墜下，砸到地面，死了。」

這部《法苑珠林》，共含一百二十卷，太繁富了，難免一事兩敘。在該書卷四十六．思慎篇第四十四．慎境部第四，另有一篇相似的卻是鼈與鶴的故事：

「昔有一鼈，遭遇枯旱，湖澤乾竭，不能存活。時有大鶴，來住其邊，鼈從求哀，乞相濟度。鶴銜鼈尾，飛過都邑。鼈不默聲，問此何處？如是不休，鶴斥勿言，口開鼈墜、人得屠食。夫人愚頑，不謹口舌，其譬如是。」

也仍譯爲語體文，以供參閱：

「從前，有一鼈（就是甲魚，又叫團魚，似龜，但裙邊是軟肉），遇到旱災，湖水乾了，不能活了。見到一隻大鶴，停憩在湖邊，鼈就爬去哀求，請大白鶴救牠。白鶴便用大嘴，銜著鼈的尾巴，飛過城市上空，鼈忍不住問道：這是甚麼大城呀，如此熱鬧？白鶴沒有理會。鼈性好奇，不停地問東問西，惹煩了白鶴，不得已回應道：你不要講話好嗎？一張口，本來銜住的鼈便掉落了，跌到地面，被人捉到，殺來吃了。喜歡開口亂說話的，就譬如此鼈一樣。」

智者寡言，言多寡智。隋．王通《中說》告誡我們：「多言、德之賊也。」大凡有修養的人，都不會多所饒舌（該講才講），只有愚昧的人，才喋喋不休（好不煩人）。《朱子治家格言》（撰者朱用純，號柏廬）說：「處世戒多言，言多必失」。《論語・學而篇》說：「子曰：敏於事而愼於言」。《爲政篇》：「子曰：先行其言，而後從之」。《里仁篇》：「子曰：君子欲訥於言而敏於行」。《先進篇》：「子曰：夫人不言，言必有中（平常不多講話，一講話就很合乎道理）」。《憲問篇》：「夫子時然後言（應該說話的「時候」才說話）」。孔子聖人訓導我們這麼多，哪能不予接受？如果仍舊喜歡胡亂講話，以致口舌不謹，就可能禍從口出，惹上亡身之殃，那可不妙（有句順口溜：話多不如話少，話少不如話好）。佛門慈悲，用這兩則寓言開示我們，用意乃是要以龜鼈爲鑑，不可誤犯。

朱元璋葬父，父屍失蹤，居然做了皇帝；
風水師卜地，地龍何在？豈非乃是騙徒。

三八　漫天暴風暴雨，亡父屍體無存

風水大師說：埋葬先人，要選龍穴，地氣所鍾，澤被後代。此說是否可信？不無疑問。因爲墓地必在荒郊野外，離家極遠。那墓地的山川靈瑞，怎會認得老家的方向，不論路程的遠近，竟能蓄聚乾坤的吉善，持續長期的福佑，都直接回饋到後輩兒孫的身上嗎？倘若此說爲眞，那便只須葬到好地脈，子孫就可五世其昌，臥著等做皇帝得了，天下哪有這等便宜之事？今引述一則朱元璋葬父失屍的實事，提供大家參酌：

「朱元璋年輕時遭受饑荒，做過和尚，討過飯。他父親是個窮佃農，死了。家裡無一文錢，沒一粒米。幸而鄉鄰劉繼祖捨了一塊山坡地送給他埋葬。朱元璋將父屍用破布包著，揹到坡地，放下屍體，想要挖坑，突然電閃雷轟，暴雨傾盆而下。他渾身發抖，只好遠到

朱元璋像
（收藏於江西廬山天池寺）

山凹岩洞中去躲雨。過了半天，暴雨停了，回來一看，父屍不見了。原來山上那股大水猛沖下來，把坡上的泥土沖走，屍體被泥巴裹著往低處推滾，再被泥漿覆蓋了三四尺深，一大片厚泥巴有半里之遙，尋也尋不著了。他被這突發的災難驚怖得目瞪口呆，而且一輩子悔恨不已。數十年後，他還傷心的寫入了《御製皇陵碑》，以示悲痛。但他卻做了明朝開國皇帝。」

這件實事，在官修的《明太祖實錄》、郎瑛《七修類稿》、潘聖章《國史考異》、王鴻緒《明史稿》中都有錄載，但不知風水大師，如何解釋？

如果葬對了龍脈，子孫就會大昌，那末歷代帝王，他們必然可以挑選天下第一福地來作為下葬的吉穴，可是秦始皇為何只傳兩代亡國？明思宗為何不能保身而亡國上弔？他們先人的風水為何不給庇佑呢？

上述朱元璋是因貧窮而沒有能力擇地，請看《資治通鑑・隋紀第三》隋文帝楊堅，他的妻子獨孤皇后死了，大臣蕭吉選了一處墓地，贊說是上上吉穴，但隋文帝說：「吉凶由人，不在乎地。請看那前代北齊皇帝高緯葬父，豈非吉地？但不久亡國了。再說，我家葬的祖墳，若是不吉，我卻貴為天子；若是大吉，我弟不該戰死。」他不相信吉穴，說來甚有道理。

依常理而論，土葬葬地的選擇，外行人也會有若干正確的主張：一要方向朝南（朝北陰冷，朝東西晨熱晚涼），二要地勢高亢（無濕澇侵棺；不積水腐屍），三要土質結實（免鼠不打洞，蟲蟻不作窩），四要坡度平緩（地不開裂，坡不坍塌，邊不崩岔），五要通風良好（不頂風受吹刮，也不背風感鬱悶），六要視野開闊（視界寬遠，景物怡悅）之曠地，就是佳穴。如此則遺體可以久存，祭掃可以長享，所謂相生相剋，避禍迎祥，盡在於此，何勞風水大師的推衍呢？

可是，近代思想開放了，死後除了土葬之外（土葬是與活人爭地，行見一穴難求），尚有火葬、海葬、天葬、樹葬、花葬、壁葬、撒灰葬等多種方式，且都合乎對地球的環境保護，卻皆未曾入土，其後代子孫居然也都人旺財豐，是則我們古老的固執的風水觀念，也該適時修正了吧！

榮獲克魯奇終身成就大獎，
評論台灣無一流政治人才。

三九　余英時美京獲頒克魯奇獎

三十年前，以《歷史與思想》一書奠定史學大師地位的余英時（一九三〇—　），曾任哈佛、耶魯、普林斯頓等著名大學教授，在美國史學界聲望甚隆。

余英時生於天津，燕京大學肄業，香港新亞書院第一屆畢業，哈佛大學博士，曾受教於錢穆大師。做過香港新亞學院校長、中文大學副校長，一九七四年當選爲中央研究院院士，二〇〇六年榮獲克魯奇獎，更讓他登上學術頂峰。

余時英（2001 年普林斯頓大學為他舉辦榮退餐會攝）

「克魯奇人文與社會科學終身成就獎（Kluge Prize）」是美國京都華盛

頓國會圖書館頒發的世界級獎項。自二〇〇三年設立，同年起，每年頒給在人文領域研究做出重大和深遠貢獻的學者，由電視大亨約翰・克魯奇資助，獎金爲一百萬美元，約合台幣三千三百萬元。

克魯奇獎頒授對象不分國籍和語言，該獎設立的宗旨是在獎勵諾貝爾獎（Nobel Prizes）未及照顧的學術領域；因爲諾貝爾獎偏重科技（有六類：醫學、物理、化學、和平、經濟與文學獎），克魯奇獎則專重人文，因此克魯奇獎又被譽爲「人文學界的諾貝爾獎。」

克魯奇獎由於篩選嚴格，二〇〇五年竟爾從缺，歷年得主也都是人文學界的眞正精英，使此獎更受重視，也奠定它在國際間的崇高地位。歷年來得主如下：

二〇〇三年—波蘭哲學家科瓦柯夫斯基。

二〇〇四年—美國耶魯大學歷史學家帕利坎與法國哲學家里克爾。

二〇〇五年—從缺。

二〇〇六年—台灣中央研究院院士余英時，與九十一歲的美國非洲裔歷史學家約翰・富蘭克林同獲。

（本文完稿於二〇〇六年底，故二〇〇七年以後之得主未列）

余英時著作甚多，其中《歷史與思想》於一九七六年由台北聯經出版公司出版。聯經發行人林載爵於二〇〇六、十二、六、在聯合報A2版說：

「此書賣出逾五萬冊，是史學著作中罕見的暢銷書。且與《中國思想傳統的現代詮釋》等書進入中國大陸，同樣成爲暢銷書。余先生與一般史學家的不同處，在於他對西方當代思潮非常了解，他的著作不是光談理論，而是提出問題，且嘗試回答。他看問題擅長從點擴展到面，如談朱熹，他擴展到整個宋代文化史。」

余英時二〇〇六年十二月四日赴華府領獎前（五日頒發這項榮譽桂冠），在美國新澤西州對台灣新聞記者表示：

「(一)以台灣目前的格局，一時還出不了一流的政治人物。

(二)台灣的現況確實很亂，是『人病了』（指政治人），但好在『法』還沒有病入膏肓，還有機會改好。

(三)建立一個好制度的重要性，遠超過依賴一個好領導人。」

這就是一位典型的知識分子的讜言，余英時還補充：他個人獲獎不重要，中國史受到西方重視才重要，他在美任教四十年，念茲在茲的是如何闡釋中國文化，這是他的抱負。他將中國講仁義道德的傳統，與西方講人權自由的思想結合，他「身上百分之九十是中國的，另外百分之十來自西方。」這是他的融和。他總以大歷史的宏觀角度看事，不爲一時片面的小事而局限，這是他的氣度。他數十年反共產主義，他的大陸學生滿天下，大陸「余學」興起，出版余的文集，但他對北京政權始終不假辭色，這是他的堅持。豈非「不合時宜」？這就是余英時，我們能不敬佩？

撰著百多種，全賴勤修苦學；
趕譯兩萬字，確是異稟奇才。

四〇　王雲五陝北趕譯法律條文

一代奇人王雲五（一八八八—一九七九）號岫廬，廣東中山縣人（原名香山縣）。一生所受學校教育不足五年，他的學識，都來自苦讀勤修。民國十年，由胡適推薦，任上海商務印書館編譯所所長，創四角號碼檢字法。民十九年，任商務總經理。對日抗戰勝利，他歷任經濟部長、行政院副院長、財政部長，來台後任考試院副院長，復任行政院副院長。其後又任台灣商務印書館董事長，對文化出版事業貢獻良多。

當他十九歲任中國公學教員時，買了一部大英百科全書（Encyclopaedia Britannica）共三十冊（Volumes），花了三年時間，一字一字的把全書讀遍了。他自幼至老，不論是當學徒，或任副院長，總是手不離書，他曾說：

「中文，我想老翰林也沒有我讀的古書多；
至於英文，博士和專家也沒有我看的廣。」

他的淵博，見於他一百多種著作中，見於他指導撰寫的三十二篇博士碩士論文中，因而令他享有「活的百科全書」與「博士之父」的雅號。

清宣統三年，他廿一歲，武昌起義成功，國父當選臨時大總統，在上海的香山同鄉會設宴歡迎，王雲五任主席，致詞闡釋民主建國的意義，大爲國父賞識，乃邀他任大總統府秘書。民國政府成立，蔡元培任首屆教育部長，王提出一份對當前教育的建議書，以盡書生的「言責」。蔡部長激賞，函邀王任科長。這只是一次演講，一紙意見，竟分別受到孫蔡二位的青眼相待。

余耀基先生（王的學生，留學英美，中研院院士，香港中文大學副校長）在一九九九、八、十四，撰文聯合報《懷念王雲五》說：王在一九六一年寫《紀念愛迪生》文章裡，他作了一首「反李白春日醉起言志」的詩：

「處世若壯遊，胡爲不勞生？壯遊不易得，豈宜虛此行？
偶爾一回醉，終日須神清；雪泥着鴻爪，人生記里程。
豹死既留皮，人死當留名；盛名該副實，人力勝天成。
人人愼此念，大地盡光明。」

這是王雲五的夫子自道。他認爲「得生斯世，要建名聲，壯遊難得，不宜虛生，堅此信念，世界光明。」他活了九十二歲，一生做了別人三輩子的事，確是一代奇人。

他有一樁自述的實事，見於《王雲五筆記》，也見於史學家吳相湘《民國百人傳》第四册「王雲五」篇，値得大家參看：

民國三年（一九一四），熊秉三先生（一八六五—一九三七，即熊希齡，進士出身。民初任國務總理，袁世凱稱帝辭官）創設全國煤礦油礦經理處，由余（王雲五自稱）任該處編譯股股長。

王雲五像

會（適逢）中美聯手要合作開採延長油礦（延長縣在陝西省北部，地下儲有豐富石油待開發），由美方撰擬了契約草案，及漢文譯本，送達油礦經理處。時該處主辦對外交涉者乃魏易（魏沖叔）董顯光（一八八六—一九七一，美國哥倫比亞大學博士，後任駐美大使）熊崇志三君，皆以英文能手著稱。三君審閱原稿及漢文譯本後，都認爲譯文詰屈聱牙，不可卒讀，尤難索解。主張必須重新翻譯。但全文字數不下三萬，限期又很迫切；而法律條文，句讀特長，非對法律及中英文字兼有研究者莫辦。

朱經農（一八八六—一九五一，留學日美，曾任齊魯大學校長，教育部次長）力薦余任其事，即日訪余，丐（請求）余重新翻譯。並言限期迫促，後日下午須提會議，重譯時間僅限於一晝夜。余略一展讀，勉允次日晚可繳譯稿。即從當日下午五時起，夜間僅睡三小時，迄次日午後三時，計實際工作二十小時，而完成譯稿二萬六千餘字。

初時，秉三老與其顧問某君，覺余所譯，酷似中國法律條文，疑余出自創意多於翻譯。及核對原文，認爲無懈可擊，始釋然，復愕然。最後，秉三老語經農，迄未知余之能溝通中英文若此也。

筆者按：吳相湘所撰王雲五傳中還有幾項要點：第一、二十小時譯成二萬六千字契約法律條文，使熊秉三先生極爲贊賞，立即將王雲五的薪資提高到與魏易、董顯光一般高，這是殊榮。第二、民國元年，王任總統府秘書，由於他通曉英語、上海話及廣東話，故命他負責貴賓訪客的接待，勝任而愉快。第三、民國廿一年一月廿八日，殘暴日軍侵襲上海，摧毀了商務印書館總廠，王雲五重建復業，並於十一月一日起，宣佈每日出版新書一册。第四、民國三十二年冬天，王雲五隨王世杰組成訪英團（Goodwill Mission to Great Britain）抵英，與劍橋大學教授共度耶誕，晉見英王及王后，及在西敏寺（Westminster 國會）發表演講，回國後撰成《訪英日記（My British Diary）中英文本。第五、民國四十六年九月，王奉派爲出席聯合國第十二屆大會代表，並考察美國，回國後，老蔣總統命他組織行政改革委員會，次年任命爲行政院副院長，協助副總統兼行政院長陳誠推動行政改革，五年餘成效可觀。總之，王雲五是位通才，他是大出版家、教授、民意代表、社會賢達、內閣副總理、總統府資政，每個角色都全心投入，卻自始至終是一個書生。無怪乎金耀基爲王雲五銅像撰書的「銘文」說：「王雲五三個字已成爲一空無依傍的人，憑一己之努力攀登社會巔峰的象徵。」這實在是一個從學徒奮鬥成功的良範。

自誇算命靈準以唬人，廣受崇信；
只想預言兑現而殺子，太過凶殘。

四一 要圓預言殺兒子

佛經中有一部《百喻經》，由南齊時代的求那毘地翻譯爲漢文，敘一百個譬喻，以證邪正諸事。其中有一則說：

「昔日有婆羅門，自謂多智，星術占卜，無不明達。欲顯其能，遂至他國，抱兒而哭。旁人問他：汝何故哭？婆羅門言：今此小兒，七日當死，以是哭耳。旁人再言：人命難知，計算會錯，設七日頭，或能不死，何爲預哭？婆羅門言：日月可暗，星宿可落，我之所記，終無違失。他爲名利，至七日頭，自殺其子，以證己說。時諸世人，待候七日，聞其兒死，咸皆嘆佩：眞是智者，所言不錯，心生信服，悉來致敬。」

譯爲語體，可助了解：

「一個婆羅門（Brahman 是印度社會種姓中的最上級人）說自己能知過去未來，對算命看相及星術都精準，爲要顯示自己智慧高深，他跑去外國，抱著自己小孩痛哭。

有人問他爲何啼哭？他說：我這小孩，再過七天就要死了，所以我才傷心呀。旁人說：命運難以預知，占卜也會有錯，七天之後，未必會死呀！哪能事先你就預哭呢？婆羅門說：太陽月亮或許有黯淡的時候，星星也有隕落的可能，但我的算命術絕不會錯的。他爲了兑現諾言，七日到時，親手將小孩弄死，來證明自己預言不錯。百姓見小孩果然死了，認爲他的預言眞靈，爭相來禮敬他。」

這位婆羅門，不知他憑甚麼徵兆而斷言小孩七日會死？可能純是胡言惑衆而已。他爲了要圓成自己的預言，竟然親手弄死自己的小孩，手段凶殘，可謂滅絕人性。

按婆羅門教義以「梵王」爲主，《大日經疏》說「梵王猶如佛」，這篇是佛經裡記載的，自非故意侮蔑。我們由此可以警覺：當預言大師說我明年會有大難，或下月股票會猛漲，如未追問他怎會預知而盲然信從，恐怕難免吃虧上當也。

何妨進一步再探究一下：倘若下個月股票必然猛漲，那位預言家何不自己去買？大可立即變成富豪，豈不美甚？何必孜孜汲汲，在廣播電台及電視螢光幕上靠賣唇舌來賺生活費？如果這些預言家自身也未發財，那他的預測會有靈準嗎？

討債半串，路費四串，損失夠大，
未得一文，白跑一趟，蝕本太多。

四二　去討小債花大錢

另有一個「討債」的故事，也是出自佛經中的《百喻經》：

「往有商僧，貸人半錢，久不得償，即便往討。前有大河，雇船兩錢，然後得渡。到彼討債，竟不得見。返還渡河，再費兩錢。爲半錢債，先失四錢，道路往還，疲勞困乏，索債甚少，所失極多。果被旁人，爲之怪笑。」

今用語體文來淺釋：

「昔日有位商人，借給別人半弔錢（一弔又叫一串或一貫，都是一千錢），久久別人迄未還來，因就前去討債。中途有條大河，乃雇船花了兩弔錢渡河，到了對岸，竟然沒有找到這個人，只好再付兩弔錢坐船回家。爲了討半弔錢，先就損失了四弔錢，往返跋涉，身疲力盡。即使討到，錢也很少，此行花費，卻是很多，果眞被旁人當成笑話來談論。」

這篇文章，淺而易懂。只須問一問收入減去支出之後，還會進帳多少？從美好的理想面來看：希望收回債務500文，但支出船費4000文，尚虧負3500文。再從實際的結果面來看：則收債是0文，支出船費4000文，損失了4000文。這就顯示不論在理想方面和實際方面，吃虧都大，此一討債行動，很不可取。又例如過年了，要採購年貨，若往迪化街批發市場去買，會便宜20%，可是計算來回計程車的開銷及時間上的耗費，反覺並不高明，那就打消這一念頭吧！

此篇譯自佛國的《百喻經》，費了許多文字來比喻「索債甚少，所失極多。」其實遠不如我國莊子所述的簡潔中肯。《莊子・讓王篇》說：

「今有人於此，以隋侯之珠，彈千仞之雀，世人都必笑之。以其所用者重，而所要者輕也。」

何謂隋侯之珠？那是昔時隋侯（春秋時代的隋國君主）見一大蛇受了重傷，乃用好藥敷護蛇的傷口，蛇傷痊癒後，它銜來一顆寶珠以報恩德，乃是希世之珍，因稱「隋珠」（見《淮南子・覽冥訓》）。倘若如今有人用這顆隋珠去彈射鳥雀，即令鳥雀到手，也是所費太貴而所獲太微，得少而失多矣。莊子（約西元前三六九—前二九五）在距今兩千三百年前就扼要的寫下了這番卓見，足證我國哲人，確較崇高偉大。

管愛讀書華羨貴，
賢佞不同非一類。

四三　志趣有差，管華分座

我們活著以還，待衣食不愁之後，就該在品德上自我要求，做到行事無愧才是。此論應算正確了吧？不過，還可讓筆者小作修正：我們做人，即使衣食有缺，仍須敦品；總不能爲了要好吃好穿，就不要臉皮，可以任我去騙去偷去搶，那不是太沒有格了嗎？今且舉管寧作例，察微知著，以明賢佞。

管寧（一五八—二四一）字幼安，他本是春秋時代齊國宰相管仲的後代。西晉著作郎陳壽《三國志・魏志・卷十一》有管寧的傳記，是一位志節高潔之士。該篇傳記的注解中，引述了《世說新語・德行第一》中的記載：

「管寧與華歆爲友，共在園中鋤菜，見土中有金，寧揮鋤不顧（不是自己應得的就不看）。歆拾之（華歆撿起），終亦棄之（似乎捨不得）。又一日，同席讀書，有乘軒過者（大官坐著高車，有儀隊簇擁，在門前經過），寧讀書如故，歆廢書出看（華歆放下書冊，出門去看熱鬧）。寧割席分坐（把共用的坐席割斷分開），曰：『富貴當自致，竊他人乎？子非吾之友也。』遂與華歆絕交。」

這故事除《三國志》《世說新語》外，又列入了程允升《幼學故事瓊林》卷二「朋友賓主」篇「管寧割席拒華歆，謂非同志之人」條，可見受人推重之一斑了。

這位華歆（一五七—二三一），一生趨炎附勢，後來歸依曹操。曹操派他帶兵衝進皇宮，弒殺了漢獻帝正宮娘娘伏皇后。因此官運亨通，後來升到太尉。《三國志・魏志・卷十三》有他的傳記，當然是位著名的要人了。但卷十三第三十頁的注釋有史官姜宸英評曰：「華歆一時名士，晚節披猖。」唐庚又評曰：「曹操使華歆勒兵入宮，至破戶發壁而入，擒殺伏后，此豈盛德之士所當爲哉？」周壽昌再評曰：「華歆仕漢朝，官至太守，祿厚位高。乃始則棄地失官，繼則諂事僭逆，名節掃地，本末俱無可言。」

這些評語，刻在史册，確切中肯，可見少時的小性向，足以推知未來的大趨歸，毋須廢話續貂了。

鹿旁邊是麞
麞旁邊是鹿

四四　綱目無別，麞鹿同籠

撰寫《南華眞經新傳》的王雱（?—一〇七六），字元澤，是王安石的兒子，自小就十分聰敏，《宋史・第三二七卷》有他的傳記。

當他還只有幾歲時，有位客人，運來一隻獸籠，籠中關著一麞一鹿，要獻給王安石。客人問王雱說：「你能分辨嗎?哪一隻是麞，哪一隻是鹿?」王雱其實並不認識，看了一陣，居然肯定地回覆道：「那麞旁邊的是鹿，那鹿旁邊的就是麞嘛!」客人聽了，大爲驚奇他的急智。

這是引自宋代沈括（一〇三一—一〇九五）所著《夢溪筆談・卷十三・權智篇》中的故事。沈括晚歲寓居江蘇丹陽縣的夢溪，隱居林下，所與談者，筆硯而已，因名其書曰夢溪筆談。原文是：

「王元澤數歲時，客有以一麞一鹿同籠以問雱：何者是麞?何者是鹿?雱實未識，良久，對曰：麞邊者是鹿，鹿邊者是麞。客大奇之。」

麞和鹿很相像，只是麞比鹿略小一些，頭也較小。麞有時也寫為獐。這兩種相似的動物同屬哺乳綱，偶蹄目，本就難以分辨，故只好以權智回應。雖然所釋答的語詞中並未把問題澄清，但只要有話解說，就算可以交待過關了，這叫做急中生智。我們有時候為了解圍，也難免要學習使用這一招。

年紀幼小卻反應敏捷的故事歷代都有，明．宋濂《元史．岳柱傳》說：岳柱八歲時，觀看何澄（元世祖時代的畫師）正在繪製「陶母剪髮圖」（請閱第十九篇故事）。岳柱見到畫中陶母手腕上畫了金釧，指著問道：「脫下金釧就可買酒，何須剪賣長髮？」何澄一聽大驚，乃知畫出金釧錯了，連忙撕掉另畫。此事又見於清，允祿《子史精華．卷一百一．人事部．早慧》。今引《元史》原敍如下：

「岳柱八歲，觀畫師何澄繪陶母剪髮圖。岳柱指陶母腕上金釧，詰之曰：金釧可易酒，何用剪髮為也？何澄大驚，即刻易之。」

另有聰敏的楊一清，字應寧，明憲宗時進士，官至太子太師，謚文襄。他博學多才，年八歲，舉神童，皇帝出上聯詢對：「凍雨洒窗，東兩點，西三點（凍字是東加兩點，洒字是西傍三點）。」楊一清回奏下聯是：「切瓜分片，上七刀，下八刀（切是七刀左右拼成，分是八刀上下連合）。」皇帝贊他穎慧。《明史》有傳。

此外，司馬光「破缸救人」，文彥博「灌水浮球」，都是幼聰，都有捷智，都讓我們欣佩。

鐵杵難以磨成針，磨磚豈能作鏡？
鐵硯久磨不會穿，琢磨才出美瑾！

四五　懷讓禪師般若寺磨磚欲成鏡

磚是由泥土燒成，絕無可能磨光爲晶瑩明鏡之理，這是說方法不對，功夫下錯了。

唐代高僧懷讓禪師（六七七—七四四），弱冠就在玉泉寺出家，後來爲禪宗六祖惠能的法嗣，稱爲七祖（是惠能的得意弟子，圓寂後謚爲大慧法師）。唐玄宗時代，懷讓禪師在南嶽衡山般若寺作住持。有位沙門道一（七〇九—七八八。俗姓馬，名道一，人稱馬大師，或馬祖道一，謚號大寂禪師）也來寺中的傳法院裡修行。他很虔誠，每天都專心一意打坐。懷讓見他慧根很好，欲導化他，因問道：「這位大德（佛家語，尊稱年高或有德的僧人），你整天專注枯坐，爲的是甚麼？」

馬祖道一答道：「爲了想要成佛。」

懷讓禪師不再解說，只是拿來一塊泥磚，在馬祖道一院前的石階上打磨，天天如是。惹得馬祖道一心煩，便問道：「長老你磨磚作甚？」

懷讓禪師答曰：「磨磚作鏡。」

馬祖道一說：「磨磚豈能成鏡？」

懷讓禪師反問道：「磨磚若不能成鏡，那打坐又豈能成佛？」

馬祖一聽，心中大驚，起立施一長禮，說道：「請問大師，如何才能成佛？」

懷讓說：「譬如駕車，車不走了，你是鞭牛呢？還是鞭車？」

馬祖道一凝神思索，有如大智灌頂，豁然開悟。因而執弟子禮師事懷讓，修習禪宗成道，唐憲宗追諡爲大寂禪師。宋代釋贊寧《宋高僧傳・習禪傳》中有「道一」的傳記。

以上是譯自宋・釋道原《景德傳燈錄・卷第五・南嶽懷讓禪師》，原文謂：

「懷讓禪師者，唐先天二年，在衡嶽般若寺作住持。開元中，有沙門道一，即馬祖道師，住傳法院，常日坐禪。師往問曰：大德坐禪圖甚麼？道一曰：圖作佛。師乃取一磚，於彼庵前石上磨。道一曰：師磨磚作甚？師曰：磨磚作鏡。道一曰：磨磚豈得成鏡耶？師曰：坐禪豈得成佛耶？道一曰：如何即是？師曰：如人駕車，車不行，打車即是？打牛即是？道一聞此示誨，如飲醍醐，由此開悟，轉修禪宗成道。」

磨磚不能成鏡，也說明枯坐不能成佛，這是比喻事情不能成功。與此相似但寓意相反的則有「磨杵成針」事，見於《蜀中名勝記・上川南道・眉州・彭山縣》：

「彭山縣東北二十五里，有『磨鋮溪』，在象耳山下。相傳李白讀書山中，學未成，棄去（放棄學業，中途離開）。適過是溪（正好經過這磨鋮溪），逢老媼方磨鐵杵（遇見一個老婦人正在磨一鐵棒）。問何為？答曰：『欲作鍼耳（想要磨作針而已）。』白感其言，遂還卒業（李白感動，於是回去修畢課業）。」

這事也見於《潛確類書》，是說凡事如果持之以恆，功到自成，用以勉人耐苦精進。諺語有「若要功夫深，鐵杵磨成繡花針」便是由此而來。至於歐陽修《新五代史・桑維翰傳》則有「磨穿鐵硯」之事：

「桑維翰初舉進士，主司惡其姓，以桑喪同音（桑維翰初次參加進士考試，考官厭惡他的姓氏，因為與喪同音）。旁人有勸其不必舉進士者，維翰慨然，乃鑄鐵硯以示人曰：『硯敝則改而他仕（鐵硯磨壞了就改走其他途徑）。』卒以進士及第。」

這是比喻意志堅定不移。南宋李之彥《硯譜》書中有「磨穴硯」一條，也講到要將硯台磨穿成孔，比喻筆墨功夫久長深厚之意。昔時的刀劍，都要經常磨利，以待不時之用，於是有「磨厲以須」之語，形容養精蓄銳，等待一試。以上各例，正反都有警示及鼓勵作用，我們何妨溫習一下，或許對日常行事，略有小助焉。

兩目眄山川，一意關懷大地；
雙掌托日月，全心福佑子民。

四六　虞舜大帝寧遠縣鑄像示崇賢

夏商周三代以前的虞舜帝，唐堯時被四岳推選而攝理國政，他除四凶，舉八愷，天下大治。其後受唐堯帝之禪讓而爲舜帝，勤政愛民，使百姓安居樂業。白居易《太平樂詞》詠曰：『湛露浮堯酒，薰風起舜歌。』沈約《四時白紵歌》吟曰：「舜日堯天歡無極。」都是贊頌那時的理想社會，是個太平盛世。

據司馬遷《史記・卷一・五帝本紀》所述：

「虞舜者，名曰重華，父頑母嚚弟傲（父親頑固，後母愚昧，弟弟桀傲）。舜年二十，以孝聞。帝堯問可用者，四岳咸薦虞舜。舜舉八愷八元（都是才子）。堯老，使舜攝行天子之政。堯崩，天下歸舜，踐帝位。三十九年，南巡，崩逝。葬於江南九疑，是爲零陵。」

依宋代樂史《太平寰宇記・永州府》所記：零陵郡，即清代以來的永州府治。虞舜帝葬於此處（按即現今湖南省之寧遠縣）。

湖南永州市政府爲尊仰舜帝，已在九嶷山（九嶷也作九疑．《元結．九疑山圖記》說因九峰相似，望而疑之，故稱九疑）下的寧遠縣城建了大型的「舜帝廣場」，豎立大石像，普向全國徵圖。在激烈的競爭角逐中，最後由山水雕塑家周鵬生的精心設計獲選。這尊石像連底座及踏步共高二〇點五米，等於是六至七層樓高的巨構。整個石像體現出舜帝作爲中華民族的人文始祖和中國古代社會倫理道德奠基者的莊重和威嚴。

舜帝石像高 20.5 公尺

據二〇〇五年七月二十日湖南長沙《瀟湘晨報》A-13 版記者斯茅庚的報導，這尊石像，係由長沙華美雕塑公司製作，集工藝技術的精華，掘採長沙丁字灣的上等麻石，分層分塊雕成然後組裝。石像內部是鋼筋混凝土，外層將雕刻完美的麻石牢密鑲嵌，耗時半年，於二〇〇五年九月十五日全國公祭舜帝之吉日安裝完竣揭幕。

巍昂舜帝！兩眼炯炯地注視著神州大地。雙臂上托，作奉獻之狀，體現出爲民服務的儀象。雙手左右平攤，掌心向天，恒久地爲中華民族而祈福，願和平幸福，永駐人間。這尊雕像線條簡潔，神情挺拔，那上托的雙手，乃是整個立像的點睛之作。那兩掌托得如此水平，與中央高起的頭部構成一個象徵九嶷山的山字造型，十分端莊肅穆。

前面說舜的家人，父頑母嚚弟傲，但舜仍是「孝子」，且列名《二十四孝》中。今插敍一段在《孟子・萬章上篇》裡一樁謀財害命未遂的奇事：請先看語譯大要：

「舜的父母，叫舜去疏浚水井。舜入井旋又出井。他父親和弟弟以爲舜仍在井裡，竟將井口封死，認爲舜必然死亡。弟弟說：『設計謀害舜哥，全是我的功蹟。舜的牛羊谷倉，都歸父母，舜的琴和弓，都歸我有；兩位嫂嫂，都是我妻。』弟弟進入皇宮，不料舜正在彈琴，弟弟吃驚，藉口解釋說：『很想念舜哥，故來探望一下。』滿臉慚愧不安之色。」

《孟子》原文是這樣敍述的：

「父母使舜浚井，出，從而揜之。象曰：『謨蓋都君，咸我績。牛羊父母，倉廩父母；干戈朕，琴朕，弤朕，二嫂使治朕棲。』象往入舜宮，舜在牀琴。象曰：『鬱陶，思君也。』忸怩。」

毛澤東有「答友人」詩句曰：「九嶷山上白雲飛，帝子乘風下翠微。」

那時是「公天下」，天子不傳位給兒子而讓位給有才德的賢者。三代中唐堯禪虞舜，虞舜禪夏禹，史稱「禪讓」。《孟子・萬章上》也說：「唐虞禪，夏后殷商繼。」虞舜在齊家方面是孝子和仁兄，在治國方面是賢相和聖君。我們在崇敬之餘，也當有見賢思齊之念。

見君子，箕踞不必循禮；
覲小人，叩拜未可失儀。

四七　李密世充仗軍威徐曠或踞或拜

隋唐時代的徐曠，字文遠。他哥哥徐文林開設書局，徐曠每天都去閱讀，因而博通五經，官任國子博士。

隋末，天下大亂，徐曠被李密部下拘捕。那李密（五八二—六一八），字玄邃，「牛角掛漢書」的勤讀故事，就發生在他身上。（與前朝另一位寫《陳情表》的李密同名而非一人）。隋煬帝大業十二年，李密起兵，擁衆數十萬人，被推舉爲王，後來被王世充打敗了。《新唐書》有傳，這是後話。

徐曠被擒，送到李密帳下。李密敬重徐曠，尊爲老師，請他面南端坐，自己北向執弟子禮參拜，請求指導。

徐曠說：「以前，我曾將先王之道對你講授。如今你有兵百萬，威震四海，卻還能夠屈身來禮敬我，誠是難得。至於將來，如果想要效法伊尹和霍光，用忠誠來輔佐國家，我雖年老，仍願盡力相助。但如果想要學那王莽和董卓，趁危難之際而起叛亂之心，那我就不會贊同了。」

李密答道：「別人都說你徐老夫子只是個儒者，僅知文學詩詞，不懂軍事政務。今朝你說的正邪大計，卻是十分明智正確，我領教了。」

後來，李密失敗，徐曠又被王世充俘虜。那王世充（？—六二一），西域人，多詭詐。隋末大亂時，他僭立爲帝，國號鄭。末後兵敗被殺。《北史》有傳。

徐曠見王世充，每次都屈身下拜，唯恐禮貌不周。旁人問道：「你以前見李密時，每次都安坐而未曾起身，且兩腳伸開，態度並不莊重。可是如今見到王世充，卻每次都先行叩拜，恐怕禮疏，是何緣故？」

徐曠說出眞心話：「你等有所不知。那李密是一位端人君子，氣度恢宏。他雖是王爺貴人，威懾天下，但不會牽拘於小節，見面時拱拱手就夠了，所以我可以不顧禮貌，箕踞也不會有罪過（踞是坐著，箕是伸出雙腳，微曲其膝，似簸箕形狀）。至於王世充，原是個鄙野小人，雖然僭稱帝王，卻沒有寬容對方禮節疏失的雅量。若他一不高興，後果會不堪設想，我若怠慢，性命難保。所以嘛，君子要慧觀智察，看情況隨時地而變化呀！」

隋朝之後是唐朝，到唐高祖時代，徐曠復又任官爲國子博士。高祖有次到國學館視察，論述問對徐曠之飽學，深感贊佩。

這是宋代歐陽修《新唐書》卷一百九十八，列傳第一百二十三所記（也見於後晉・劉昫《舊唐書》卷一百八十九，列傳第一百二十九）原文是：

「徐曠，字文遠。兄文林鬻書于市，文遠日閱之，因博通五經。後爲李密所得，密使文遠南面坐，備弟子禮拜之。文遠謝曰：前以先王之道授將軍，今將軍擁兵百萬，威振四海，猶能屈禮老夫，此盛德也。將軍若欲爲伊霍，繼絕扶傾，吾雖老，猶願盡力。如爲莽卓，乘危迫險，則僕耄矣，無能爲也。密曰：嘗謂先生儒者，不學軍旅。至籌大計，乃明略過人。密敗，復爲世充所得。文遠見輒先拜。

或問：君踞見李密而下王公，何耶？答曰：密、君子，能受酈生之揖。世充小人，無容故人義，相時而動可也。唐高祖時，復爲國學博士。」

司馬遷《史記．卷一百三十．太史公自序》說：「述往事，思來者。」意謂敘述往昔事例，可以由小見大，鑑往知來。多看古今故事，定會增添智慧。若以本篇爲譬，便是告訴我們：大丈夫要審時度勢，能屈能伸。與此相類的，還有韓信鑽過惡少年的胯下（見《史記》淮陰侯傳），張良奉命拾取橋下的舊鞋（見《史記》留侯世家），這都是先賢的實事。本篇徐曠踞坐疏傲見李密，卻屈身叩拜王世充，乃是審察對手的仁暴而選取的方策，明智者都該如是。

周忱送地毯，王振大喜，贊助他促成功業；
鄭仲送地毯，秦檜大怒，降罪他削掉職官。

四八　秦檜王振建高閣周忱有幸有災

用歪道來謀取長官的歡喜，先得摸清楚長官的脾氣和性格，再來投其所好。否則拍馬屁拍在馬腿上，反將惹禍上身。本篇且引述正反兩事為例。

（一）王振喜歡，悅助周忱政務

明代周忱，字恂如，進士出身，任江南巡撫（轄區約為今江蘇安徽江西諸省）二十二年，大有惠政，是位好官，死後諡為文襄。

當時有位宦官王振，深得明英宗的寵信，掌司禮監，以自己的喜怒來決定刑賞，不由朝廷，是權勢氣焰兩都熾盛的當權大太監。明英宗稱他為先生，朝中的公侯大臣叫他為翁父，尚書徐晞甚至向他下跪，奸猾不可一世。

周忱是方面大員，一切興革措施，都要獲得皇朝的

周忱像

支持。他爲使政務推行不受太監王振的阻撓，須先博取王振的歡心。恰好得知王振正在新建府第，乃先找關係探知了新造齋閣的寬廣尺寸，交付松江縣製成精美的剪絨地毯，作爲特別賀禮，專程送給王振。

剪絨毯鋪在新閣的地面上，竟然尺寸吻合，匀整而高貴。王振心中大喜，認爲周忱的才幹是第一流，而且視同自己人。以後凡是從江南府衙呈上來的請求事項，王振都代表朝廷一概贊同，助其實現，使周忱在政務上獲致的益處太多了。

（二）秦檜惱怒，貶斥鄭仲除官

同樣另有送地毯事，發生在南宋，主角是秦檜。他擔任宰相，在官府裡起造「一德格天閣」（純一之德，可以格通皇天，出自《書經》君奭篇）。有位江南高官（陸深《儼山外集》則指名爲四川宣撫使鄭仲）意圖巴結獻媚，而且要出奇制勝，與衆不同。於是以巨款買通建築商，取得格天閣的樓堂地板面積長寬尺碼，特意定製了華麗厚實的錦花織絨地毯，作爲別緻佳禮，呈送宰相秦府。鋪在地上，寬廣恰巧相合，尺碼分寸不差。

這原是美事一樁，送者受者都皆欣喜，但秦檜卻心中惱怒，想到這位高官竟有神通能在暗地裡窺探到自己房屋內的私秘，知道得一清二楚，那今後我的其他行事還有甚麼隱密可言呢？此人不除，我命危矣。就藉故找碴，把他革了職，辦了罪，永絕後患。

明代馮夢龍《增廣智囊補》卷下・術智・委蛇・周忱一條有記曰：

「周文襄巡撫江南日，宦官王振當權。慮其撓己也，時振初作居第，周預令人度其齋閣，使松江作剪絨毯遺之，不失尺寸，振喜。凡周上利便事，振悉從中贊之，江南賴焉。另外、秦檜構格天閣，有某江南大官，思出奇媚之。乃重賄工人，得其尺寸，作絨毯以進，鋪之恰合。檜謂其伺己內事，大怒，因尋事斥之。」

另有明代陸深《儼山外集》卷九・願豐堂漫書，則明指爲四川宣撫使鄭仲送毯：

「周文襄公忱巡撫江南，王振當國，文襄慮其異己，時振新作居第，令人度其齋閣寬廣，使松江作剪絨毯遺之，不失尺寸。振極喜，以爲有方。江南凡上利便事，王振悉贊之。宋秦檜格天閣成，鄭仲爲四川宣撫，遺錦地毯，鋪閣上，無尺寸差。檜默然不樂，鄭仲竟以得罪。」

甚麼叫「一德格天閣」？明、田汝成《西湖遊覽志餘》有文述及：

「當秦檜用事時，佞士盈庭，引古今而頌功德者，例沫汲獎。檜嘗建一德格天閣，宋高宗書一德格天四字贈之。朝士有賀啓曰：獨伊尹格于皇天，到今、微管仲吾其左衽。檜喜，即超擢之。」

以上兩事，請合觀比較，同是送去地毯，一喜一怒，一吉一凶，一以見疑，一以見厚，其故安在？大致來說，應是王振雖暴而驕，究竟心機尚淺，樂於多結聲勢以固其權。至於秦檜，則陰毒詭狡，心機極爲深沉，凡事都嚴防小人以弭其禍。由古以例今，我們作任何措施，也當想一想好壞得失的後果吧。

劉邦氣范增，岳飛廢劉豫，先除障礙；
周瑜騙曹操，曹操斬蔡張，預見輸贏。

四九　漢劉邦劣食有疑　范增氣死

《孫子兵法・用間篇（利用間諜）》說：「興師十萬，出兵千里，日費萬金，以爭一日之勝（豈能每戰必勝），不仁之至也。」打硬仗必然會擾民破財，殺人毀屋，常會得不償失；如果改用「間」術，就可不費一兵一卒，輕而易舉的達到「不戰而屈人之兵」的目的。若問用間的極致，那更是要借用敵方的使臣，巧施「反間」，使對方的核心瓦解，這當是最上乘的謀略。

馬司遷《史記・卷七・項羽本紀》中就記有一段：

「項王與范增急圍劉邦，漢王患之，乃用計以間項王。項王使者來，爲太牢具，舉欲進之，見使者，佯驚愕曰：吾以爲亞父使者，乃反項王使者。更持去，以惡食食項王使者。使者歸報項王，項王乃疑范增與漢有私。范增大怒，曰：天下事已大定，君王自爲之，願賜歸。項王許之，行未至彭城，死。」

這段話，簡拗難懂，暫且淺譯如下：

劉邦項羽相爭，項強劉弱，項羽與范增以重兵圍困了劉邦，劉邦情況危急，便運用反間計使項羽疑忌范增，促成二人反目。那時、劉邦有意談和，故雙方仍有使臣來往。

項羽的使臣來了，劉邦的屬官殷勤接待，擺開了豐盛的太牢全席（天子諸侯所用，牛羊豕三牲齊備的盛筵叫太牢），餐具精潔，酒餚佳美，準備一面用餐，一面議事。劉邦進入餐廳，見到使者，假意吃驚，裝成錯愕狀，臉色一沉，喝道：「我還以為是范增亞父的貴使來了，卻原來是項羽派來的，安排錯了。」當面吩咐將盛饌全都撤下，換成以瓦盆甕器盛的三幾碟劣等粗食，讓項羽的使臣好不難堪，勉強果腹。

使者回去，將實情報告項羽，項羽果然懷疑范增與劉邦私下有了勾結。范增受冤，氣極怒道：「天下事已經大定了（楚盛漢衰，劉邦快要敗滅），大王好自為之，放我回故里去吧！」項羽沒有留他。范增離去不多久，死了。項羽也失敗了。

這是個既簡單又便宜的反間計，劉邦有張良蕭何韓信陳平之助，允武允文（此計即陳平所獻）。項羽則僅一范增，助他稱霸，項羽尊他為亞父，卻未能言聽計從。劉邦只是略施臉色，說兩句帶刺的話，就把老謀深算的范增激死，這眞太便宜了。

最早的反間計，是《戰國策・燕策二》，燕國大將樂毅攻下齊國七十餘城，眼看齊國要亡了，齊人用反間計，使燕惠王懷疑樂毅作戰不力，報國不忠，用騎劫代替，最後被齊國田單打敗了，原文是：

「惠王即位，齊人反間，疑樂毅，而使騎劫代之將。齊田單卒敗燕軍。」

類似的實例還有。元朝托克托《宋史・卷三百六十五・岳飛》傳中就述有岳飛利用敵間使得北方金國廢了大齊皇帝劉豫：

「岳飛知劉豫結粘罕，而兀朮惡劉豫，可以間而動。會軍中得兀朮諜者，飛佯責之曰：汝非吾軍中人張斌耶？吾向遣汝至齊，約誘致四太子，汝往不復來。吾繼遣人問，齊已許我，今冬以會合寇江爲名，致四太子清河圍殺，汝所持書竟然不至，何背我耶？諜冀緩死，即詭服。乃作蠟書，言與劉豫同謀誅兀朮事，因謂諜曰：吾今貸汝，復遣至齊，問舉兵期。刲股納書，戒勿洩。諜歸，以書示兀朮，兀朮大驚，馳白其主，遂廢豫。」

此一利用敵諜之計，又同見於明。馮夢龍《增廣智囊補》卷下・兵智・詭道・用間・第三條。今且語譯，首兩行是正文前的情況說明：

南宋時代北方金國攻下了濟南，劉豫投降，金國扶植他爲「大齊皇帝」，幫助金國攻打南宋，實行以漢制漢策略，南宋受到威脅。

岳飛抗金，屢與金國主將兀朮（金太祖第四子，人稱四太子。姓完顏，名宗弼，小說多叫他金兀朮）交鋒，知悉兀朮厭惡劉豫，大可施用反間計來剷除他。

恰巧岳飛部下抓到一名兀朮的間諜，押到岳飛軍帳。岳飛假裝酒醉，認錯了人，喝道：「你不是我特務營中的張斌嗎？前月派你去大齊國見劉豫，約他一同誘騙兀朮，謀殺他。你竟然久久不回。我又再派人去落實，劉豫已經承諾了。約定今年冬天合攻長江時，引誘兀朮到清江府來送死。你爲何今天才到？」

這名金兀朮的間諜只望免殺，正好將錯就錯，詭認自己就是張斌，只因戰亂路阻，以致歸期耽誤了。

岳飛親自用小字寫下一段簡箋，揉成小團，外圍再用蠟封防水。內容說的是約同謀殺金兀朮的密計。再吩咐間諜說：「今天暫不罰你，命你帶罪立功，再去面見劉豫，確定舉事時日，回來報我。」命人割開他的臂肉，塞入小蠟丸，貼上大膏藥，裝成生了瘡瘡，警告他不可洩密。

這間諜回見兀朮，呈上蠟書。兀朮一看大驚，罵道：「狗賊劉豫，竟敢私通岳飛，謀害於我，不除何待？」馬上報告父王金太祖，把劉豫皇帝廢爲平民了。

這記高招，費力很小，收效宏大，眞是妙不可醬油。讀者如仍有暇，再請看羅貫中《三國演義》第四十五回「群英會蔣幹中計」，周瑜反間，使曹操殺了兩員得力大將：

「赤壁大戰，東吳周瑜，對抗魏國曹操。臨戰之前，周瑜往探曹營虛實，認爲對方水軍都督蔡瑁張允是勁敵，必得除此二酋，才可破曹。這時、曹操手下蔣幹，自願前往東吳，勸周瑜投降。周瑜故意高興的籠絡他，晚上且睡在周瑜軍帳內。半夜、蔣幹悄悄爬起來，偷閱到桌上一封密函（其實係周瑜僞造的假函），是蔡瑁張允二人承諾暗殺曹操的信。他竊得此信，回報曹操。操大怒，立即將蔡張二將斬首。」

這也是利用對手達成反間的黠智，恰如所願得售，勝利將可預期。但《三國演義》乃是小說，在正史《三國志》卷五十四・吳書・周瑜傳的注記中，雖有蔣幹往訪周瑜之事，卻沒有偷竊密函之舉。我們毋須鑽牛角尖去窮究底細，唯當記得這些例子，就不會迷糊受騙，吃虧而後悔來不及了。

爲甚麼這樣講？可有事實作證？有的。你看那曹操雄才大略，誰個可以矇騙勝他？只因爲他一時氣忿，未暇深思，當下斬了蔡張二將。《演義》接著說：

「須臾（一會兒），獻頭帳下，操方猛然醒悟曰：『吾中計矣。』卻不肯認錯。細作（偵探）報來江東，周瑜大喜曰：『吾所患者，此二人耳。今既剿除，吾無憂矣。』後人有詩詠曰：『曹操奸雄不可當，一時詭計中周郎。』」

增補這段尾語，才顯出這一招反間計的曲折和效用，故續貂述及，請勿忽之。

「風」欲起而石燕飛，又說月暈而「風」──都是先兆；天將「雨」而商羊舞，另曰礎潤而「雨」──同為預警。

五〇　楚王戊醴酒不設　穆生辭官

司馬遷《史記‧卷一百一十七‧司馬相如傳》說：「明者遠見於未萌（明慧的人，在災禍未來之前，就遠遠看到了），而智者避危於無形（智高的人，在危機未來之前，就不露形跡的避開），禍因多藏於隱微（禍亂的因由，多遮藏在隱蔽細微之處），而發於人所忽者也（發生於人們疏忽之際）。」劉向《戰國策‧趙策二》也說：「愚者闇於成事，智者見於未萌。」都是說在不祥之事尚未發作之前就已看出了徵兆，聰明的智者，多會從容預防，或予化解而避免。今舉班固《漢書‧卷三十六‧楚元王列傳第六》的記事作為實證。唯因原文甚長，今僅節譯如下：

「楚元王劉交，少時與穆生、白生、申公，一同受學於浮丘伯（荀子的弟子）。漢高祖六年，元王開府於楚（因稱楚元王），寵任穆生、白生、申公為中大夫（管理重要政務）。楚元王對他三人一直禮敬有加。三人中穆生不愛喝酒，楚元王便經常為穆生特別準備『醴酒』（就是甜酒，麴少，味甘，不醉人）。楚元王死後，二傳由劉戊繼位，醴酒便漸漸忘記供應了。穆生感喟道：『是辭官的時候了。醴酒不設，王爺的情意已經怠慢了。』正好身有小病，就臥床不起。申公和白生強促他起床，勸道：『難道你不感念那過世先王的恩德嗎？現今王爺疏失的僅是小禮，何至於要辭官退隱呢？』穆生說：『《易經・繫辭下》曰：「知幾其神乎？幾者乃動作初始的微細徵候，是吉凶的先兆。君子見『幾』而作，不當猶豫久候的。」這是有關道揆的存廢，不是區區禮貌疏失的小節呀。』於是藉病休退。後來，白生和申公因爲直諫而竟受罰在當街服勞役。漢景帝三年，楚王劉戊造反（史稱七國之亂，被周亞夫平定），兵敗，自殺死了。」

此事也收錄在清・允祿《子史精華・中冊・卷九十一・品行部・明智》篇「醴酒忘設，見幾而作」條目中，又見於清・程允升《幼學故事瓊林・卷二・朋友賓主》篇「醴酒不設，楚王戊待士之意怠」條中，由此可證確有它的普及性、重要性和典範性。

又宋・王楙《野客叢書》有「穆生鄒陽」條中也說：「

「穆生之去，不爲醴，爲預知楚王戊有異志也。正如漢景帝時的鄒陽，與枚乘、嚴忌同仕吳王劉濞，得知吳王有邪謀，幾次進言不聽，三人乃一同離吳，不久，吳王濞發動七國之亂，鄒陽免災。故阮瑀曰：『穆生謝病，以免其難；鄒陽北遊，不同吳禍。』這都有先見之明。」

凡事都有起因，逐漸推繹而形成結果。起因每是細微，倘如不予理睬，後果可能變大而難以收拾，故有「謹小愼微」的告誡。

宋代蘇洵《辨姦論》開頭就說（文章見《古文觀止》卷四）：

「事有必至，理有固然。見微而知著。月暈而風，礎潤而雨，人人知之。」

我們要留心觀察：每當月亮周圍出現雲霧時，便是將要起風的預警。又如果礎石顯得濕潤，就是會要下雨的先兆，這都是有因由可尋的。

沈約所撰《宋書・吳喜傳》說：「欲防微杜漸，憂在未萌。」事前若能曲突徙薪，事後才不會焦頭爛額。又《韓非子・喻老》篇說：「千丈之隄，潰於螻蟻之穴。」就因爲土隄內有螞蟻鑽通的穴道，細微不易看到，被水滲入，逐漸淘空，導致長隄崩裂坍垮了。這事還有《後漢書・陳寵傳》強調說：「臣聞：輕者重之端，小者大之源；故隄潰蟻孔，氣洩鍼芒（高隄因蟻穴而潰倒，氣球因被小針尖頭鋒芒刺穿而洩氣凹扁了）。」這都是要我們提高警覺。今而後，切不可大而化之，否則自詒伊戚，沒法挽救了呀。

白貓黑貓，老鄧開創中國新時代；
三落三起，小平打破共黨舊規條。

五一　鄧小平搞活中國經濟

鄧小平（一九〇四—一九九七）原名鄧希賢，又名鄧斌。生於四川省廣安縣協興鄉牌坊村。父鄧文明，母談氏。身高僅五呎，故人稱他爲鄧矮子，卻有過人的精力。

依據韓文甫《鄧小平傳》、鄧毛毛《我的父親鄧小平》、理查・伊凡（Richard Evans）《鄧小平傳》（希代出版社初版）、及北京中央文獻社《鄧小平傳》所述，綜合要點如下：

一九二〇年，鄧小平十六歲，去法國「勤工儉學」，一九二二年十八歲，在法國加入共產黨。一九二六年赴莫斯科習俄文。由於做事能幹，作風粗獷，被朋儕稱爲「鄧小砲」。

鄧小平像

回國後，一九二七年任中央秘書長，一九三四年參加「長征」。一九三八年鄧任八路軍第一二九師師長劉伯承的政委，幹了十二年。

國民黨退守台灣後，鄧任重慶市長，兼任西南區第一書記，人稱「西南皇帝。」

一九五二年調北京任國務院副總理。一九五六年任中共總書記，是毛澤東主席的重要助手。

那時期毛鄧兩人關係親密。一九五七年鄧隨毛往訪莫斯科，毛向蘇共總書記赫魯雪夫（Khrushchev 1894-1971）說：「看到那邊那個矮小的人嗎？」毛又補充說：「他才幹高超，而且未來前程遠大。」

但在大躍進期間，毛要在十五年內「超英趕美」。鄧未贊同，含蓄地指出：「驢子雖然走得慢，但卻穩當。」他敢用隱語批毛，這也是遭貶的因素之一。

不過、鄧小平是個九命之貓，他三落三起，每次都化險爲夷；若不是他有絕高的智慧和膽識，是難能辦到的，在共產黨的鬥爭歷史中是沒有前例的。這就值得我們有興趣去關注了。

第一次起落是一九三三年在井崗山時期，他因「羅明路線」而被蘇區中央局以「堅決打擊鄧的機會主義」的理由給予處分，撤銷他江西省委宣傳部長之黨職。但鄧小平堅持自己思想正確，後來在軍委政治部主任王稼祥的保舉之下得以復出，且升爲紅軍總政治部秘書長。

第二次是一九六六年文化大革命開始，毛澤東發表「砲打司令部」文章，紅衛兵罰令鄧小平頭戴「黨內第二號走資派」高帽（頭號走資派是劉少奇），下放到江西省新建縣拖拉機廠當工人。他一直堅稱自己正確，到一九七三年周恩來認爲鄧小平是個幫手，透過中央政治局會議恢復他國務院副總理的職位。

第三次是一九七六年初，四人幫全力批鄧，毛澤東開除了鄧的一切職務，這該是徹底被擊倒了。同年九月九日毛澤東過世，四人幫跟著垮台，由於鄧小平辦事績效大好，全國上下都要求鄧小平復出，一九七七年中共十屆三中全會乃決議恢復鄧的中央副主席、軍委副主席、國務院副總理、解放軍總參謀長等全部職務。

鄧小平的升沉，在北京還廣爲流傳一則笑話：

「有甲乙丙三人，一同關在牢裡。甲問乙爲何被關？乙說：『因爲我反對鄧小平。』乙反問甲，甲說：『因爲我支持鄧小平。』他們兩人一同問丙，丙答道：『因爲我就是鄧小平。』」

鄧小平書法

薄一波稱贊鄧小平是中共改革的總設

計師。中國是一個「人治」的國家，鄧小平創造了鄧小平時代。

台灣有位歌后鄧麗君，她的歌喉風迷了中國大陸，贏得大家歡喜，聲譽與鄧小平齊名，人們分別叫他（她）倆爲老鄧和小鄧，成爲趣事一件。

鄧小平的名句是：「不管黑貓白貓，能捉老鼠的就是好貓。」他又說：「要促進生產，繁榮經濟，必須走市場經濟道路（「市場經濟機制」便是資本主義）。」他的信念，就是要讓中國強盛起來，要讓中國人民富裕起來，所以搞「改革開放」。他像一個工程師，首先要解決十多億人民的溫飽問題，進而達到小康的水平。他提出「要建設有中國特色的社會主義」（這已經不是共產主義了），「先讓一部分人富起來」，使得原來的「藍螞蟻」社會，變成今日的花花世界。在他的領導之下，有了舉世公認的進步和成就，中國已是全球注目的強國了。

綜觀鄧的一生，波濤壯闊。他做過地下工作者，當過軍事指揮官，幹過政府領導人，對中國貢獻很大。他的《鄧小平文集》第三卷（一九九三年出版）開卷篇揭示的「要建設有中國特色的社會主義」這個指導原則，已納入黨章中，確立以鄧小平理想來作爲行動指南，影響自很深遠。我們讀過此篇，不妨拋開黨派觀念，學學他的堅毅奮進的精神吧。

看牛挑水，賣米製磚，竟然開創塑膠王國；
忍苦耐勞，查根究柢，終於造就經營大神。

五二　王永慶創拓台灣塑膠

王永慶是一位家喻戶曉的成功企業家，白手創業，他融合了舊傳統與新觀念。至今年逾耋耄，仍然精力充沛，令人不敬佩都不行。

有人將「王永慶」三個字當作形容詞，例如說：「哎呀！我又不是王永慶。」這表示我不像王永慶那樣有錢。又例如「他可以說是製茶業中的王永慶。」意思是他已成為製茶業中的「經營之神」或「業界之首」了。

一九一七年一月十八日，王永慶出生於台北縣新店市直潭里的鄉下，祖父王添泉為他取名，父親王長庚是個種茶的貧農，家境窮困。

他七歲時，赤足上學，那時鞋子視為奢侈品。九歲時替人看牛，每月可賺五角錢。他於一九八二年十月四日對台塑在職人員訓練班講話說：

「我唸新店國小時，每天清早要提十幾桶水把水缸裝滿，然後步行十里路上學，那時我對唸書沒有興趣，成績總是在最後十名之內。三餐常吃不飽，衣服破舊，補了又補。」

一九三一年他十五歲，遠去嘉義米店當小工，不餓肚子了。由於勤奮努力，一年後，借到了二百元，開了家小米店。他以按時送米到買家、米質純良，不含秕糠砂粒、以及延後收錢等方法，爭取到顧客，但一斗米只能賺一分錢。

二次世界大戰發生，米改為政府配給制，米店米廠被迫關門，他改行做製磚廠，後又經營木材業，由於勤勞，又逢台灣光復，建築業轉熱，木材銷路好，他有積蓄了。

王永慶因塑膠而發跡。可是這位塑膠大王，當初連「塑膠」是何物？用甚麼原料做成？它的化學成分為何？它可以作為木材和鋼鐵的代用品嗎？全都一無所知。但請閱一九八三年四月十七日《經濟日報》十一版報導：

> 「一年之後，王永慶去見工業會的衛道，王對塑膠的性質、製程、生產、加工、用途等，都瞭如指掌，使衛道佩服不已。」

一九五四年「台灣塑膠公司」成立，每月PVC塑膠粉產量只有一〇〇噸，生產成本偏高，價格不便宜，一噸也賣不掉。王永慶百思無策，去請教當時的經濟部長尹仲容。尹部長指示他：「台灣市場狹小，必須拓展外銷，否則僅剩死路一條。」

外銷靠低價競爭，低價須減削成本，成本降低有賴大量生產。因於一九五八年起，月產由一〇〇噸升為二一〇噸，再增至一九六〇年的一二〇〇噸，成本大減。

一九八〇年，王永慶在美國德州休士頓創建一家全球最大的PVC塑膠廠，年產量為廿四萬噸。以致一九八三年八月一日美國《商業周刊》（Business Week）報導：

> 「美國石化業的大廠家潭尼可公司（Tenneco）副總裁特別指出：『台灣是個不可輕視的

勁敵』。」

一九八三年，台灣台塑廠年產PVC粉55萬噸，美國廠年產39萬噸，共94萬噸；已遠超過PVC的霸主——固力奇公司（Good-rich）的85萬噸，躍居世界第一。

王永慶像

一九七五年一月九日，王永慶在美國聖若望大學贈授榮譽博士學位的典禮上，說了一段感人的話：

「我幼時無錢上學，長大後須做工謀生。像我這樣身無一技之長的人，永遠感覺到只有『刻苦耐勞』才可補其不足。而且出身在一個近乎赤貧的環境中，如果不能吃苦耐勞，簡直就無法生存下去。」

我們再看一九六六年六月，王永慶在「台塑經營研究委員會」中說：

「一個人永遠不知道自己何時死亡、所以在活著的時候，多做一點對社會有益的事。等到死了以後，還有人想念我們，才算不辜負此生此世。」

基於這份信念，王永慶拿出一點五億台幣創辦明志工專，一九六四年起招生開學。又以二〇億元建立長庚紀念醫院，一九七六年開診。一九八四年跨入資訊電子業，一九九三年攻入汽車製造業。他的奮鬥精神，迄未稍懈。

王永慶做事講求實效，說話爽直犀利，數字觀念極強，作風一絲不苟。他的這麼多長處，很值得我們效法。

高溫燙足，沙暴襲人，果決遠征七千餘里；
地雷殺身；蒼蠅搶食，堅持長跑一百多天。

五三　林義傑跑步橫穿撒哈拉

台灣超級馬拉松好手林義傑，於二〇〇七年二月二十日，成功地跑步橫越非洲大陸撒哈拉（Sahara）大沙漠，歷盡凶險，完成壯舉。這是二〇〇七年二月廿一日台北聯合報A1版的頭條大字新聞，還有幾幅彩色大照片及地圖陪襯，令人振奮。

今（二〇〇七）年卅一歲的林義傑，畢業於台北市福德國小，及台北市立體育學院，二〇〇二年就參加過第十七屆「撒哈拉大沙漠橫越賽」獲得第12名（亞洲第1名），二〇〇五年參加「埃及撒哈拉超級馬拉松賽」榮獲世界第2名，不愧是長跑老手。

聯合報描述「一一一天跑完七五〇〇公里」這段文字說：

「來自台灣的林義傑，與美國的查理（Charley）及加拿大的雷伊（Rae），是橫越撒哈拉的主角。二〇〇六年十一月二日從塞內加爾出發，經茅利塔尼亞、馬利、尼日、利比亞到埃及，從撒哈拉的西方跑到東方，費時一百一十一天，於二〇〇七年二月廿日跑完全程七千五百公里。在這一百多天裡，吃盡了苦頭。穿過馬利邊界時，跑在有名的『黑色死亡公路』上，踩著滾燙的柏油路，氣溫是攝氏四十五度，但地面絕對超過五十度。滿地是動物屍體，惡臭撲人口鼻。林義傑一天內體重掉了四公斤，查理膝蓋跌傷，雷伊腸胃不舒服。他們的腳底板不但要抵抗高溫及一個個冒出來的水泡，還要跟毒蛇蠍子捉迷藏，十分痛苦，最終還是堅忍完成，挑戰人類體能的極限。」

林義傑跑步路線圖

這是一場艱苦的奮鬥，歷經高溫攝氏五十度的折磨，飽受沙塵暴的威脅。沙漠中只要一颳風，那滾滾黃沙漫天襲來，不要說眼睛睜不開，連人都站不住。沙漠中的雨也是狂暴兇猛，那豆大的雨珠射殺下來，全身頃刻淋個濕透不說，打在身上還處處作痛。

北非國家連年戰亂，沙漠中埋了許多地雷，這一直是纏繞在他們心中的一宗大患。先一年勘查隊來探路時，就因誤觸地雷而造成三人喪命。插在地上的竹竿頭部噴了紅漆，就表示那個地點有雷。林義傑三人一路上大約穿越了數十個雷區，沒出事眞算命大。

午時天氣太熱，不可跑步，他們總是清晨四點起床、五點起跑，中午休息，下午五點再跑。每天只睡四五個小時，夠勞累的了。啃麵包時，還得跟蒼蠅互搶，沙漠中的蒼蠅聞香即來，一出現就是一大群，趕也趕不走。

林義傑原本預計可在八十五天內穿越六國，到達終點的埃及紅海，但臨時發生各種狀況，包括簽證沒通過，繞彎路避開地雷區等因素，讓他們多跑了一千公里的路，也多花了二十五天的額外時間。

沙漠中的水，極爲珍貴。金鑛銀鑛，抵不過清水一罐。林義傑在沙漠跑步，也是呼籲世人要珍惜水資源，以致聯合國官方網站上都介紹這位來自台灣的長跑健將（Kevin Lin）林凱文。

我們要認知，沙漠中長途連跑七千公里，當然不是人人都能做到的，但經常動一動，對健康必能增進。有了強壯的身體，才可向艱難挑戰。這個原則大家都懂，就只看我們肯不肯去實踐力行。

艾菲爾鐵塔 我來了！

台灣環保騎士薛德瑞抵達巴黎，完成北京到巴黎、單騎穿越亞歐的壯舉。單車赴法的「碳足跡」（指二氧化碳排放量）是零，搭機的碳足跡是一點五噸，開車則高達二點六噸。　照片／薛德瑞提供

薛德瑞抵達巴黎在艾菲爾塔下攝影（文見第 54 篇）

北京到巴黎，兩地單車踩透；
體力與姿勢，十項招數記牢。

五四　薛德瑞騎車貫跨亞歐洲

是狂人也是強人的薛德瑞，二〇〇七年廿六歲，在台灣台積電公司任工程師，辭職不幹，於二〇〇七年四月廿二日世界地球日，騎單車由北京出發，橫跨亞歐大陸，預計以四或五個月時間抵達法國巴黎，行程一萬五千公里。這趟單車之行，定名為「B2P」（BP分別是北京和巴黎兩地英文名稱的首個字母，又用英文同音的2取代to，全文是Beijing to Paris）。要從北京天安門騎到巴黎凱旋門，見二〇〇七年三月十二日聯合報A1版。

這趟B2P的路徑，是由亞洲的中國起程，經哈薩克、俄羅斯進入歐洲的烏克蘭、波蘭、德國、荷蘭、比利時、到法國，經過亞歐九國，網站是www.b2p.de-ray.org。（請參看第一八〇頁薛德瑞成功到達巴黎圖）

薛德瑞說：一百年前的一九〇七年，由義大利人成功的主導「從北京到巴黎」的汽車競賽。那年的六月十日，五輛汽車由北京出發，正式向世界昭告汽車時代來臨。

一百年後的今時，紐西蘭人歐里（Olly Powell）發起名爲B2P——由北京到巴黎的新構想，請閱網路http://beijingtoparis.com，他希望以同樣的路線，但不使用動力交通工具進行（請見二〇〇七、三、十二、聯合報 A3版）。熱愛單車旅行的薛德瑞，曾經在二〇〇五年七月，騎單車旅遊法國五千餘公里，且騎上庇里牛斯山。他決定實踐這 B2P 的豪舉。有人拿他與甫完成橫越撒哈拉大挑戰的林義傑相比（見本書第五十三篇），以及與花了三年踩遍四十多個國家的胡榮華相比（胡有《單車環球行》的傳記）。薛德瑞說：「胡榮華是我心目中的神。至於超級好手林義傑也是我佩服的運動員，我要向這兩人致敬。」

四五個月長途騎車，要帶些甚麼裝備？薛說：廿公斤行李，包括衣褲、藥品、修車用品含內胎、鍊條、車燈等、電腦、數位相機、水袋；此外頭盔、手套、眼鏡、羅盤、手電筒、手機、護照、鈔票、信用卡、防晒油、地圖、國旗、記事本等物。

二〇〇七年六月十日聯合報刊載薛德瑞的日記，他已經騎了七週了，他途經新疆吐魯番的火焰山時，氣溫高到攝氏四十五點六度，熱不可耐。吐魯番是中國地勢最低的地方，海拔負一百五十公尺，即低於海平面一五〇公尺。他還遇到強風，奮力騎車，逆風搏鬥，半小時騎不到一公里，狼狽艱辛極了。因此、如果遇到力乏、生病、被偷、被搶、迷路、摔車等危險情況時，也須要有心理準備。

美國商業周刊（Business Week）以「壯遊」（Grand Tour）來看待這趟旅程，說它含有三項特質，一是旅遊時間「長」，二是沿途挑戰性「高」，三是與人文社會互動「深」，明

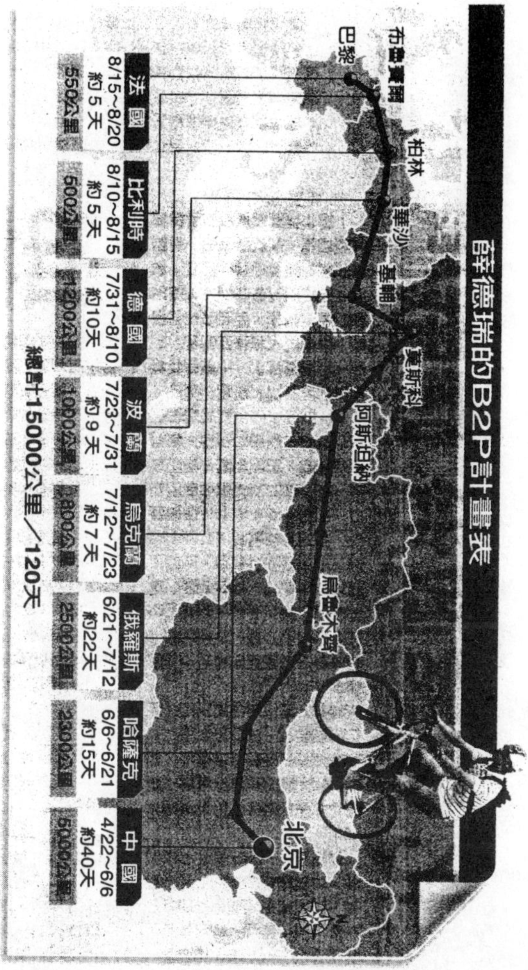
薛德瑞的B2P計畫表
巴黎
布魯塞爾
柏林
華沙
基輔
莫斯科
阿斯坦納
烏魯木齊
北京
法國 8/15~8/20 約5天 550公里
比利時 8/10~8/15 約5天 500公里
德國 7/31~8/10 約10天 1200公里
波蘭 7/23~7/31 約9天 1000公里
烏克蘭 7/12~7/23 約7天 800公里
俄羅斯 6/21~7/12 約22天 2500公里
哈薩克 6/6~6/21 約15天 2300公里
中國 4/22~6/6 約40天 5000公里
總計15000公里／120天

顯的寓有褒揚之意。

此舉也是受到電影《練習曲》的啓示。該影片由陳懷恩導演，敘述一位聽障青年人七天六夜騎單車環繞台灣本島之旅。在台北市放映時創下八百萬元的票房紀錄，是賣座最佳的國片（筆者也慕名去欣賞了）。《練》片中男主角有句感人的話：

「有些事，現在不做，你一輩子都不會做了！」

薛德瑞也有類似的壯語，見二〇〇七、三、十二、聯合報A3版：

「要賺錢，甚麼時候都可以。很多事，年輕時不做，以後就沒有機會了。很多人說我太奇怪，這時候應該好好賺錢，等錢賺夠了，退休之後，就可以實現夢想。可是、錢永遠都賺不夠的；等到退休之後，也失去了完成夢想的毅力。即令我現在做的事很瘋狂，可是不瘋狂怎麼算是活過。」

二〇〇七、七、廿九、聯合報A16版續刊他已進入俄羅斯的征途日記說：

單車輪胎連環爆，把薛德瑞忙翻了。

「台北盛夏氣溫高到36度C，但俄羅斯夏天僅只10度C，寒風刺骨，冰雨凍人，冷到手指痲痺，失了知覺。俄羅斯人記不住我的名字，只會叫我『台灣』。旅館價貴，我多半在戶外露營過夜。」

聯合報二〇〇七、九、十四、報導：薛福瑞自4月23日由北京出發，橫貫歐亞，途經七國，已於9月12日抵達終點巴黎，創造144天完成一萬四千104公里的世界紀錄。

不過、薛德瑞並非第一人，日本旅行家石田裕輔花了七年半時間，騎單車環遊世界一周，騎程九萬五千公里，訪遊七十八個國家，被搶一次，爆胎一八四次。這是《最危險的廁所與最美的星空》一書作者石田裕輔敘述型遊記之所述（該書由劉惠卿翻譯中文，繆思出版社發行，見二〇〇七年六月三日聯合報E5版）。我們知道，飛機雖日行萬里，實不如騎單車有更多時間體察各地的風土人情，當然別具滋味。

騎單車既環保，又健身。但讀者若要騎車作長途旅行時，應請注意下列十項智慧招數：第一招、體力要充足（不要到半路騎不動）。第二、每天距離不太長（免得後繼無力）。第三、行李別太多（不是搬家）。第四，儘量順風騎（否則耗竭體能）。第五、要防瘋狗（用腳踢狗危險，輕型長打氣筒可代替打狗棍）。第六、過隧道要當心（光線暗，前後都擠車）。第七、姿勢要講求（坐墊高度要合身，踩蹬時腿可打直，停車時臀部離座）第八、食物隨身帶（體力消耗大，隨時要喝水吃麵包）。第九、睡眠要充足（無蚊最重要）。第十、車友要互助（彼此照顧，交換經驗，互通有無）。這樣才可平安上路，快樂歸來。

蔣乂口誦侍臣贊，肅王補正唐碑文，誰能趕得上？賈逵耳聽熟六經，長孫紹遠背禮記，我就學不來！

五五　禰正平記性超強

資質穎慧，乃是上天恩賜。有人記憶力特強，異乎凡俗。今列舉多例，以供悅賞。唯限於篇幅，未述原文，但都注明來源，請予覆按。據《後漢書・文苑・禰衡傳》說：

（一）禰正平默抄碑文

三國時代禰衡（一七三—一九八）字正平。孔融贊他其才勝我十倍：「淑質貞亮，英才卓犖。目所一見，輒誦之口；耳所暫聞，不忘於心。」請看《三國演義》第廿三回禰正平擊鼓罵曹可證。禰衡與江夏太守黃祖的兒子黃射（音翼）友善。某次兩人出遊，見到一座刻有蔡邕（東漢文學大家）撰的碑文。回家後，黃射喜愛此文，悔恨沒有抄回。禰衡說：「我看過一遍，都還記得，但碑文有兩個字殘缺了。」他馬上默抄完成。黃射派人去碑前抄回，兩文對看，全都無錯，只是有兩字缺裂不明而已。

（二）賈逵耳聽熟六經

東漢賈逵（三〇—一〇一）五歲時，姊姊抱他到籬墻邊聽隔鄰私塾的誦書聲，賈逵靜聽入神，便每天去聽。到了十歲，六經都能背了。大姊問道：「我們家境不寬，又未請來塾師，你何以知曉三墳五典（三墳是夏商周三代之書，五典是五帝之典，也簡稱墳典）而且背得一字不漏？」賈逵道：「我自五歲起，每天聽鄰塾朗讀經書，我都聽熟了，至今未忘。」後來成爲經學家。事見王嘉《拾遺記》、李冗《獨異志》、《後漢書・賈逵傳》

（三）張安世默書三篋

漢代張安世（前？—前六二），張湯之子也。漢武帝行幸河東，嘗亡書三篋（遺失了三小箱書籍），詔問莫能知（問大家都説不出書籍的內容）。唯安世識之（只有安世記得），具作其事（都默寫出來）。後購求得書，相較無所遺失（兩相比較，沒有遺漏錯失）。帝奇其才，擢爲尙書令。請見《漢書・卷五十九・張湯傳》

（四）應奉十年不忘

東漢時代的應奉，字世叔，當他還是兒童時就十分聰敏。長大之後，以前所經歷的事，全都能夠清楚記得。讀書時，五行俱下，讀畢就能背誦。有一次，他去訪晤袁賀，袁賀沒有在家，但家中正在打造馬車，那個工匠把窗戶推開一半，露出半個臉面，瞧了瞧應奉。此後十年，應奉在路途中碰見了這位工匠，應奉全然記得，還問及當年造車的情形，足證他的記憶力特強。他的兒子應劭，因博學撰了《風俗通義》。請見范曄《後漢書・應奉傳》

（五）長孫紹遠背禮記

北魏時代的長孫紹遠，是鎮西將軍長孫冀歸之子，聰慧過人。十三歲時，王碩試以《禮記・月令》（六經中的一經）教他。紹遠讀了一遍，就背誦如流。請見唐・令狐德芬《周書・長孫紹遠傳》。又見清・王晫《今世說》附二・兒世說・強記。

（六）邢卲憶寫別人詩

東魏邢卲（四九六—？）詩文又好又快。有一次，他與陸道暉、裴伯茂、陽固、邢罘，同往王昕家談文過夜。六人晚上寫詩數十首，相互傳觀，夜半把這疊詩箋，都交給服侍茶水的書僮收管。第二天一早，書僮出外購物，這六人想要找出原詩覆閱修改，卻找不到。虧得邢卲，當場將每人每首詩都憑記憶抄寫出來。大家看得傻了眼。有人說：「我的詩不是這樣寫的，邢兄你抄錯了。」一會兒書僮返來，拿出詩稿，大家核對，竟然毫無錯漏。見唐・李延壽《北史》卷四十三・列傳第三。

（七）張巡隨口背漢書

唐代張巡（七〇九—七五九）看到于嵩正在讀《漢書》，問曰：「爲甚麼要讀這麼久？」於是就接著于嵩正在唸的句子，一個勁兒背下去，口若懸河，把整卷（一卷約等於一章）都背完了，一個字也沒錯。于嵩大驚，但心想張大人碰巧對漢書精熟罷了，因在架上亂抽其他經籍來試，張巡也都隨口背來，毫無滯礙。于嵩跟隨張巡很久，也不見他時常接觸書本。寫疏稟時，運筆如飛，不打草稿。張巡守睢陽抗安祿山，士兵逾萬人，城中住戶數萬家，他第一次問知姓名，就記住了，以後即直喊名字，沒有錯失。這是韓愈《韓昌黎文集・張中丞傳》記的。

（八）虞世南默列女傳

唐太宗命虞世南（五五八—六三八，與歐陽詢、褚遂良、薛稷並稱唐初四大書家）繕寫《列女傳》來裝置成爲屏風。當時未能找到列女傳的範本，虞世南就憑記憶書寫完成，竟然沒有一字錯謬，大家都感歎佩服。事見《舊唐書・卷七十二・列傳第二十二》。

（九）蔣乂背誦侍臣贊

唐代蔣乂（乂音藝），字德源。七歲時，誦《哀江南賦》（庾信撰，文情哀感，爲世傳誦），數遍而成誦在口。弱冠博通群籍。貞元九年，唐德宗登淩煙閣，見左壁剝落，文字殘缺，每行僅有三五字，以問宰臣，無以對，召來蔣乂，蔣說：這是「《侍臣圖贊》（唐太宗建閣，繪廿四功臣圖像，太宗作贊文，在西安），我都記得。」便在皇帝御前背出來，不漏一字。見《舊唐書・卷一百四十九・列傳第九十九》。

（十）王粲暗唸道邊碑

三國時代的王粲（一七七—二一七），某次與文友同行，讀道邊碑（看到路邊一塊石碑，隨興唸了一遍碑文），復前行，人問曰：「卿能闇誦乎（你可以默記背誦嗎）？」曰：「能。」因使背誦之，不失一字。事見《三國志・魏書・王粲傳》。

（十一）記曲娘子學新歌

唐代段安節《樂府雜錄・歌》書中所記：唐朝大曆年代（唐代宗年號）宮人張紅紅，她少時爲將軍韋青娶作姬妾，善於唱歌，又通曉音律。曾經隱身在屏風後面，聆聽前庭樂工們演奏的新歌曲。張紅紅默記著節拍，就能學著唱出來，節奏都合，一聲不誤。後來被唐敬宗召入「宜春院」（唐代皇宮歌妓所住的宮院），封爲才人，大家稱她爲「記曲娘子。」

（十二）肅王補正唐碑字

南宋陸游（一一二五—一二一〇）《老學庵筆記》「肅王篇」說：宋代沈元用，隨肅王出使北方虜邦，在燕山愍忠寺住宿，在寺中見一唐人碑，碑文刻的是四六對偶句駢體文，約三千個字。沈元用素來記憶力超強，也喜歡好文章，便將碑文朗讀了幾遍。肅王卻沒有正眼看碑，一面聽沈在背誦碑文，一面在徘徊踱步，似乎並未在意。回來後，沈元用想露一手記性敏銳，就取來紙筆將碑文追寫出來。記不得的字就空著，共空了十四個字，這番功夫應已算是十分難得了。沈既寫畢，肅王順便一看，隨手拿筆將那些空白處一一補上正確的字，更把抄錯的字改正了四五處。改完後，把筆擱下，續談其他話題，讓沈元用驚駭佩服不得了。

（十三）兒子睡時勝老子

清代王晫《今世說・捷悟》有「許彝千聽父讀書」事：許彝千又號許先甲，是許勉無的兒子。許勉無老爸讀書很勤，夜間仍不休息。許彝千已上床了，躺著還沒入睡，聽到老父反覆誦書。第二天一早，許彝千竟能把昨夜聽熟的書全都背誦出來，許父不禁歎道：「我兒睡覺時，竟然勝過我清醒之時！」

（十四）裴諏之十天讀遍一百冊

唐・李百藥《北齊書・裴諏之傳》：裴好學，嘗向宰相常景借書一百冊，十多天就還書。常景懷疑他不能讀，因在每種書中隨挑隨問，裴諏之應答全無遺漏。常景歎曰：「應奉五行俱下，禰衡一覽便記，今復見之於裴生矣。」

（十五）譚惟寅摸碑記字

明人李暉吉《龍文鞭影・二集・下卷》有「摸碑子欽」條：宋代譚惟寅，字子欽，紹興年間進士，讀書一覽不忘。嘗夜入衢州祥符寺，見一古碑，想要找蠟燭來照亮石碑閱看碑文，卻找不到。他就用手指摸觸碑面刻紋，解悉是甚麼字，一一記下來。第二天一早，將摸抄的文章和碑刻文句對照驗證，竟然不差一字，著實難得。他著有《四書本旨》《蛻齋講學》等書。此雖非關記性，但事頗罕見，故附錄之。

（十六）尾　聲

記憶超強的人還不少，《晉書・載記第十四・符堅下》說：「符融聰辯明慧，過目不忘。」《梁書・昭明太子傳》：「昭明太子讀書，數行並下，過目皆憶。」《宋史・文苑・劉恕傳》：「劉恕，少穎悟，過目成誦。」而近代錢鍾書，能口背《牡丹亭》，能背英詩及拉丁文詩，見本書第廿七篇。這都是常人難及的。以故南宋葉夢得《避暑雜話》有謂：「人之學問，皆可勉強，唯獨記性（即記憶力），各有分量。」我們倘若不如前人，或循「勤能補拙」來尋求彌縫之道可乎？

訪友忘食，得魚忘荃，丟棄竹楨；
在室忘坐，徙宅忘妻，未裝信箋。

五六　宋太宗忘心特快

前篇說的是記性超強，反面就是本篇忘心特快。忘有遺忘、易忘、旋忘、善忘、兩相忘、過眼忘、物我兼忘；也有假忘和眞忘。茲舉數例，以供警省：

（一）我也忘了

馮夢龍《增廣智囊補・卷上・上智・宋太宗》有「我也忘了」一事：北宋孔守正，隨宋太祖趙匡胤攻晉陽大勝，再征范陽，大潰遼兵，立功甚偉，封都虞侯，是北宋老臣。另有大臣王榮，具有神力，善射箭，號王硬弓，作戰屢建大功，宋太宗趙匡義任他爲行營都部署之職。

有一天，宋太宗召來孔王二位愛卿飲宴。孔王二人喝酒都過量了，在皇帝面前相互爭功，言詞劇烈，不成體統。侍臣們都認爲過分，建議交付刑部議處，但宋太宗不許。

第二天，孔王二人自知犯了大錯，在朝會殿上正式請罪。宋太宗宣示道：「昨天，我也大醉，究竟發生了甚麼事，我也忘了。已經過去的事，不必談，算了。」

本篇提醒我們，身爲高階長官的，遇到棘手的難題，就當運用智慧化解，使犯錯的，裁決的，和執法的都免傷害，這才是高招。檢討孔王二人，一位是前朝重臣，一位是本朝愛將，酒後亂性，難斷是非。若交付刑部查辦，似對大臣有欠關愛；若縱容不予追究，又對皇儀有所虧欠。辦既不妥，不辦也不好。唯有裝成沒有這回事，推說我也醉了。如今藉忘了二字，保全了大臣的顏面（他倆已經請罪），衛護了天子的尊嚴（御宴失控的無能），免掉了刑部的尷尬（罪罰寬嚴難定），四兩撥千斤，皆大歡喜。我們如遇類似情況，不妨學學宋太宗。

（二）老年病忘

《列子・周穆王》有「老年病忘」事：宋・陽里華子，老年病忘：朝取而夕忘（早上拿的東西，傍晚忘記了），夕與而朝忘（傍晚送人東西，隔天早上忘了），在塗則忘行（在路上走，忘了要去哪裡），在室則忘坐（在屋內忘記何處可坐）。魯有儒生自媒能治之（魯國有位讀書人自己推介能治此病）。試屛左右，獨與居室七日，積年之疾，一朝都除。我們看：清末民初的國畫大師齊白石說過：「老者、劫之餘也。」這一段是說人過中年後，忘心嚴重，不可犯上老人癡呆症。之前要預防它，之後要治好它。

（三）得魚忘荃

《莊子・外物》末段有「得魚忘荃」事：荃是香草，可以用作魚餌。捕到魚，就忘記了香草。也有人寫爲「得魚忘筌」，筌是捕魚的竹器。這是比喻事情成功後，就忘記了原來成功的工具。

（四）徙宅忘妻

《孔子家語・賢君》有「徙宅忘妻」事：魯哀公問於孔子曰：「寡人聞、忘之甚者，徙宅而忘其妻（我聽說：健忘最嚴重的人，搬家時，忘記要帶妻子一同搬走）。」這是說在做次要的事情時，反而忘了重要的事情，荒唐粗心到家了。

（五）忘裝信箋

《晉書・殷浩傳》有「覆信忘記裝信箋」事：晉代殷浩（？—三五六）任中軍將軍，征討姚襄大敗，廢爲平民。他每天用手指在空中寫「咄咄怪事」四字（咄咄書空，典出此處）。其後、桓溫想要他作尚書令，寄信告訴他。殷浩認爲機會大好，急寫覆函作答。卻因恐怕信函中會有謬誤，一再拆信複閱，又修改，又重寫，又封口，又拆閱，又封口，經過了十多次。最後竟然是一封空函，忘記裝入信箋。桓溫一看，大不高興，以爲他拒絕受命，自此就斷絕音訊了。這眞是不該有的忘忽。

（六）談話忘餐

《晉書・孫盛傳》有「忘餐」之事：孫盛是著作郎，曾經訪晤殷浩，兩人談經論文，到傍晚，竟然忘了用餐。這是說心中只想到自己喜歡的事，把其他的忘了。

（七）中獎丟槓

國父在《民族主義第三講》中，有「苦力中獎丟竹槓」事：從前有個苦力，靠一枝竹槓，在碼頭替人挑行李過活。他積了十多塊錢，買了一張呂宋彩票。那彩票無處可放，就只好藏在竹槓裡面。他把那彩票號碼記得牢牢的。開彩了，中了頭彩，可得十萬元。他喜上天，心想從此可以不做苦工，不再需要竹槓，馬上就是大富翁了。由於狂喜，就把竹槓丟入海中。可是、他忘了，那彩票仍藏在竹槓裡，這一「忘」把十萬元丟掉了。

十八元九毛，娼妓仍然囂囂；
兩間娚廁所，九龍杯要還我。（娚音喃，康熙字典有此字）

五七　周恩來智取總統夫人九龍杯

機敏過人的周恩來（一八九八—一九七六），江蘇淮安人。一九四九年起擔任中共國務院首任總理兼外交部長，因癌症逝世於北京，享年七十八歲。

他才華揚溢，反應快捷。美國前國務卿季辛吉（Henry Alfred Kissinger）說：「周的目光銳利，警覺自信，舉止優雅，氣度舒緩。」二次世界大戰中，美國外交官戴維斯（John Paton Davies）說：「周恩來是個非常靈活的人。」國共內戰時期，某位國民黨大老說：「共產黨並不是靠打仗贏得大陸，而是由於周恩來坐在談判桌的另一邊。」今略舉幾例，來證明他的機智：

周恩來於 1973 年會晤美國國務卿季辛吉

（一）、中共建國，一直到改革開放之前，官方常以國家既無內債又無外債而自豪，這是舉世所罕見的事。但西方人卻不太相信。有一次，一位西方記者問周總理：「中國究竟有多少錢？」

多少錢？指國家的總儲備？指人民的總存款？身爲總理，必然知道。但他沒有提及這些，而是不假思索地直接回答說「十八元八角八分。」這是甚麼錢數？何所據而來？仔細一想，原來當時流行的人民幣各種面值爲十元、五元、二元、一元、五角、二角、一角、五分、二分、一分，共十種，相加合計爲十八元八角八分錢。在場的記者們明白過來後，大家一齊歡笑，但周總理未笑。

（二）、中共那時貧窮落後，衛生條件很差，廁所既髒又少，大爲西方人所垢病。某次，有位記者提問：「中國有多少間廁所？」

這個問題，粗鄙而欠禮貌，大可反問一句：「請問貴國有多少間廁所？」但還擊會製造尷尬，非大人物所當爲。周總理氣定神閒，清楚地說「兩間。」記者一時之間還不能了解，他補了一句：「一間是男廁所，另一間是女廁所。」逗得記者群大笑哄堂。

（三）、文化大革命之前，約有二十多年之間，大陸上娼妓完全絕跡，但西方人不盡相信，某國記者尤其懷疑，想測驗周總理的虛實，問道：「中國有妓女嗎？」那知周總理立即回答說「有。」記者精神一振，以爲挖到了獨家消息，忙問在哪裡？更想不到周總理卻說：「在台灣。」

（四）、一九七〇年代之初，有某國元首偕夫人訪華，國務院擺開國宴款待，席間使用國寶級的九龍杯飲酒。斟滿酒時，可以看到酒中映著杯底的精緻雕刻現出九條小龍在蠕蠕浮動，栩栩如生，那元首夫人看得入神，愛到極點，喝了一杯又一杯，國宴將完畢時，她仗著八分酒意，順手把九龍杯收進隨身的手提包裡。

這個竊杯動作，隨侍的服務員全看到了，心頭好急，直接索還嗎？有傷外交關係；不要嗎？自己賠不起，還需受重罰 最後一著，只有向周總理報告。周恩來當即指示：飯後

中國人民銀行宣示：從 2007.4.1 起，5 分、2 分、1 分紙幣停用。

緊接著有一場招待元首夫婦及訪問團的綜合晚會表演，在節目中臨時添加一項魔術來愉賓。

當晚會接近尾聲，魔術師登場了，他表演了一些特技，大家都很欣賞，最後他左手拿著一隻九龍酒杯，右手裡捏著一塊絲巾手帕，玄弄一番後，向觀衆說，這隻酒杯，一會兒我會讓它飛到你們觀衆懷裡去。說著就用手帕把酒杯包起來，扭動幾圈，然後向手帕上吹一口氣，再將手帕攤開看時，酒杯已不見了。

魔術師請問觀衆：「大家可知道這九龍杯飛到哪裡去了嗎？」觀衆紛紛在觀望，趁大家凝神注意的歡樂時刻，他接著說：「讓我告訴你們吧，前排××總統夫人很幸運，那吉祥如意的九龍杯已經飛進她的手提包裡去啦！請尊貴的夫人打開手提包看看是不是？」就這樣，九龍杯回來了。

作者 2007.9.25 農曆中秋節
攝於天津市周恩來紀念館

這都是周恩來的機智，他對許多刁難問題，常能妙言化解，我們何妨參學。至於巧計收回酒杯，未損雙方顏面，確是高招。歷史上尚有類似的故事。宋徽宗且把金杯賞賜給竊杯女子了。溫馨而有人情味，請看下篇。

婦人竊金盞，反得賞賜；
貴客偷金杯，不便搜求。

五八　宋徽宗寵賜金陵女子御金盞

宋代有位隱名人，寫了一部《宣和遺事》，分元亨利貞四集，（宣和是宋徽宗的年號）。其中亨集宣和六年，有「竊金杯」一事，原文甚長，今只語譯介紹：

宋徽宗（一〇八二——一一三五）精詩書畫，喜歡享樂。宣和六年正月十五，頒下聖旨，歡慶元宵節，京城裡大賞花燈，與萬民同樂。而且公告當夜在皇城端門之前，皇帝賜飲御酒，讓看燈的百姓，品嚐皇宮美釀，一人一杯。只見男女老少，摩肩接踵，都來看燈飲酒，好一片昇平景象。

有個少婦，喝完御賜美酒之後，偷偷將金杯揣入懷中，被光祿寺（專管皇帝膳食飲宴

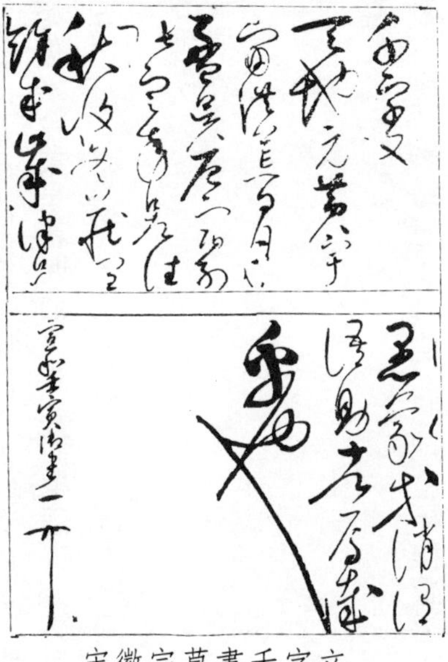

宋徽宗草書千字文

的機構）的執事官拏住了，將竊金杯之事奏報宋徽宗。皇帝垂問竊杯原由，少婦奏道：「賤妾同丈夫一路看燈，在鰲山下因人擠人與丈夫相失。今蒙皇帝賜酒，賤妾面帶酒容，又未與夫同歸，爲怕公婆責怪，故拿取金杯作爲憑證。」又稟道：「臣妾有《鷓鴣天》詞一闋，奏釋原因。詞曰：

「月滿蓬壺粲爛燈，與郎攜手至端門。
貪看鶴降笙歌舉，不覺鴛鴦失了群。
天漸曉，感皇恩，傳杯賜酒臉生春。
歸家恐受公婆責，留取金杯作照憑。」

宋徽宗也是詩詞高手，聽到這婦人訴求，歡喜她才華敏慧，就想要賜她金杯作憑證。但有那教坊大使曹元寵奏道：「婦人這首詞，或恐是她丈夫事先做好，來誑騙陛下金杯的。必須當場出題面試才算。」

宋徽宗准奏。婦人請命題。就以「金盞（盞就是酒杯，如言把盞，便是舉杯敬酒）」爲題，以《念奴嬌》爲調。少婦口占（由口唸出不用筆寫叫口占）曰：

「桂魄澄輝，禁城內，萬盞花燈羅列。
無限佳人穿繡徑，幾多妖豔奇絕。
鳳燭交光，銀燈相射，奏簫韶初歇。
鳴梢響處，萬民瞻仰宮闕。

妾自閨門給假，與夫攜手，共賞元宵節。
誤到玉皇金殿砌，賜酒金杯滿設。
量窄從來，紅凝粉面，尊見無憑說。
假王金盞，免公婆責罰臣妾。」

宋徽宗聽了此詞，大為高興，就把金杯賞賜給她了，但宣示後人不許援例。這椿偷竊皇室御用金盞案，就因這兩首詞兒，逢凶化吉，不但無罪，反而得賞，以喜劇收場。可見有文學素養的人，平日早有儲積，遇到機會來時，就令人刮目相看。然則隨時充實自己，並非白費也。

此外、尚有金杯不見了，女主人卻謊說仍在，寓意又高了一層。請閱明代鄭瑄《昨非庵日纂·汪度第十·橙墩》所述：

明代有位橙墩，極喜歡招醮賓友；寵妾蘇氏，也善於持家待客。某一天，家中大宴高朋，歡樂中一個金質酒杯不見了。僕人們一面在廳堂中四方尋找，一面在口中不斷嘮叨，好久仍是找不到。

這時，小太太蘇氏在內堂門口大聲說道：「金杯在屋裡，已經收起來了，不要再費神找了。」

宴會完畢，衆多賓客離去後，蘇氏才向橙墩解釋說：「金杯其實眞的丟失了，搜尋了半天也不知是誰偷了去。你平日如此好客，豪俠有似孟嘗君，豈可為了一只酒杯，讓這群貴客高賓，人人不爽，都惹上偷杯的嫌疑嗎？這豈是善待客人之道？倘若鬧出了搜獲眞贓的尷尬場面，將來如何再好相見？我看這樁小事，何不算了就好？」

橙墩極爲佩服她的高明識見。原文不長，讀者不妨兩相比照：

「國朝（稱本朝爲國朝，這裡指的是明朝）橙墩好客。有愛妾蘇氏，善持家。一日讌客，失金杯。諸僕嘖嘖四覓。蘇氏誑之曰：金杯已收在內，不須尋矣。及客散，蘇氏對橙墩曰：杯實失去，尋亦不得。公平日好客任俠，豈可以一杯故，令名流不歡乎？橙墩善其言。」

貴重金杯不見了，在場的賓客人人都成了嫌疑犯。搜身嗎？豈不當場施辱？即令能搜，搜出來如何處置？搜完了仍未找到又如何善後？都是難題。不如免究，最是高明。我們可能也遇到類似的情由，請閱此篇，以爲參酌。

讀者諸君子倘如覺得本書尚有可取之處，何妨選取若干故事，譯爲英、德、日、韓、或阿拉伯文，將中華文化推廣傳揚，這也是「楚弓」不必僅是「楚得」之微意也。

例如本書名爲《多看故事多增智》，英文可譯爲《Stories for Wisdom》，日文則可譯爲《物語をよく読むと智慧も増加する》、德文可譯爲《Weisheit durch Geschichten》、韓文就可譯爲《지혜를 키워 주는 이야기》、波斯文爲《[illegible]》、蒙古文爲《[illegible]》、西班牙文爲《Lea más historias, gane más sabiduría》、滿文便是《[illegible]》，將會大增身價。

有錯若不悔改，
無處可以容身。

五九　難改噪喉，梟鳥想要遠徙

月支國（昔時西域國名）優婆塞（梵語 Upasaka 的音譯，指未出家而信佛的男士）支謙（人名）翻譯《佛說長者音悅經》爲漢文，其中有一篇說：

「有鳥名梟，來在宮上。看見鸚䳇，獨得優寵。即問鸚䳇：何緣致此？鸚䳇答言：我鳴殊好，國王歡欣，常在左右，瓔珞我身。禿梟聞言，當即動念：我亦能鳴，聲殊於卿，國王也會，愛寵我身。王時剛臥，梟即高鳴，國王驚覺，乃問群臣：此爲何鳥，畏怖我心？侍者白言：梟鳥惡聲。國王恚曰：即予擒捉。捕來與我，王令左右，拔其毛羽。梟身大痛，蹌步歸去。眾鳥啓問：何緣如此？禿梟瞋恚，不責己惡，答眾鳥曰：鸚䳇害我，故得此患。」

佛經文詞略有艱澀，爲求暢易，語譯如下：

「貓頭鷹飛到宮中，見鸚䳇受到寵愛，問是何故？鸚䳇答道：我的鳴聲悅耳，國王歡喜，還用珠玉綴成頸鍊打扮我。禿梟心生妒忌，想道：我也能叫，不比她差，國王也會愛我的。這時國王剛睡，梟就大聲噪叫，把國王吵醒，問道：這是甚麼怪聲，好不恐怖。侍者答說：是惡聲嚎叫的禿梟。國王怒道：馬上去抓來我看。一會兒，捕到了。國王下令：此鳥聲惡，著即拔掉羽毛。貓頭鷹痛得要命，亂步回到野外，群鳥問它爲何這等模樣？貓頭鷹不反省自己，惱怒地說：都是那壞鳥鸚鵡不好，害我得此禍患。」

這個梟鳥典故，無獨有偶，在漢代劉向（西元前七七—前六）所撰《說苑・卷十六・談叢》中也有個「梟將東徙」故事，甚爲簡潔雅馴，可讀性高，勝過只是平舖直敘的佛經多矣。不宜錯過，請一併閱讀比較：

「梟逢鳩。鳩曰：子將安之？梟曰：我將東徙。鳩曰：何故？梟曰：鄉人皆惡我鳴，以故東徙。鳩曰：子能更鳴，可矣。不能更鳴，東徙猶惡子之聲。」

梟圖

這段短文，活潑生動，扼要且傳神。好文章要讓大家共賞，也請看下面的白話譯文。爲求盡意，不免稍有增長一點：

「貓頭鷹在長途飛行時，遇見班鳩。班鳩問：『你要飛去哪裡？』貓頭鷹答：『我要搬家到遙遠的東方去住。』鳩問：『爲甚麼？』貓頭鷹說：『這一帶的人，都討厭我兇惡的噪叫聲，所以我要搬走。』鳩說：『如果你能改掉那悽啞哀厲令人嫌厭的叫聲，你搬不搬家，和打算搬往任何地方都會受到歡迎的。如果你不能改變你那嚎叫的啼聲，即使搬去遙遠的東方，人們還是會討厭你的呀』！」

本篇文字雖短，寓意則長，故事雖小，可以見大。要言之：自己有缺點，既不三省吾身，改正缺失，卻只怪別人不淑，只怪環境不好，只指責對方有成見，只埋怨大家不了解；把錯誤都算在人家的帳上，甚至還妒忌別人的優點，今時犯這宗毛病的人可多了。最後抵擋不住或推諉不開時，就設法逃避，但逃避得了嗎？遠走高飛就讓難題消失了嗎？都沒有嘛。如今世界形成了「地球村」，天涯若比鄰，人際關係更加複雜化了。任性的國人流行的口頭禪是：「只要我喜歡，有甚麼不可以？」殊不知，沒有從根源處改掉自己的壞行爲，即令走遍天下，仍然是個不受歡迎的討人厭惡者。

段君入獄半年，極為怨苦；
鸚鵡蹲籠更久，哪會寧安？

六〇 不能展翅，鸚鵡獲得放飛

北宋李昌齡，字天錫，曾任官右拾遺，撰《樂善錄》，其中一篇敘說：

「富商有段姓者，養一鸚鵡（鸚鵡舌根發達，且有鳴肌三對，故能學習講話），甚慧，能誦詩詞及梵本心經。段將它關入雕籠，加意豢養。北宋神宗熙寧六年，段忽繫獄（段君犯案，關在牢獄中）。及歸，問鸚鵡曰：『我半年在獄，極爲怨苦（在監牢中十分悽怨悲苦），汝在家餵飼以時否（你是否按時餵食）？』鸚鵡曰：『君半年在獄，早即甚感不堪（早就十分感到難受）。我鸚哥長久籠關，豈亦不生怨恨乎（我關了這麼長久，難道不生怨恨嗎）？』段大感悟，即日放之。」

這個故事，又見於清・允祿《子史精華・卷一百三十五・動植部一・鳥》部。雖然它的眞實性有疑（鸚鵡哪有可能爲了關在籠中而抱怨不自由）？但可證明一點：即自由高於一切。看白居易「苦

鸚鵡圖

熱詩」句曰：「始慚當此日，得作自由身。」就是欣然於自由之可貴了。所謂自由，就是我自己的行事，不受別人的干擾和拘束，推而言之，也不要去干擾拘束別人。鳥兒關在籠中，供我專賞，對鳥來說乃是失去了自由。開籠放雀，就是還它自由。既能如此對待鳥兒，那末對待其他人們，就更應守此信條吧。

鸚鵡還有個別號叫「綠衣使者」，這乃是皇帝賜封的，其故爲何？依王仁裕《開元天寶遺事．鸚鵡告事》所記說：

「唐代長安居民楊崇義，他的妻子劉氏與鄰人李弇通姦，謀殺了楊崇義，將屍體埋在井裡。劉氏宣稱丈夫失蹤了，向官衙備案。縣官到楊家訪察，楊家廳堂架上鸚鵡叫道：『殺我主人者，鄰家李弇也。』案情由此偵破。唐玄宗知悉了，因見鸚鵡背多綠羽，乃封之爲綠衣使者。」

這是鸚鵡仗義護主。姑不論其眞實性如何，讀來會覺得正氣仍在人間。

我本熟英語，公務交談拒英語；
我是中國人，正式場所説中文。

六一　石瑛市長拒英語

籍隸湖北陽新縣的石瑛（一八七九—一九四三），被香港中國日報主筆馮自由（一八八一—一九五八，字建華，曾任國府委員）譽他爲民國以來第一位清官。一九〇三年石瑛廿四歲，考取舉人。第二年，考取湖廣總督張之洞舉辦的官費留學考試，到比利時、法國進修，又入英國倫敦大學（London University）習鐵道工程，與吳稚暉爲友。民國成立，回到南京，國父任他爲總統府秘書，後又派他爲全國禁煙（鴉片）總辦。民國二年當選國會議員，翌年再赴英國伯明罕大學（Birmingham University）修習採礦，學費多賴打工收入，歷時九年，獲得博士學位。民十二年回國，蔡元培聘他爲北大教授，後任武昌高等師範大學校長。民國廿一年，奉命爲南京市長。以上各節，係摘述自史學家吳相湘《民國百人傳》第二冊第五篇「石瑛」傳。

又據文學家賴景瑚《煙雲鑑往錄》及近代中國出版社《軼聞錄》「石瑛不講英語」條敘説：

石瑛回國後，於民國二十一年，擔任南京市長。英國總領事布朗（Brown）有一天因事到市政府見他，一開口當然說的是英語，石瑛用中文回答。英國總領事先說不懂，繼又說知道石市長留學英國第一流大學，說英語乃是家常便飯。

石市長駁斥說道：「你和中國政府交涉，就應該會說中國話。如果你不會，下次請帶翻譯來。」弄得那位英國總領事布朗進退兩難。最後只得請來我國外交部某主管來作調解人，才得和石市長辦完交涉收場。

從此之後，南京的英商，不敢再和市政府刁難，乖乖地遵守中國的法令了。

綜觀石瑛一生，以耿直清廉著稱。留學倫敦時，補習英語三月就能會話，他在歐洲學習十多年，與若干歸國學人只知醉心西方物質享受者絕然不同，就任市長前後，衣履樸素，有「布衣市長」之號，他不崇洋，堅守國格，值得敬佩。

民初第一清官—石瑛。

無獨有偶，前北京大學校長蔡元培也拒說英語。依曉恬《當代名人故事》所記如下：

蔡元培（一八六七—一九四〇）字鶴卿，又字孑民，清壬辰進士，留學德、法、英，學貫中西，為教育界宗師。民國成立，他擔任首屆教育總長，嗣任國立北京大學校長，中央研究院院長，有《蔡元培全集》行世。

蔡元培任北大校長時，特別指示：校務會議中，一律改用國語發言。此舉引起了外國教授們的反對，他們用英語抗議說：「我們不懂中國話。」

蔡校長回答反問道：「假如我在貴國教書，可不可以因爲我是中國人，開會時你們就改說中國話？」諸洋教授啞口無言。

從這次起，北大任何會議，一律用中國話發言，不再使用英語了。

以上兩位賢者，爲堅持原則，在正規或尊嚴場所拒說英語，令人欽服。申言之，這已是七十多年以前的事了，但時至今日，在國際間的溝通上，英語也已成爲世界語言，如不懂英語，可能受到局限。但我們不可忘本，譏評中文太難，以致有人還倡言「中文拉丁化」，要廢棄方塊漢字，而用蝌蚪字母來代替。假如用「shih shih shih shih shih shih, shih shih, …… shih shih shih shih 。」來代替「石室詩士施氏，嗜獅。……試釋是事。」這原是我國語言學家趙元任《施氏食獅史》的妙文，拉丁化後誰能懂得（請閱拙撰《文海拾貝》第二十三篇「十獅是石屍」一文）？這是中華文化的罪人，應予堅決反對。須知中文是表意文字，英文是表音文字，中文之美，無可比擬。而且由於中國日益強大，目前全世界正掀起學習中文漢語的熱潮，行見將來中文漢語也同是一種世界語言。筆者藉本篇來作彰顯，請大家賜予珍視吧！

三十六天罡，忠義堂前替天行道
七十二地煞，斷金亭下忠信雙全

六二 宋江罪犯寫反詩

元末明初施耐庵撰《水滸傳》（另一說爲羅貫中撰，又一說爲施撰羅續），被譽爲古典小說四大奇書之一。該書第二十一回「宋江怒殺閻婆惜」起，就敘說：

「話說宋江殺了賤女人閻婆惜，判刑刺配江州（刺是在臉上刺字，配是罰往遠地勞役），分派到抄事房做個抄事暫且服役。有一天，他去尋訪神行太保戴宗不遇，路過潯陽樓，只見前門兩邊柱上，刻著「世間無比酒，天下有名樓」聯對。他入樓獨酌，仗著酒醉，在墻上題了《西江月》詞一首：

自幼曾攻經史，長成亦有權謀；恰如猛虎臥荒邱，潛伏爪牙忍受。
不幸刺文雙頰，那堪配在江州；他年若得報冤讎，血洗潯陽江口。

因酒轉狂，不能自己，又續寫了絕詩四句：

心在山東身在吳，飄蓬江海漫嗟吁；他時若遂凌雲志，敢笑黃巢不丈夫。

這是反詩（敢笑黃巢，好大的口氣）被江州府尹抓來判斬，行刑之日，卻由晁蓋這夥好漢殺了劊子手，劫了法場，犯下更大罪過。宋江不得不逼上梁山落草。其後第七十一回「梁山泊英雄排坐」宋江又說：

「我自從鬧了江州，上山之後，立我爲頭，今共有一百單八頭領，心中甚喜。今後當忠義存心，替天行道。」

各位看官：這山東鄆城及時雨呼保義宋江，字公明，聚兄弟於梁山，結英雄於水泊。上符天罡地煞，一百零八（有人說是一百零八個俠盜，或謂是一〇八個羅賓漢的中國版）。上符天數，下合地文。橫行河朔，轉掠十郡，官軍都莫可奈何，是這本小說演義的精彩之處。

我們若查考宋江行跡，在史書裡確有其人：

《宋史・徽宗本紀・宣和三年》：「淮南之盜宋江等人，犯淮陽軍，遣將追討。又犯河北，命張叔夜招降之。」

《宋史・卷三百五十一・侯蒙傳》：「宋江橫行齊魏，無敢抗者。」

《宋史・卷三百五十三・張叔夜傳》：「宋江起河朔，官軍莫敢攖其鋒。」

此外、羅燁《醉翁談錄》、隱名作者《宣和遺事》及周密《癸辛雜識續集》諸書中，都有宋江等人的記敘。

現今流行的《水滸傳》，原名《忠義水滸傳》，是將若干獨立的話本匯合而成（清初又有《水滸後傳》問世）。它反映了宋代社會的亂象和不平，所以這部小說長期受到廣大讀者的喜愛。

當那個時代，治安不靖，貪官橫行，迫使人民反抗政府，而不得不投奔梁山。至今凡遇絕境而走投無路，以致做出不應該做的事，便叫「逼上梁山」，就是脫胎於此書。雖是閒書，但為增進視野，仍不妨少看幾次電視肥皂劇，將此書抽暇一讀，保證可以增智。

補敘一段，談到反詩，要以清代發生最多，查究也最嚴酷。例如胡中藻寫的「一把心腸論濁清」（清字暗喻清朝）。徐述夔「大明天子重相見，且把壺兒擱半邊」（大明指明朝，壺兒指滿清是胡兒）。蔡顯「奪朱非正色，異種也稱王」（朱指明朝朱姓天下，異種指滿族非漢人）。還有「清風不識字，何必亂翻書」（清暗指滿清）。都認定是反詩，作者皆喪命，史學家認為羅織得太過分了。

《明史·流寇·張獻忠傳》說：張嗜殺，建了個「七殺碑」在成都，刻詩曰：

「天生萬物以養人，人無一德以報天，殺殺殺殺殺殺殺！」

這也近似反詩，是反對所有世人。認為人人都對天理有虧，該殺！但殺光人類，豈非只剩禽獸世界？殺人者又保有何德？難怪張獻忠終於被誅殺了。

程顥「心中無妓」，確是高人一等，程頤「座中有妓」，似乎略遜半籌。

六三　程夫子有膽喝花酒

宋儒研究學問，以義理爲主，故叫理學，又因兼談性命，也叫性理學，又稱宋學，以別於治經專重訓詁的漢學而言。《宋史》有《道學傳》，所以又稱道學。

宋代「道學先生」的代表人物是程顥程頤兩兄弟。《道學傳・張載》且有「比見二程，吾所弗及」之語。

哥哥程顥（一〇三二—一〇八五）曾向宋神宗講正心窒欲的重要，稱爲「明道先生」。弟弟程頤（一〇三三—一一〇七）則爲宋哲宗講要以聖人爲師，世稱「伊川先生」。

由此看來，二程夫子一定都是端莊嚴肅，遵守《論語顏淵》「非禮勿視，非禮勿聽，非禮勿言，非禮勿動」的教條的吧？這也不盡然，且聽筆者摘譯諸家所記娓娓道來：

有一次，他倆同時應邀參加一場宴會，那知席間竟有美妓出場陪酒。依《大辭典・花部》解釋：「俗稱妓女爲花，酒會中有妓佐酒的稱爲花酒。呂巖《敲爻歌》有句曰：『只因花酒誤長生，飲酒帶花神鬼哭』。」這場宴會可算是吃花酒之會。

弟弟程頤，覺得這樣不成體統，就拂袖而起，提前回家了。哥哥程顥，卻認為並無所謂，留了下來，直到盡歡席終才散。

隔天，兩人同在書房看書。弟弟還記掛著昨天美妓之事，臉上仍有不豫之色。哥哥明道先生程顥特為解釋說：「昨天，在宴會上，座中雖有妓，但我心中沒有妓（不會沾惹我）。今天，在書齋中，屋裡沒有妓，但你心中卻有妓（仍舊纏著你）。昨日這番遭遇，等於是給我倆一場考驗。你為甚麼到今天還不能夠看破和放開呢？」

弟弟伊川先生程頤聽罷，驀然一驚。才知道自己的定力修為，確實還比不上老哥明道先生程顥的豁達，暗中叫聲慚愧。

請見明・鄭瑄《昨非庵日纂・汪度・第十四條》原文：

「兩程夫子赴宴，有妓佐觴。伊川拂衣起，明道盡歡而罷。次日，伊川慍猶未解。明道曰：昨日座中有妓，吾心中卻無妓。今日齋中無妓，汝心中卻有妓。伊川自謂不及。」

程顥圖（三才圖會）

程頤圖（三才圖會）

又明代曹臣《舌華錄・慧語第一》也有這事：

「明道伊川兄弟同赴一席。頤（程頤伊川先生）見座中有妓，即拂衣去。獨明道（程顥明道先生）與飲盡歡。明日，明道過伊川齋，伊川猶有怒色。明道笑曰：昨日本有，心上卻無。今日本無，心上卻有。」

程夫子昆仲二人，論學問道德文章，兩者都相差不了多少。但從本篇來看，弟弟胸中的境界，似乎不如哥哥，還待升華超脫。請參閱《禮記・曲禮上》說：「敖（傲慢）不可長，欲不可從，志不可滿，樂不可及。」回頭再看《舌華錄》原文最後四句，每句之末都減省了一個「妓」字，隱去了這個「主詞」，其運筆行文，更臻高妙。

無計送新簾，不敢獻懷銀；
人皆因祿富，我獨以官貧。

六四　劉大人無計送門簾

隋代王通《文中子・王道》篇中說：「廉者常樂無求，貪者常慮不足。」遠古的話，至今仍然沒錯。大凡清廉的人，常因知足而快樂，貪婪的人，常恐匱乏而惶憂。請看：

宋朝左丞相李廙（讀音異），品德清高，廉潔自持。他的胞妹，嫁給劉晏爲妻室。（宋代劉晏字平甫，與唐代劉晏字士安非一人）。其時劉晏權勢正隆，有一次到李廙家中造訪，延請到臥室裡談話。劉晏見那門簾子破舊得很，就請下人偷偷量出長寬尺碼，用上等材料製成新竹簾，四周綴上花邊，包裝起來，要送給李廙。三次攜到李家，都因沒有充足的藉口與理由來解釋爲何要送門簾，竟不敢開口提及，每次都原物攜回去。

宋代另有一位陳無己，個性清廉耿介。中書侍郎傅堯俞（《宋史・卷三四一》有傳堯俞傳），也是正直敦厚，司馬光曾經稱贊傅堯俞兼有清直勇三德，極是難得。傅堯俞和陳無己友好，見陳的景況貧窮，起了同情心，身上帶著大包銀錢想奉送給他。兩人坐下交談，陳無己言詞間常強調君子不苟取不苟得爲美德，傅堯俞竟然不敢獻出銀錢而相機辭出。

唐朝著名宰相房玄齡，與杜如晦輔佐唐太宗定天下，留有「房謀杜斷」之美譽（房長於謀略，杜善於判斷）。房玄齡的父親房彥謙，爲人方正廉儉。居家時，常對兒子姪兒們講些勉勵的話。他做官所得的薪俸，都用來周濟親友，家中沒有多餘的財產。他有次從容地對兒子房玄齡說：「人皆因祿富，我獨以官貧。所遺子孫，在於清白也。」有識之士聽了，都以胸懷博大，思慮高遠贊佩他。

戰國時代有位公儀休，在魯穆公朝中任宰相，客人送他一尾鮮魚，公儀休不肯收受。客人說：「你喜歡吃魚，我才送你魚，何故不受？」公儀休答道：「因爲我喜歡魚，所以不敢受魚。今天我是宰相，自己有錢買魚。倘若因無故受魚而致免職了，誰還會再送我魚呢？到那時我哪會有錢再買魚呢？所以還是現在不受的好。」

以上引述多則故事，各有所據，並非杜撰。今列敘原文，並注明出處如下：

「左丞相李廙，有清德。其妹劉晏妻也。晏方秉權，嘗造廙，延至寢室。見其門簾甚敝，迺令人潛度廣狹，以鹿竹織成，加緣飾，將以贈廙。三攜至門，不敢發言而去。」（明・鄭瑄《昨非庵曰纂・冰操》）

「房彥謙居家，每子姪定省，常爲講說督勉之。居官所得俸祿，皆以周卹親友。家無餘財，怡然自得。嘗從容謂其子房玄齡曰：『人皆因祿富，我獨以官貧；所遺子孫，在於清白耳。』有識者咸以遠大許之。」（《隋書・卷六十六・房彥謙傳》）

「公儀休，爲魯相。客有遺相魚者，相不受。客曰：聞君嗜魚，而遺君魚。何故不受也？相曰：以嗜魚，故不受也。今爲相，能自給魚。若受魚而免，誰復給我魚者？吾故不受也。」（《史記・卷一一九・循吏列傳第五十九》）

「昔者，有餽魚於鄭相者，鄭相不受。或謂鄭相曰：子嗜魚，何故不受？對曰：吾以嗜魚，故不受魚。受魚失祿，無以食魚。不受得祿，終身食魚。」（漢・劉向《新序》卷七・節士第七。此文是說鄭國宰相）

「公孫儀相魯而嗜魚，一國爭買魚獻之，公孫儀不受。其弟諫曰：夫子嗜魚而不受者，何也？對曰：夫惟嗜魚，故不受也。夫既受魚，必有下人之色，將枉於法。枉於法，則免於相。免於相，雖嗜魚其誰給之？無受魚而不免於相，雖不受魚，能長自給魚。此明夫恃人不如自恃也。」（明・馮夢龍《增廣智囊補》卷上・上智。又見《淮南子》道應訓。此文是說公孫儀）

說到這裡，容筆者再補充相類似的一則精短故事：

「漢・羊續，官廬江太守，清介自持。府丞嘗餽生魚，續受而懸之（接受了，但只是懸掛著）。後復進，羊續出前魚示之（羊續指前次的魚還在），以杜其意（來阻絕他的送魚心意）。」（見明・蕭良友《龍文鞭影》初集・卷下「懸魚羊續」條）

對義利之辨，孟子的話說得最清楚了。《孟子萬章上》有云：「非其義也，一介不以取諸人。」要不要收受禮物，不是薄不薄，而是該不該。在辭受取予之間，最好請參效先賢諸種事例來作判定。

嫁女靠嫁妝，貌必醜，請閱《韓詩外傳》當鏡鑑；賢后憑賢德，國乃治，試觀《新序雜事》作證明。

六五　屠牛吐測知齊君女兒容貌醜

唐人房玄齡《晉書・潘岳傳》謂：西晉潘岳（二四七—三〇〇）姿儀俊美，長於文辭，做過黃門侍郎，有《潘黃門集》。年少時，常乘坐馬車，在洛陽道上往來，女人喜歡他，都向他投擲果子，甚至丟滿一車，這便是「擲果盈車」的佳遇。可是另有一位張載，生得醜陋，經過街坊時，小孩子都討厭他，向他投擲瓦片小石，這是貌醜之人不受歡迎。所以春秋・晉・程本《子華子》評論說：

「今有美麗姣好之人，人之所同悅也（貌美的人，大家都喜歡他）。然而蒙之以倛首（倛首是古時爲驅趕厲鬼而蒙在頭臉上的兇惡熊皮面具），則見之者棄之而去。」

外貌美醜，對別人的影響力，何其大也。今且引漢代韓嬰《韓詩外傳》一事作證：

「齊王厚送女，欲妻屠牛吐，屠牛吐辭以疾。其友曰：子終死腥臭之肆而已乎？何爲辭之？吐應之曰：其女醜。其友曰：子何以知之？吐曰：以吾屠知之。其友曰：何謂也？吐曰：吾肉善，如量而去，苦少耳。吾肉不善，雖以吾附益之，尚猶賈不售。今厚送子，子醜故耳。其友後見之，果醜。」

文言相當艱澀，因且語譯：

春秋時代，齊國君王備辦了極爲豐厚的嫁妝，爲女兒陪嫁，想要把她嫁給屠牛吐（屠牛是說以殺牛爲職業的人，名字叫吐）做妻子。屠牛吐假說身體有病，不宜結婚，推辭掉了。

他的朋友問道：「你想老死在這又腥又臭的殺牛賣肉的小舖裡嗎？齊國君王允把親生女兒許配你，爲甚麼要推掉這樁美事呢？」

屠牛吐回應道：「我想齊君的女兒，一定生得很醜。」

朋友說：「你沒見過，怎麼知道？」

屠牛吐答道：「憑我屠牛賣肉的經驗就知道了。」

朋友再問：「這與你賣肉有甚麼關連呢？」

屠牛吐解釋道：「我若賣的是好肉，用平常準備的份量來賣，還耽心量少不夠賣呢。我若賣的是壞肉，即使我免費多送內臟，想便宜賣掉，卻總是賣不出去。如今齊君備辦了豐厚的嫁妝來嫁女兒，想順利出嫁，我推測那女兒一定長得很醜。」

不久，他的朋友有機會看到了齊君的女兒，果然長得醜陋。

這事又見於唐人徐堅《初學記》卷第十九、醜人第三。

但凡事都有光明的一面。請看漢代劉向《新序・卷二、雜事第二・末篇》所述：

屠牛吐示意像

「齊有婦人，極醜，號曰無鹽女（即鍾離春，請參看劉向《列女傳》鍾離春條），臼頭深目，肥項少髮（頭頂凹，眼球陷，頸粗，髮稀）。行年三十，尚未嫁人。見齊宣王曰：大王之國也，社稷不定，一殆也（西有秦國之患，南與楚國結仇）。萬民疲憊，二殆也。邪僞在朝，三殆也。日夜嗜酒，四殆也。齊宣王悟，立無鹽爲王后，而國大安，醜女之力也。」

齊王醜女示意像

貌雖不揚，卻有高才盛德，令人佩服。《史記・仲尼弟子傳》也說：「以貌取人，失之子羽」，應知內在美比外在美重要。娶來美女，如果是蛇蝎存心，並非幸福。不如德慧內藏，才是賢助。

說一句暗語，便猜中正妻是哪位，送十對耳環，就推知愛妾係何人。

六六　司馬吞猜中趙王正妻身分高

五代南唐趙王李德誠，駐地在江西省。當地有個老年的大相士，姓名不詳，姑且稱他為司馬吞好了。他自誇只要經他一看，別人的貴賤，立即可知，名聲很響。趙王要測試一下，乃集合女婢數人，與他的夫人滕國君，一齊穿戴著同樣款式的服飾，排立在堂前，請相士分辨，誰是我夫人滕國君？

相士司馬吞當衆宣說：「貴賤當然有分別，國君頭上有祥雲！」女婢們一聽，不自覺地抬眼向著女主人的頭上望去。司馬吞遙指那位視線集中的貴婦說：「錯不了，這位就是大王的夫人滕國君！」

以上是依據（一）元・林坤《誠齋雜記》。（二）明・馮夢龍《增廣智囊補》卷下・雜智・小慧・江西日者。（三）宋・江休復《江鄰幾雜志》商務版語譯的。原文是：

「趙王李德誠，鎮江西。有老年日者自稱：世人貴賤，一見輒分。王使女婢數人，與其妻滕國君同一梳粧服飾，偕立庭中，請辨良賤。客俯躬而進曰：國君頭上有祥雲。群女不覺皆仰視。日者因指所視者曰：此即國君也。」

以觀人面貌來判斷命運爲職業的人叫相士。相士閱人多矣，他們都精於「術」，就是巧施妙法來探出答案。聰明人也能仿效，今不妨再述《韓非子・外儲說右上》，也見於《增廣智囊補》卷下・雜智・小慧「薛公」一則以湊趣：

「齊威王之夫人死，有十孺子皆近（孺子是妾，有十位，都與齊王親近）。薛公欲知王所立（靖郭君田嬰封於薛，故稱薛公，想要知道齊王將立誰爲夫人），乃獻七珥（便獻上七對耳環），而美其一（其中一對特美），明日、視美珥所在（看那特美耳環誰在佩戴），勸王立爲夫人（投齊威王之所喜，建議立爲正妻）。」

在前段李德誠事例的原文中，稱那位相士爲「日者」。何謂日者？乃是指用占兆卜卦觀星看相爲業的人之統稱。司馬遷《史記・卷一百二十七》整篇全爲「日者列傳」，該篇最後有一段「褚先生曰」，可以見識昔時術士之多，原文說道：

「漢武帝時，聚會卜家（占卜的專家們），問某日可取婦乎（詢問這一天可以娶妻嗎）？五行家曰可（依金木水火土五種元質替人擇日占卜的術士叫五行家）。堪輿家曰不可（看風水相地理的人叫堪輿家）。建除家曰不吉（寅爲建，卯爲除，以此推算日期吉凶的人叫建除家）。叢辰家曰大凶（星象家配合歲月日辰定出凶吉，這些吉凶之辰叫叢辰）。歷家曰小凶（推算歲時節候的人叫歷家）。天人家曰小吉（觀察天意和人事的術士叫天人家）。太乙家曰大吉（能夠占卜災福、水旱兵喪、治亂興亡的人叫太乙家）。

辯訟不決（辯論爭執，不能決定）。」

這七類術家，包括五行、堪輿、建除、叢辰、歷、天人、太乙，都是以占兆卜卦觀星看相爲業，但判斷各不相同，究竟應當相信誰呢？以看相而論，戰國《荀子》一書，其中有「非相」篇，應可參閱。該篇題目之下有解說云：

「相者、視也，視人之骨狀，以定吉凶貴賤也。妄誕者多以此惑世，故荀子作此篇以非之也。」

以上共有原文四則：前二則是輕鬆的趣談（國君頭上有祥雲，獻上耳環認夫人），提供悅賞。後二則轉爲正規的議論（卜家辯訟不能決，荀卿非相有原因），請予愼思。

能讓原告獲勝，也可讓被告獲勝，輸贏哪有準？可判兩造都贏，也能判兩造都敗，勝負本無常。

六七　馬英九陷官司輸贏難測

前台北市長馬英九，因首長特別費案，被台北地檢署以「詐取財物罪」於二〇〇七年二月十三日起訴。他辭掉黨主席，但國民黨仍通過他爲二〇〇八年參選的總統候選人。至今雖數度開庭，但是否定罪，有待觀察。法學教授陳長文於二〇〇七、五、二、在聯合報撰文說：

「馬英九特別費案，自去年迄今，耗時半載，偵查資料多達一萬四千餘頁。同性質而涉嫌的全國六千五百位首長，包括有案的民進黨四大天王、司法院長翁岳生及張俊雄、陳唐山等人。倘若比照本案投入相等的人力的話，別的案件都不辦，花十年也辦不完。」

二〇〇七年五月九日聯合報「社論」評曰：

「急於起訴馬英九，卻故意擱置民進黨四大天王到半年一年毫無動作。因特別費而成被告的至少已有百餘案。檢方是不是政治打手，已十分清楚了。」

馬英九的律師聲請：陳水扁任台北市長時，是在月初就領特別費，還沒有支用就先領錢，應請追查偵訊才對。但半年多了，沒有動靜。

此案何時會宣判？如何判決？都還無法預料，筆者也不可能長久枯候了。只覺得單憑喜怒，厚此薄彼來辦案，甚爲不妥。請看同陷特別費案的台南市長許添財，經台南地檢署認定是「實質補貼」而免予起訴，足爲明證。這兩案南轅北轍，叫人徒喚奈何，那又從何來判斷官司的枉直呢？

事有不平，請求法律作裁判，叫訴訟。訴是告冤屈，訟是爭是非，俗稱打官司。只是、要不要打官司？以及打官司會不會獲勝？都宜事先考慮。今且先說要不要打官司。請看清代紀曉嵐《閱微草堂筆記・卷八・如是我聞二》有一段解釋：

「某甲與某乙十分友好，甲就請乙管理家政。甲後來官拜撫軍（等於巡撫的高官），又請乙輔助官政。乙很乖巧，一切都順著甲的心意辦事。久後，甲的資財都被乙暗中吞沒爲己有。甲發覺了乙的奸詐，責備乙的不該。哪知乙仗著知曉甲的某些陰暗醜事，反咬甲的不是。甲氣不過，晚上作夢，見到城隍大人（陰間管理百姓的神），便向城隍請教。城隍問道：『某乙如此險惡，你爲甚麼長久信而不疑？』甲答說：『就因爲他事事都順著我的心意去做，才直覺到足以信任。』城隍歎道：『別人凡事都迎合你，必有所圖，這就可怕之至。你不但不懼而生畏，反而歡喜，那他不欺騙你、挾持你還欺騙誰呢？某乙作孽太多，惡貫滿盈，終會受到惡報，只等遲早。至於你，自己惹來的災禍，若要正式打官司也不見得對你有利，就自認倒霉算了吧！』」

以上這段，只是引言。但我們閱後，也當有所啓發，即所謂「害人之心不可有，防人之心不可無」也。《閱微草堂筆記・卷十八・姑妄聽之四》尚有一篇「打官司會不會獲勝」的醒世語，也當參看，今語譯以助了解：

「有個文士，去京城應考。正值長夏大暑天，他爲圖個涼快，便趁著月光，晚上趕路。走累了，便在一座廢棄的荒村古廟階前，暫時坐下休息。時已半夜，正想打個小盹，忽聞墻後有人講話。他一時好奇，就傾耳細聽。有一人說：『我正跟鄰家爲爭墳地埋葬而互打官司。你這位師爺素來精於訴訟，點子很多，請評估一下我的勝算有多少？』

另一人說：『你眞是個不肯用腦筋的人。雖然你讀書很多，卻還是個書呆子。你以爲打官司一定是勝負分明嗎？沒有這回事。官司勝負無定，輸贏的情況可多著哩：

第一種可能、讓被告勝：只須判原告說：『被告不願打官司而你卻挺身打官司，必是你想侵佔他的土地，惡人先告狀，很明顯呀！』

第二種可能、讓原告獲勝：責問被告說：『原告告你而你不敢反告他，證明你是理虧，不該竊佔他的土地。不對的是你，所以才被他告呀！』

第三種可能、後葬的獲勝：可以怪罪先葬的說：『你是趁他還未下葬之前，就搶先佔地。他雖是後葬，一定是他有理，才敢起訴你呀！』

第四種可能、先葬的獲勝：質問後葬的說：『兩家的土地，相安這樣久了，你現在卻才提出訴訟，定是你無事生非，想佔便宜呀！』

第五種可能、讓富者獲勝：這只要斥責貧者說：『你是窮極無聊了吧，才故意要來打官司。你只想叫有錢的富翁厭煩打官司而送你一筆錢以求息事寧人，你是存心敲詐呀！』

第六種可能、讓貧者獲勝：只須挑剔富者說：『你是財大氣粗，貪心不足，錢要愈滾愈多，地要愈佔愈大，用財勢壓人，逼他就範呀！』

第七種可能、讓強的獲勝：追究弱的說：『你是想利用大家希望打擊豪強扶助弱小的輿論而支援你，妄想博取同情呀！』

第八種可能、讓弱的獲勝：逼問強的說：『天下只有強的欺負弱的，沒有弱的敢於抗拒強的。如果不是弱的他眞的受了冤屈，他哪有膽敢冒險向你這強人爭是非？他一定是迫不得已而且理由十足呀！』

第九種可能、讓雙方都贏：宣判說：『你們都沒有土地文契，也無登記憑證。既然誰也不認輸，今由本官裁定：從中央平分，兩造都該息爭了事。』

最後第十種可能性最壞，雙方都輸：大可宣判說：『屬於人的土地都有疆界，但屬於鬼的土地哪有界線？除了棺木本身所應佔的面積之外，其餘都不是鬼靈所能擁有的。今茲判定：棺柩以外的土地，都非你們任何一造所有，一律作爲公地，收爲政府公有。本案就此判結。』

我分析了以上十種情況，請你想一想：每一種都有理由堅持（言之成理），也都有理由翻案（都可駁倒）。勝乎敗乎？輸贏哪有定數呢？』

兩人交談到此就停了。廟前偷聽的士人，懷疑可能是兩鬼對談。回味起來，覺得這位師爺，眞是個精於打官司而且經驗豐富的訟棍呀！」

我們看《周禮・地官・大司徒・注》說：「爭財曰訟，爭罪曰獄」。由於法律太複雜，普通人很難搞得全懂，故須請專家代辦。這種人，往昔叫訟師，現今叫律師。我國最早的律師，恐怕要算春秋時代鄭國的鄧析（元前五四四—前五〇一），有《鄧析子》一書傳世。漢代劉向說他能「操兩可之說，設無窮之詞」（《呂氏春秋》有一鄧析買屍賣屍故事，有奇趣，請閱拙撰《寓言新話》第八十篇）至於法官斷案，有所謂「自由心證」，可以僅憑他個人主觀的判斷來認定有罪無罪，以致有一審判重刑而二審判開釋的實例。由此來看馬英九案，在司法還未眞正超然獨立之前，眞是無從測度的了。

良臣不知留，武后責宰相過失；
諍友未早識，譚公怪自己疏虞。

六八　駱賓王撰文檄死生不明

駱賓王（六四〇—？）是唐代文學家，小時候就顯聰異，年七歲即能寫文作詩，後來與王勃、楊炯、盧照鄰同以文章齊名，號爲初唐四傑。曾任長安主簿，以直言革弊而貶爲臨海丞，因稱「駱臨海」或「駱丞」，又因不得志而辭官。有《駱賓王文集》《駱臨海集箋注》《駱丞集》等書。

武則天（六二四—七〇五）原是唐高宗的皇后。高宗死後，中宗繼位，她廢了中宗，又廢了睿宗，自己做了皇帝，改國號爲「周」，是我國歷史上唯一的女皇帝。

徐敬業（？—六八四）原封英國公，後貶柳州司馬，他想恢復唐朝，乃舉兵討伐武氏。駱賓王任府丞，因替徐撰寫了《討武曌檄》（曌的音義同照，是武則天創造的字，《正字通》說是日月當空），號召天下，共同聲討。

唐人校書郎段成式，撰有《酉陽雜俎》（酉陽取義於南北朝梁元帝賦「訪酉陽之逸興」，雜俎即是雜記，猶如菜肴雜陳俎上）。書中第一卷「忠志」記載說：

「駱賓王爲徐敬業作檄（檄是聲討公開傳播的官方文書），極疏大周的過惡（武則天定朝代名爲大周）。武則天覽及『蛾眉不肯讓人，狐媚偏能惑主』，微笑而已。至『一抔之土未乾，六尺之孤安在？』（都是檄文裡罵武則天的文句），曰：『宰相何得失如此人？』」

再看《新唐書・卷二百一・列傳第一百二十六・文藝上》說：

「駱賓王，七歲能賦詩，徐敬業起兵，駱賓王爲敬業傳檄天下，斥武后罪。后讀之，但嘻笑。至『一抔之土未乾，六尺之孤安在？』矍然曰：『誰爲之？』（誰寫的）或以駱賓王對（有人對答是駱賓王撰的）。后曰：『宰相安得失此人？』敬業敗，賓王亡命，不知所之（逃亡不明下落）。」

更查閱《資治通鑑・卷二百三・唐紀・武后則天皇帝・光宅六年》則說：

「太后（武則天）見檄（討武曌檄），問曰：『誰所爲（何人撰的）？』或對曰：『駱賓王（駱寫的）。』太后曰：『宰相之過也。人有如此才，而使之流落不遇乎？』」

到了宋代，進士出身、中書舍人朱翌《猗覺寮雜記》（有學術價值）也有記載：

「武后（武則天）見駱賓王爲徐敬業作《討武曌（聲討武則天）檄》，讀至『一抔之土未乾，六尺之孤何託？』武

武則天

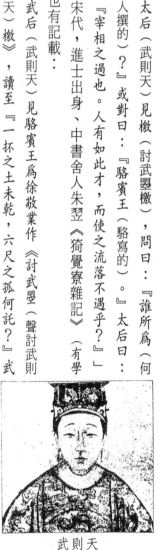

后曰：『宰相安得失此人！』」

駱賓王詩文兩佳，《唐詩三百首》中有他的「在獄詠蟬」，《千家詩》中有他的「於易水送別」詩。依據宋・吳坰《五總志》的記載說：

「駱賓王未顯時，傭於梵天寺，一老僧苦吟不已，繼以永歎。駱問之，僧云：我作梵天寺詩，只得『桂子月中落，天香雲外飄』兩句，久不能成章。駱賓王續之曰：『樓觀滄海日，門聽浙江潮。』僧大奇之。」

他撰的檄文，全名是《爲徐敬業討武曌檄》，揭發武氏諸罪，極盡侮辱詆毀之能事，已收入清・吳楚材《古文觀止・卷三・唐文》中選作範文，部分文句如下：

「僞臨朝武氏者（僭竊帝位代管國政的武姓婦人），性非和順，地實寒微（本性不良，出身卑賤）…入門見嫉，娥眉不肯讓人（進入皇宮之始，就顯妒嫉機心，仗著美眉嬖幸，不甘屈居人下）；掩袖工讒，狐媚偏能惑主（牽袖作態撒嬌，長於說人壞話，曲意阿諛討好，竟可迷惑君王）…近狎邪僻，殘害忠良（喜用李義府、許敬宗等小人，排斥褚遂良、長孫無忌等正人）。殺姊屠兄，弒君鴆母。人神之所同嫉，天地之所不容（揚發武氏之罪不容誅）…爰舉義旗，以清妖孽（起兵之舉，實不能緩）…海陵紅粟，倉儲之積靡窮（軍糧豐足）；江浦黃旗，匡復之功何遠（兵眾，成功很快）…以此制敵，何敵不摧？以此圖功，何功不克（軍威極盛，定可克敵建功）？一抔之土未乾，六尺之孤何託（唐高宗下葬不久，墓土尚未全乾，唐中宗還沒有依靠）…請看今日之域中，竟是誰家之天下（試觀現今境內由誰統治？不久必會規復爲唐朝。氣盛文雄，結語峭勁）。」

這篇檄文，很能打動人心，可是徐敬業兵敗了，駱賓王的下落如何呢？依上述《新唐書》所記，他是改變姓名，逃往他鄉，不知去了何處。但據《舊唐書・卷一百九十上・文苑上》則說「徐敬業敗，賓王伏誅」，他是被誅殺了。卻還有第三種傳言，他隱姓埋名，避入靈隱寺做了和尚。總之，他的人生結局，似是撲朔迷離。

回頭再看那女皇帝武則天，雖然她在後宮裡養了男人，但胸懷寬廣，要親看檄文，對這篇辛辣的侮罵，不但未生氣，反而說「能寫出這種文章的好手，才氣如此之高，卻讓他落拓不得志，我們的宰相不知也不用，失此良才，讓他投奔敵陣，此宰相之過也。」這種廣深度量，是否還有其他實例？答案是：有的。請看正史《三國志・卷二十一・魏志・王粲傳》所記：

「建安七子之一的陳琳（？—二一七），替袁紹撰寫了『討操』（討伐曹操）的檄文，攻訐曹操的罪狀。曹操此時正患頭風症（頭痛），這一天疾發臥床，讀到陳琳之文，翕然起（一下子就能起床了）曰：『此文癒我病矣（病沒有了）。』袁紹敗，曹操愛陳琳之才，不咎（不追究其罪），且任他爲記室。凡軍國書檄，多出於陳琳之手，數加厚賜（許多次豐厚的賞賜陳琳）。」

讀一篇罵自己的文章，把病痛都嚇跑了，這便是「癒頭疾」的典故。以上兩事，經清代姚安與陶珽合纂《說郛續》卷第十七「蜩笑偶言」評論說：

「陳琳爲袁本初草檄，極詆曹公（曹操）。及歸魏，而曹公不責。駱賓王爲徐敬業草檄，極詆武氏（武則天），傳至京師，而武氏不怒。英雄之舉措，大抵如此。嗚呼！當塗（當塗是三國時的魏國之別稱）代漢，周紀亂唐（武則天纂唐改朝代曰周），豈偶然哉？」

這是確論。遞延到民國，依據《民國誌》所說：國民政府主席譚延闓（一八七九—一九三〇）當民國十八年他五十歲壽誕時，湖南有位文士張冥飛，撰了一篇《祝壽文》來挖苦他，用駢體文寫出：

「茶陵譚氏（譚係湖南茶陵人），五秩其年（五十歲了），喝紹興酒（譚之酒量豪），打太極權（遇事推卸責任）。寫幾筆嚴嵩之字（譚書法佳，但嚴嵩卻是明代奸臣宰相），做一生馮道之官（馮道做過四姓十帝的宰相，譚也在清朝做過翰林院編修）。用人唯其人，老五之妻舅呂（任媳婦之兄弟爲官），內舉不避親，夫人之女婿袁（派女婿任好職務）……」

譚延闓

這篇祝壽文，極爲尖酸刻薄，經報紙刊登，眾口傳播，大家都引爲笑談。譚主席延闓當然也看到了，竟然發出請帖，邀張冥飛吃飯，還約集政界學界聞人如魯蕩平等作陪。

張冥飛猜想可能惹了大禍，但又不敢不去。哪知在見面後，譚延闓待之以上賓。申言道：「閣下才是我的諍友。當今人人都恭惟我，閣下有膽罵我，眞是難得。湖南有你這樣的高才，我延闓不知，深爲抱愧。……」還要任以官職。

事後、張冥飛說：「譚公氣度恢宏，眞是宰相肚裡好撐船也。」譚延闓逝世時，張冥飛親往弔唁，撫棺痛哭，知者莫不感動。

反觀現代的高官大人，多數肚量狹隘，不能容物、欲求一器宇淵曠者，直如鳳毛麟角。覽讀本篇，不免感慨良多。

開國元勳，一身繫革命成敗；
安邦砥柱，五德為社會楷模。

六九　黃克強斷指中彈

黃興（一八七四，或說一八七二——一九一六）字克強（寓「興我中華，克服強暴」之意），湖南善化人。幼時入私塾唸書。塾師為人撰對聯，上聯已寫「向陽門第春光早」，下聯久思不得，克強說：「何不用『積善家庭喜事多』呢？」他就是如此機敏。

一八九二年參加縣考，沒有錄取。他賦詩明志，有句曰：

「一試豈能酬我志，此行聊慰白頭親」

次年考試，順利錄取了。他作《少年詠鷹詩》，大可測度他的氣概：

「獨立雄無敵，長空萬里風，可憐此豪傑，豈肯困樊籠？

一去渡蒼海，高揚摩碧空，秋深霜氣肅，木落萬山空。」

這是借鷹以述志。一八九八年，黃興由嶽麓書院保送武昌兩湖書院，院長梁鼎芬說他「文似東坡，字工北魏，詩尤豪邁清逸。」黃有《筆銘》曰：

「朝作書，暮作書，雕蟲篆刻胡為乎？投筆方為大丈夫！」

這就是漢代班超講的「大丈夫當立功異域，安能久事筆硯」的大志，可見他的抱負之高。他又有《墨銘》曰：

「墨磨日短，人磨日老，寸陰是競，尺璧勿寶。」

這就是要效法晉代陶侃所說「大禹聖者，乃惜寸陰」，和《淮南子・原道訓》所論「故聖人不貴一尺之璧，而貴一寸之陰」的寶訓，足證他用功之勤。

畢業後，張之洞選派他去日本東京宏文學院唸師範科，同班的有周樹人（魯迅）等。克強因恨滿清腐敗，組成「華興會」，每天清晨，必赴神樂坂武術館練習槍彈騎射，黃每射皆中，獲頒獎牌纍纍，成就文武合一之資。

回國後，擴大華興會之組織。一九〇四年，日俄戰爭，以我東北作爲戰場，滿清政府卻忙於爲慈禧太后慶壽，國人排滿情緒高漲，克強賣掉田產，得銀二萬三千餘兩，買來長槍五百支，手槍二百支，戰馬數十匹，預定於一九〇四年十一月十六日慈禧七十壽辰發動長沙起義。卻因活動頻繁，爲清政府偵知，克強在圍捕之前機智脫險，經漢口轉上海去東京。旋由日友宮崎寅藏介紹，與孫中山先生晤面暢談，互相欽悅。

黃興像

自一八九五年反清革命發動廣州起義陸皓東遇難，到一九一一年間，革命之舉有十次，黃克強屢多參加及主導，他都勇上前線，浴血奮戰，尤以「三二九廣州之役」爲最。

據歷史學家吳相湘《孫逸仙先生傳・第二十一章・廣州三二九行動》簡述：

一九一一年四月廿七日，即當時通用的農曆三月廿九日，黃克強親率方聲洞、喻培倫、林覺民、朱執信等一百卅人，在廣州起義，三天之前，黃且寫就「絕筆書」，寄南洋諸同志云：

「培正、慓生、源水、孝章、應章各兄鑒：事冗無暇通候，罪過。本日馳赴陣地，誓身先士卒，努力殺賊。書此以當絕筆。即頌籌安。弟黃興頓。

三月廿五日。」

革命軍由小東營出發，直搗總督衙門，擊斃衛隊管帶金某，衝入內堂，總督張鳴歧逃逸，乃放火燒衙。再攻東轅門，遇水師提

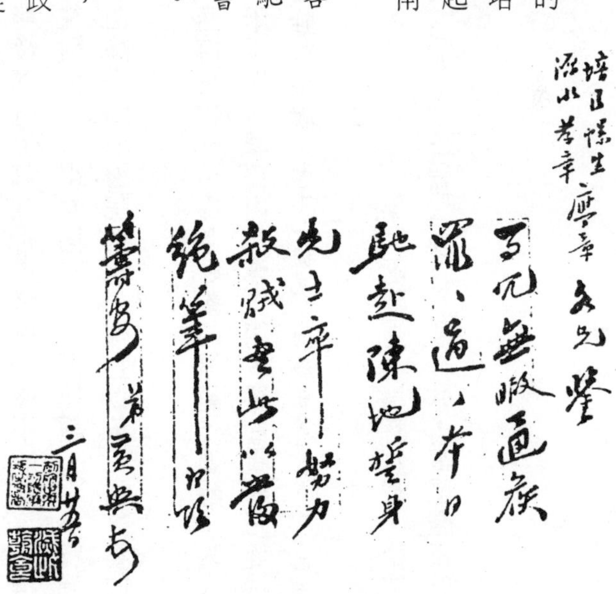
培正 慓生
源水 孝章 應章 各兄鑒
事冗無暇通候
罪過。本日
馳赴陳地誓身
先士卒努力
殺賊書此以當
絕筆即頌
籌安 弟黃興頓
三月廿五

廣州三二九之役黃興絕筆

督李準的部隊而激戰。忽地一彈飛來，擊中槍機柄，也擊斷克強右手中指食指的第一節。黃仍忍痛用第二節手指扣扳機射敵。轉進到雙後底時，克強指傷轉劇，幾不能支，乃擠身入一小店，用冷水洗血，找來舊衣換裝，避往河南，幸得女同志徐宗漢掩護，乘小艇過海到香港脫險，陪他到香港雅麗氏醫院救治，由徐宗漢依醫院例規，權且以黃克強之妻的名義簽字動手術，以後乃結爲夫婦。

這次廣州三二九起義雖然失敗，但志士們捨身救國，慷慨赴義的偉範，喚醒了國人。捐軀的林覺民、方聲洞、喻培倫、陳可鈞、宋玉琳、李德山、李雁南、羅仲霍、石經武、饒國樑等七十二烈士，合葬於黃花崗。黃克強曾撰聯「七十二健兒，酣戰春雲湛碧血；四百兆國子，愁看秋雨濕黃花。」以申哀悼。

克強自一九〇四年長沙起義後離開家鄉，到一九一二年民國建立，爲時八載，始克返回故里省親。是年十月，他自上海乘楚同艦回湘，適逢他三秩晉九誕辰，當座艦夜航江心，他思維起伏，賦詩曰：

「卅九年知四十非，大風歌好不如歸，
驚人事業隨流水，愛我林園想落暉。
入夜魚龍都寂寂，故山猿鶴正依依，
蒼茫獨立無端感，時有清風振我衣。」

黃克強先生，一生奔走，勞瘁非常，早年已患胃出血症。但國事如痲，令他憚精竭慮，無暇養息。一九一六年雙十節舊病復發，吐血昏迷，肝臟腫大，於十月二十一日逝世。他畢生純仁重義崇禮顯智兼篤信，五德齊備，彪炳千秋。史學家吳相湘先生在《民國百人傳・第二册・開國元勳黃興》文首評曰：

「黃興與孫逸仙，同爲『開國二元勳』。『孫氏理想，黃氏實行』，實爲革命成功基礎。黃之膽識超人，多次起義，愈戰愈勇，視死如歸，廣州『三二九』之役尤爲壯烈。他的休休之容，藹藹之色，虛懷縝密，謙讓無爭，並世無兩。民國創立，黃實一身繫其成敗。建元以後，功成不居，永爲國人楷模。」

黃克強先生逝世快一百年了，縱觀現時在朝在野，還能找到這種英才傑士嗎？

王猛捫虱而言，安石屢遊相鬚；
陳毅禁聲捉虱，毛氏鬆褲尋蟣。

七〇　毛澤東鬆褲捉虱

虱子歷史悠久，例如《列子・湯問》篇中敘述的「紀昌射虱」便是，（請閱本書第七十七篇）。自昔至今，尚有不少與虱相關的事例，今輯錄若干條，以供閒賞。

戰國時代《韓非子・說林下》有「三虱爭血」事：

「三隻虱子在豬身上吸血，相互爭吵起來。另一隻虱子經過，問道：『你們為何爭吵？』三隻虱子說：『我們在爭佔豬肉肥的地方，彼此都不肯相讓，以致大家都吸不到血。』另隻虱子開示道：『你們不擔心臘月祭祀時要殺豬嗎？要燒茅草烤掉豬毛嗎？到那時你們也都燻死沒命了，還爭奪甚麼呢？』於是三虱不爭了，各自分別吮吸豬身的血，豬身因而消瘦。臘祭時，這隻瘦豬就免於宰殺。」

秦代商鞅《商君書・弱民》有「六虱成俗」之句。《商子・去強》有「三官生虱」之語。

東漢時代應劭《風俗通義》說：「趙仲讓為中郎將，冬月坐庭中，向日解衣捕虱。」

三國時代的曹操（一五五—二二〇），他寫的《蒿里行》詩有「鎧甲生蟣虱，萬姓以死亡」之句。

晉代苻朗《苻子・齊魯爭田章》有：「群虱鬥乎衣中。」

捉虱最有名的應是王猛（三二五—三七五）。唐・房玄齡《晉書・卷一百十四・王猛傳》：「桓溫入關，王猛被褐而見之，一面談當世之事，捫虱而言，旁若無人。」這「捫虱而言」，已是成語，有瀟灑、率真、沒有顧忌、不拘小節之意。

晉代竹林七賢之一的阮籍（二一〇—二六三），生性豪放，《晉書・阮籍傳》有「群虱處於褌中，君子之處域內，何異夫虱之處褌中乎？」

官任中散大夫的嵇康（二二三—二六二）有《嵇中散集》。他在《與山巨源絕交書》說：「危坐一時，痺不能搖；身復多虱，把搔無已。」《晉書》有傳。

晉代顧和（二八五—三五一）「覓虱」，事見南朝宋・劉義慶《世說新語・雅量》及《晉書、顧和傳》：

「顧和爲揚州從事，去見丞相王導，停車在相府門外。另一高官周顗經過，見顧和停車覓虱，夷然不動。周既過，顧和搏虱如故。」

映月讀書的南齊江泌，在唐・李延壽《南史・江泌傳》中記載他：

「衣弊，虱多，綿裹置壁上，恐虱飢死，乃復置衣中。」

北朝文學家邢邵（四九一—？）長於詩。《北史》說他「對客解衣覓虱，且與劇談。」

南齊有位卞彬，撰有《蚤虱賦》，清代嚴可均將這《蚤虱賦》輯入《全上古三代秦漢三國六朝文》中：

「余居貧，布衣十年，起居甚疏，故葦席之間，蚤虱猥流。探揣擭撮，日不替手。虱有諺言，朝生暮孫。若吾之虱者，掐嚙不能加，脱略緩懶，復不勤於捕討，孫孫息息，三十五歲焉。」

唐・白居易詩有句曰：「蟣虱衣中物，刀槍面上痕。」

唐・馮贄《雲仙雜記》述有「群虱唸賦」：

「揚州蘇隱夜臥，聞被下有數人，齊唸《阿房宮賦》，聲緊而小。急開被視之，無他物，唯得虱十餘，殺之即止。」

唐・李商隱《詠懷寄秘閣舊僚》詩云：「悔逐鶯遷伴，誰觀捫虱時。」

佛教《報恩經》有一則「虱子聽禪」之事：

「有一坐禪比丘（受戒的僧人叫比丘，打坐叫坐禪），獨住林中。常患蟣虱（蟣是幼虱），即便告虱，而作約言（雙方約定）：我若坐禪，汝宜默然，隱身寂住。其虱如法（依法守靜）。」

宋代有位陳善，撰有《捫虱新話》，上下各四卷，論學論史論文。用「虱」作書名。

宋代沈括《夢溪筆談》記述文人將書房以虱爲名：

「石曼卿，通判海州時，廨後爲一菴。嘗臥其間，名之曰捫虱，未嘗不醉。」（此

外，宋．石延年的書室也名之曰捫虱軒）

有趣的是王安石「虱爬宰相鬚」之事，見宋．彭乘《墨客揮犀》「荆公禹玉」條：「宋神宗時，王安石與王珪同在宰相府。某天，同到皇帝殿中議事。談論之間，一隻虱子從王安石官袍衣襟裡爬了出來，又爬往長鬚上來回遊走。宋神宗看到了，不好說破，只是笑笑。王安石猜不到是何緣故。退朝回府，王珪才指出是虱子在逗人發笑。安石覺得難爲情，因叫隨從侍吏捉出虱子掐死。王珪止住道：『且慢！豈可輕易處死？待我獻上一賦，頌贊這虱兒不平凡的際遇！』王安石不懂，問道：『你有何贊？』王珪笑贊道：『此虱「屢遊相鬚，曾經御覽」（屢次遊走在宰相的鬍鬚之間，還曾經被皇帝御目覽過）。論其遭遇之奇，何可殺也？權其處置之法，或曰放焉（經歷不凡，哪可殺它，放生不是好嗎）。因爲它確是貴幸無比呀！』王安石也不覺笑了。」

宋代朱弁（音變）《曲洧舊聞》中有王荆公（王安石封爲荊國公）一條，說他不愛修飾，衣裳塵垢髒污，因而生虱，想是不假。以致《野錄》中尙有一說：

「有位好友，去宰相府會見王安石，晤談甚歡，發現王安石鬚間有物蠕動。友人好奇，將它捏住，一看是個虱子，不好意思，扔在地上，解說道：『我道是個虱子，原來不是！』王安石順手撿來一看，卻說：『我道不是個虱子，原來卻是。』這位朋友，認是爲非，想給相爺顧面子，哪知王安石認是爲是，不承認假話。」

王安石有虱，而且捫虱。有何爲證？且看他寫的七言《詠虱》仄韻古詩：

「咀嚼侵膚未云情，爬搔刺骨終無那；時時對客輒自捫，十百所餘才幾箇。」

同朝的司馬光（一〇一九—一〇八六）在政見上是極力反對王安石（一〇二一—一〇八六）的，但對虱子兩人都有同感。他在《和王安石烘虱詩》中有相似的回應：

「晨朝生子暮生孫，不日蕃滋逾萬箇；透疏緣隙巧百端，通夕爬搔不能臥。」

虱子從何而來？爭論引起趣談，不可不記。蘇東坡和秦少游交情很好，但爲了虱子卻各持異見。蘇說虱子是人身上的垢膩所生，秦則說是衣袴上的敝絮絨毛所生。雙方都不服輸，最後同意明天去請問那金山寺博學兼好友的佛印和尙，輸家得請贏家吃館子。

當晚，秦少游夜扣佛印山門，請佛印贊同他的說法，答允請吃一頓「不托」（煮餅）。秦離去後，蘇東坡也來請佛印支持他的論點，且許諾吃一頓「冷淘」（過水麵條）。

第二天，三人對了面，佛印宣告結論說：

「虱子之生，簡單明確；老衲仲裁，兩位聽著：

垢膩爲身，絨毛爲腳；先吃冷淘，後吃不托！」

南宋陸游有詩曰：「典衣未贖身饒虱，治米無工飯有沙。」他也不諱言身上多虱。

與虱有牽涉的諧音雙關語，請見明代馮夢龍《古今譚概·巧言部》：

「張磊塘善清言（就是清談雅論）。一日，赴徐文貞公（徐階，官禮部尚書）宴席，食鯧魚鰉魚，庖人誤不置醋（廚師疏忽，魚未加醋），張曰：『倉皇失措（與鯧鰉失醋同音）。』文貞公從腰間捫得一虱，經齒斃之（用牙齒將虱咬死），血濺齒上，張云：『大率類此（與大虱來此諧音）。』文貞聽來，十分悅心。』

清初畫家戴本孝，字務旃，康熙七年遊華山，王士禎寫詩《送戴務旃遊華山》曰（事與詩都見於陳傳席《中國山水畫史》第八七〇頁）：

「捫虱雄談事等閒，餘情盤礴寫孱顏；洛陽貨畚無人識，五月騎驢入華山。」

袁子才《隨園詩話・卷六》首條說：王安石得意詩句有「青山捫虱坐，黃鳥挾書眠」聯。袁子才評曰：首句是乞兒向陽，次句是村童逃學。

擔任過新四軍軍長的陳毅，一九三六年領導軍隊在南方打游擊戰爭，有《野營》詩：

「惡風暴雨住無家，日日野營轉戰車；冷食充腸消永晝，禁聲捫虱對山花。」

中共主席毛澤東在延安接見外賓談話時，也經常邊講邊捉虱，而且鬆開褲帶，毫不掩飾地搜尋虱子。依據三聯書店出版的《西行漫記》第六十九頁，作者斯諾寫道：

「我記得有一天我和毛澤東談話的時候，看見他心不在焉地鬆下了褲帶，搜尋著甚麼寄生物，這寄生物就是虱子嘛。」

我們在端莊嚴肅之餘，看幾行輕鬆小品，無傷也。若能會心一笑，對健康有小助焉。回到本題，虱是有害的蟲豸，因此，稱貪財害民的官叫虱官，爲小事而忿爭的叫虱鬥。至於致國家衰亡的領導者該叫國虱，應竭力把它消滅，請大家不可姑息。

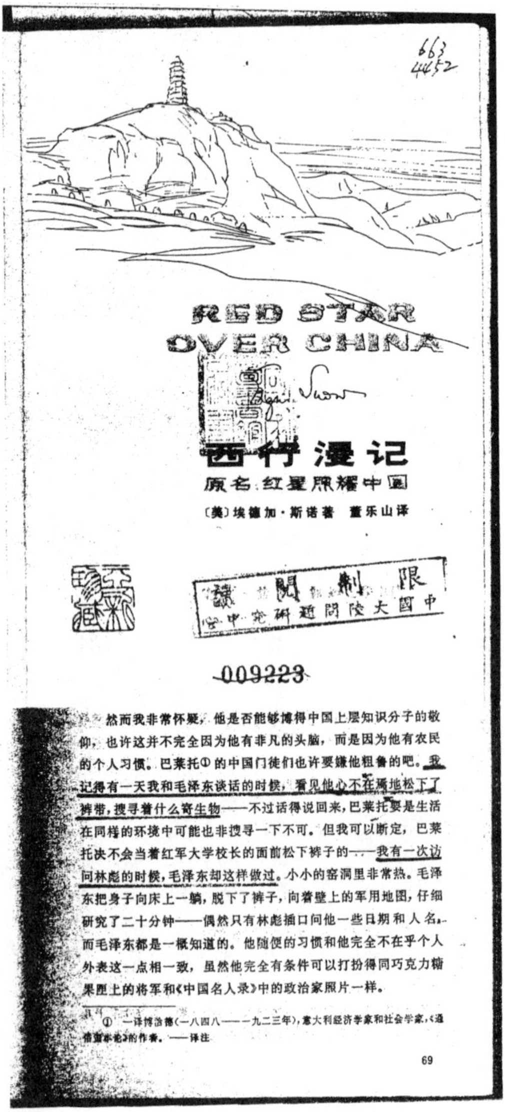
RED STAR OVER CHINA

Edgar Snow

西行漫记

原名：红星照耀中国

〔美〕埃德加・斯诺著　董乐山译

然而我非常怀疑，他是否能够博得中国上层知识分子的敬仰，也许这并不完全因为他有非凡的头脑，而是因为他有农民的个人习惯。巴莱托①的中国门徒们也许要嫌他粗鲁的吧。我记得有一天我和毛泽东谈话的时候，看见他心不在焉地松下了裤带，搜寻着什么寄生物——不过话得说回来，巴莱托要是生活在同样的环境中可能也非搜寻一下不可。但我可以断定，巴莱托决不会当着红军大学校长的面前松下裤子的——我有一次访问林彪的时候，毛泽东却这样做过。小小的窑洞里非常热。毛泽东把身子向床上一躺，脱下了裤子，向着壁上的军用地图，仔细研究了二十分钟——偶然只有林彪插口问他一些日期和人名，而毛泽东都是一概知道的。他随便的习惯和他完全不在乎个人外表这一点相一致，虽然他完全有条件可以打扮得同巧克力糖果匣上的将军和《中国名人录》中的政治家照片一样。

① 一译博洽德（一八四八——一九二三年），意大利经济学家和社会学家，《通俗[illegible]论》的作者。——译注

69

《西行漫記》

原名"Red Star Over China"（紅星照耀中國），美・埃德加・斯諾（Edgar Snow）著，董樂山譯，北京三聯書店出版，新華書店發行，台北國家圖書館有此書。

孔夫子評「楚弓楚得」之語，大家都接受，乃是肯定；
公孫龍創「白馬非馬」之論，你們卻反對，應是悖理。

七一　公孫龍白馬仍非馬

戰國時代，趙國有位雄辯家公孫龍（約公元前三二五—約前二五〇），趙國宰相平原君（？—約前二五一，是戰國時代四公子之一）很器重他。《史記・卷七十六》有「平原君厚待公孫龍」之語。公孫龍「疾名實之散亂（憎厭名稱與實際之間的概念紊亂），因撰《公孫龍子》一書，含十四篇，主要在論述名實關係，乃是研究名辯思想的重要著作。

在該書「跡府」篇中，有一段和孔穿（孔子的第六世孫）辯論的故事，蠻有深度，不可不看。只是文言艱澀難懂，今且譯成白話如下（若要深究，請與原文對觀）：

「公孫龍和孔穿相會，孔穿說：『先生智慧高越，我早想做你的學生，只是不敢贊同你的「白馬非馬」之說。請放棄這學說，我就請求做弟子。』

公孫龍答道：『先生的話錯了。我所以成名，正是由於白馬之學呀。現在要我放棄它，那我就沒有甚麼可以教你的了。而且、要拜我爲師，總是由於智慧與學識不如我吧。你卻要我放棄我自己的學說，這豈不是先來教我而後再來拜我爲師嗎？這是錯誤的。

『況且、白馬非馬的說法，也是孔子所贊同的呀。當年楚王帶著繁弱的弓，搭著亡歸的箭去打獵，卻把弓丟失了。隨員們請求去找，楚王說：「不必了，楚國人丟了弓，楚國人檢了，何必要尋找呢？」孔子聽了後說：「楚王的觀念還欠徹底喲，大可說人丟了，人拾得了就好了，何必加上個楚國呢？」請看看：孔子是把「楚人」和「人」區隔開來的呀。你們肯定了孔子把「楚人」和「人」區隔開來的說法可以成立，卻否定我把「白馬」和「馬」區隔開來的說法而要我放棄，這是錯誤的。

『先生遵奉儒家的學術，卻反對你的先祖孔子所贊同的觀點，這恐怕說不通吧？並且，想做我的學生，又叫我放棄我所要教你的論點，這怎麼可以？若是我放棄了我自有的學說，我就沒有特長了。那時我拿甚麼來教你？你又能學到甚麼呢？如果照你這樣做，即使有一百個我這樣的人，仍然沒法充當你的導師呀！』

孔穿沒有話可以回答。」

各位閱及這個故事時，請細細體會，慢慢思考，不要作快速掃描、或一目十行的瀏覽了事。讀後不妨自問：第一、看懂了沒有？第二、公孫龍的說詞，有沒有理？第三、你有無其他高見來駁倒他的論述？第四、對於他這種條理分明的辯詞，能否體察出他說話的層層進逼，而使得別人無言以對？這便是雄辯家的特長，應可增添我們的識見。

公孫龍的「白馬非馬」論，是有名的話題。他的解釋是：「馬」是稱呼形體的，「白」是稱呼顏色的。馬是全稱、泛稱，包括一切的馬；白馬是限稱，僅是限定於有白顏色的一種屬性，它只是全體馬群中的一部份（另外還有黑馬黃馬），所以白馬不等於馬。因此，在《白馬論》裡他說：「馬者、所以命形也。白者、所以命色也。命色者非命形也，故曰白馬非馬。」

公孫龍是我國思想界中的一顆慧星。在中國思想的領域中，最薄弱的是邏輯，以致在方法上，常有氣雖壯而理不直之弊。公孫龍卻善於利用他的邏輯方法，「欲推此辯，以正名實，而化天下焉。」所謂邏輯學（logic—science, method, of reasoning），就是名學、又稱爲辨學、理則學、論理學。我們如要思想有條理，就請多去了解它吧。

吾有知乎哉？大聖孔子，不恥下問；
夫子焉不學！小童項橐，竟能為師。

七二　孔夫子謎團還是謎

未是先生《囈語集》說：

「項橐（ㄊㄨㄛˊ音託）和孔子相見，他戲問孔子道：『你教化弟子三千，學識定很淵博。我今有一謎語，請你試猜一字：「晝時圓，寫時方，冬時短，夏時長。」這是何字？』

孔子猜不著。項橐說：『謎底就是日字呀。今且再問一題：「四面不透風，十字在當中，莫作田字猜，不是甲由申。」猜是甚麼字？』

孔子猜不出。項橐說：『答案是亞字嘛。又有一謎：「四個口皆方，十字在中央，莫作田字猜，不用器字商。」是何字？』

孔子不會回答。項橐說：『這是圖字（圖字有四個方口及一個十字）。另有一謎：「兩點一直，一直兩點。」是甚麼字？』

孔子不能答。項橐說：『是個慎字（兩點一直是左邊的豎心，一直兩點是右邊的眞，合起來就是愼字）。今續請問一題：「有水能養魚蝦，有土可種桑麻，有人不叫你我，有馬可走天下。」應是何字？』

孔子不會解。項橐說：『只是個也字（也加水是池，傍土爲地，合人成他，旁馬爲馳）嘛。更有一謎：「打雷不下雨。」是甚麼字？』

孔子猜不透。項橐說：『就是田（雷不要雨剩田）。你可知道田字的謎面有許多個嗎？例如：

「旱天雷（旱天無雨剩田）」

「魚肚（魚的中段是田）」

「沒心思（思字去心）」

「橫衝直撞，四面包圍（一橫一豎，四面加口）」

「三橫三直，生產糧食（因有三劃三豎，田地產糧）」

「四山倒順皆不顯，二日躺立都相連」

「四度高山山對山，四張小口口對口，四個十字翻又翻，四條河川川套川」

「山字頭對頭，四口緊相連，老王當中坐，雙日在兩邊」

「四山縱橫，兩日綢繆，富字它爲腳，累字它起頭（富字下半，累字上半都是田字）」，謎底都射田字，你會猜嗎？最後還有一字謎：「唐虞有，堯舜無；商周有，湯武無；古文有，今文無。」該是甚麼字？』

孔子仍不解。項橐說：『不就是口嗎（唐商古諸字之中都有口，堯湯今諸字中都無）。這麼淺白的字兒你都一概不知，誰說你是飽學？』」

以上這個故事，自是杜撰。但童書《三字經》中有韻語說：「昔仲尼，師項橐，古聖賢，尚勤學。」且《史記・甘茂傳・附甘羅傳》也說：「項橐生七歲，爲孔子師。」《戰國策・秦策・文信侯欲攻趙章》載：「甘羅曰：夫項橐生七歲，而爲孔子師。」又《淮南子・修務訓》載：「夫項橐七歲，爲孔子師。孔子有以聽其言也。」又《新序・雜事五》載：「秦項橐七歲，爲聖人師。」又《太平御覽・四百四・人事部・四十五・師類・春秋後語》載：「甘羅曰：夫項橐，十歲爲孔子師。」由這些描述看來，項橐似是古代的神童，也就是一位天才兒童。

只是項橐究竟有甚麼具體的聰慧特徵，竟能讓孔子尊之爲師，史書中沒有介紹，難免留下一宗疑案。我們卻都知道：孔子雖是至聖先師，但仍十分謙遜，《論語・子罕》說：「子曰：吾有知乎哉？無知也（我有知識嗎？沒有呀）！」又《論語・憲問》說：「子曰：我無能焉（我還沒有能力求仁求智求勇）。」又《論語・子路》載：「吾不如老農，吾不如老圃（耕田、我比不上老農，種菜、我比不上老園丁）。」孔子從來不認爲自己是萬事通，處處都肯向人請益。我們再看《論語・八佾》說：「子入太廟，每事問（每樁事都請問執事的禮官）。他不但以項橐爲師，而且還問禮於老聃，學琴於師襄（在《史記・孔子世家》中有記述），問官於郯子，訪樂於萇弘。因此他的學生子貢在《論語・子張》篇中解釋道：「夫子焉不學，而亦何常師之有（我的老師孔夫子，他何嘗不每事都學？但又何必只限於固定的老師呢？）」這就自然而然彰顯他的偉大了。

這篇故事，雖有些不倫不類，但仍或小有啓示。猜謎乃是小道，一時猜不中，無損於大聖的形象。我們該學一學孔子廣納百川的胸懷，虛心求知，才會使學識日有增進。時下一般人的毛病，多是以爲自己無書不讀，無事不知，不但早是專家，而且兼具通才，上曉天文，下明地理。卻正如俗話說的：滿瓶不響，半瓶響啷噹。何不稍顯謙讓，反而會受人敬重。如果你具有素所熟知而旁人不懂的學識，只要隨便露一兩手，還怕周遭的朋友不佩服你嗎？

天涯比鄰，杜少府因好詩生色；
落霞秋水，滕王閣賴佳序增輝。

七三　閻督弄私心哪知風送滕王閣

「海內存知己，天涯若比鄰」，這是初唐青年詩家王勃《杜少府赴任》詩的名句，入選《唐詩三百首》，傳誦至今。他還留下另一當場寫序一氣呵成的美事，值得介紹。

王勃（六五〇—六七六）與盧照鄰、駱賓王、楊炯齊名，號爲初唐四傑。他每在寫作之先，將被子蒙著頭靜臥，待會兒一躍而起，振筆疾書，一氣呵成，稱之爲「打腹稿」。

他父親王福時任交趾令（唐朝交趾是五嶺以南一帶），年紀輕輕的王勃去探望父親。途中有一天夜晚，乘船沿長江上溯到了安徽省的馬當，離江西省的南昌還有七百里。夜間夢見水神告知他說：「助你順風一帆。」隔天天亮時，船就隨風吹抵南昌了。

南昌是江西省首府。南昌府的都督閻伯嶼，正重修滕王閣完成。那滕王閣是唐高祖的幼子李元嬰駐洪州（就是南昌）時建造的。李元嬰封爲滕王，因叫滕王閣，畫棟雕梁，極爲壯麗，與岳陽樓及黃鶴樓譽稱爲江南三大名樓。

唐高宗上元二年乙亥九月初九日重陽佳節，閻伯嶼舉行滕王閣竣工酒會，在閣上大宴賓客。閻都督想要誇耀他女婿吳子章的才華，叫他前幾天預先寫好文稿背熟。在宴會上，閻督假意請貴賓們當場撰寫《滕王閣序》（清・俞正燮《癸巳存稿》、高步瀛《唐宋文舉要》及宋・李昉《文苑英華》都說全稱應爲《秋日登洪府滕王閣餞別序》），客人都會謙辭，打算輪到吳子章時，便可一揮而就，寫出來搶個風頭。

恰巧王勃先晚由神風吹送，到了南昌，也出席了這場盛會（憑四傑的名分受邀），因他年齡最小，依序敬陪末座。當那作賦的紙筆自首席往下傳遞時，大家都禮貌的謙讓，不敢獻醜，不意傳到王勃面前時，他竟毫不推辭，提起筆來就寫。

閻都督料不到這個少年郎竟然如此自信又自大，而且破壞了他原定的計謀，心中大爲震怒，但他巍坐在首長席，不好當衆阻止，又因距離下席很遠，便吩咐服侍的官員，到王勃座前，看著他寫下一句，就向閻督傳報一句。第一報說「南昌故郡，洪都新府」，閻道：「這是老生常談，人人都會。」繼又報道：「星分翼軫，地接衡廬」，閻聽後，只是沉吟不語。當傳報到「落霞與孤鶩齊飛，秋水共長天一色」時，閻督才十分驚服，起身贊說道：「此眞天才也。」

先引明・蕭良友《龍文鞭影・初集・卷下》原文：

「唐王勃，六歲能文。與盧照鄰駱賓王楊炯齊名，號四傑。每爲文，先擁被掩面而臥，忽起，一筆書之，初不點竄，時人謂之腹稿。馬當在彭澤，去南昌七百里。王勃省父，舟次馬當，夢水神告曰：助汝順風一帆。既旦，即抵南昌。值都督閻伯嶼重修滕王閣。九日、宴賓僚於上，欲誇其婿吳子章才華，令宿構序，又故豫請客作，莫敢當者。勃最年少，受而不辭。閻恚甚，遣使伺句即報。至落霞與孤鶩齊飛，秋水共長天一色，乃歎曰：天才也。」

又見：五代・王定保《唐摭言》卷五：

「王勃撰滕王閣序，時年十四。都督閻公不之信。勃雖在座，而閻公意屬子婿孟學士者爲之，已宿構矣。及以紙筆巡讓賓客，勃不辭讓。公大怒，拂衣而起，專令人伺其下筆。第一報云：南昌故郡，洪都新府。公曰：亦是老生常談。又報云：星分翼軫，地接衡廬。公聞之，沈吟不言。又云：落霞與孤鶩齊飛，秋水共長天一色。公矍然而起曰：此眞天才，當垂不朽矣。遂亟請宴所，極歡而罷。」

又有《摭遺》一書，也述有此事，錄增妙賞：

「王勃，年十三（前段說十四，此文說十三。待考），侍父宦遊江左。九月八日，舟次馬當山，遇老叟曰：子非王勃乎？來日重九，南昌都督命客作滕王閣序，子有清才，盍往賦之。勃曰：此去七百餘里，今已九月八日矣，夫復何言？叟曰：吾助清風一席。勃登舟，翌日昧爽，抵南昌。」

又清・蒲松齡《聊齋志異・花神・附錄・九江記》

「馬當山，在彭澤縣，高八十丈，橫枕大江，如馬形。波浪湧拂，舟船往來，多懷憂恐。王勃阻風，泊舟其下。神助以風，一夕至南昌，作滕王閣序。」

另有明代馮夢龍《醒世恒言》第四十卷「馬當神，風送滕王閣」，敘的也是王勃作序的故事。他用小說體裁寫出，娓娓道來，佔了八頁、文章太長，筆者抱歉不轉錄了。

此外，還有其他野史湊趣。傳聞王勃寫此序時，錦詞繡句，層見疊出。文末且繫以詩，用七言八句作結。後四句爲「閒雲潭影日悠悠，物換星移幾度秋；閣中帝子今何在？檻外長江空自流。」他把那「空」字故意空著不寫。大家都在猜這空白處究該是哪個仄聲字？有說是「獨」自流，有說是「任」自流，有說是「水」自流，也有說是「兀」自流，最後仍要請王勃定奪。王勃說：「旣然是個空著的字，當然就是『空』字了。」亦饒情趣。

更有不經的傳說：王勃自認這篇序文寫得出色，他不幸在二十七歲時溺死後，鄱陽湖（滕王閣面對此湖而建）每夜都有鬼魂出現，反復朗吟「落霞與孤鶩齊飛，秋水共長天一色」兩佳句。時日一久，人們受不了，便有好事者對鬼魂喊道：「這兩句並非絕佳，仍有贅字，若是省爲『落霞孤鶩齊飛，秋水長天一色』，豈不更好？」此話一出，鬼魂就寂然靜默了。

閱罷本篇，必當有些感想。王勃是少年才子，六歲就能寫文章，詞藻奇麗。他乘船省親，自馬當一夜吹到南昌，非預知必能參加盛會也。即席捉筆爲序，非預先打好腹稿也。賦美詩工，佳作流傳千古。落霞秋水，都督贊是天才。我們若能學到他的十分之一，也當會一鳴驚人了吧。

半點不由人計算，
一生都是命安排。

七四　范公行善念怎料雷轟薦福碑

程允升《幼學故事瓊林》貧富篇說：「命之修短有數，人之富貴在天。」貧富窮通，似乎都有一定。請看揚雄寫過《逐貧賦》，韓愈撰有《送窮文》，今日讀來，殊多感慨。茲介紹范仲淹有心紓困卻受老天破阻的故事。

北宋范仲淹（八八九—一〇五二）在饒州（今江西鄱陽縣）任郡守時，有位窮儒生前來拜見，並呈獻自撰詩集請求教誨。言談之中，儒生訴說他一生從來未曾吃飽過，天下最貧寒的士人莫過於他。范仲淹見他詩文語清意順，識見也甚廣博，很爲賞識，有心想濟助他，讓他脫困。

那時饒州有個魯公亭（唐朝顏眞卿封爲魯公），亭在薦福山，山上有座薦福寺，寺後有塊石碑，叫薦福寺碑。碑文是唐代李北海撰的（李邕官北海太守，故稱李北海），字是歐陽詢（五五七—六四一）寫的。那歐陽詢，潭州臨湘人（今湖南長沙縣），乃是書法大師，筆力遒勁，自成一家。他在唐太宗時，官任太子率更令，因稱爲「歐陽率更體」。《新唐書・

儒學》有歐陽詢傳。

到了范仲淹時代，學寫率更體書法的人增多了，那從薦福寺碑文搨印下來的拓本每份售價高到一千錢。范仲淹指示這位窮儒生，要他自行拓印一千份，賣掉後，生活就不再艱困了。於是免費助他宣紙油墨毛刷等用物，一切都備辦齊全，只等第二天就可開始拓印字帖。

豈知老天不肯幫忙，這晚上，天氣突變，狂風豪雨，閃電頻頻，一個暴雷轟下來，竟然把那塊薦福碑擊碎，拓字之舉，化為不可能了。

范仲淹

命裡有時終須有，命裡無時莫強求。正應了那時的諺語「有客打碑來薦福（書生欲拓碑），無人騎鶴上揚州（騎鶴上揚州是得意）」。蘇東坡《窮措大詩》也有「一夕雷轟薦福碑」之句。明人袁宏道《贈黃道光詩》曰：「男兒有骨不乘時（有氣節卻無時運），處處相逢薦福碑。」原文請見宋·曾慥《類說·墨客揮犀，薦福寺碑》，又宋·釋惠洪《冷齋夜話·第七篇》，與《堯山堂外紀》，以及明·鄭瑄《昨非庵日纂·靜觀第八》，綜合原文是：

「饒州魯公亭在薦福山，山有薦福寺碑，李北海撰文，歐陽詢書字。范仲淹守鄱陽日，有書生來謁，獻詩甚工。自言平生未嘗飽食，天下寒餓無出我右者。時盛行歐陽率更字，薦福寺碑墨本值千錢。范欲使書生拓打千本，使售於京師。紙墨已具，一夕雷轟碎其碑。故時人語曰：有客打碑來薦福，無人騎鶴上揚州。

這段倒楣背時、命蹇運乖的遭遇，在明・臧循《元曲選》中即有「世事難知如薦福，算來由命不由人」之歎。若將本篇與上篇所述王勃有風神相助，自馬當一晚吹到南昌，揚名天下，閻都督私計未酬，范希文善行難遂，連貫來看，兩相比附，便應了「時來風送滕王閣，運去雷轟薦福碑」的諺語了。遞延至今，仍常拿這個雷轟薦福碑來形容爲命途坎坷的典故。

孤駒從來若無母，駒馬何來？似欠通順；
孤駒以前本有母，母馬已死，這才合宜。

七五　莊周說孤駒未嘗有母

戰國時代的莊周（約西元前三六九—前二九五）傳世有《莊子》一書，又稱《南華經》，內容汪洋自恣，旨趣深奧，是古籍「子書」中的重要著作。該書最後一篇「天下」，有許多奇特之論（例如歷物十事、及二十一辯），是引述惠施（戰國宋人，是「名家」之一，善辯）等人的辯術，略謂：

「惠施多方，其書五車……歷物之意曰：至大無外（最大的是無窮大，大到外無他物），至小無內（最小的是無窮小，小到內不容物）。……惠施以此爲大觀於天下……卵有毛（能孵出有毛的小雞，故雞蛋裡有毛）。……白狗黑（白黑是人們給顏色所取的名，若起初稱白爲黑，那白狗就可叫黑狗）。孤駒未嘗有母……辯者以此與惠施相應……此其柢也。」

莊周圖（三才圖會）

疑義就生自「孤駒未嘗有母」這一句，頗有語病。依據《大辭典》《辭海》《最新國語辭典》的解釋：父死或父母皆亡的人叫孤子。《管子・輕重己》說：「生而無父母，謂之孤子。」可知沒有母便稱爲「孤」，小馬就叫「駒」。生下小馬的母馬死了，此後小馬才叫「孤駒」。這裡待商榷的是「未嘗」二字，未的意義是「不」，或是「否」。嘗是「曾經」，如《論語・衛靈公》說「俎豆之事，則嘗聞之矣（那禮制祭祀的事，我倒曾經聽過）。」至於未嘗也可作未常，就是「不曾」「未曾」之意，如《孟子・公孫丑上》「告子未嘗知義（告子不曾懂得義理）。」今合成全句「孤駒未嘗有母」來看，乃是說「孤駒從來就不曾有過母親」，這在語意上是欠通的。

我們若說「孤駒有母」，此話不通，因爲既然有母，怎叫孤駒？我們若說「孤駒無母」，這也不通，因爲既無母親，哪能生下稱爲小馬的駒？

凡是小馬皆有母，此話爲眞。母馬死後小馬才叫孤駒，此話也眞。所謂「孤駒有母」之語，要補足說成「孤駒曾經有母」才對，否則將誤會爲「孤駒現在有母」而不通了。同

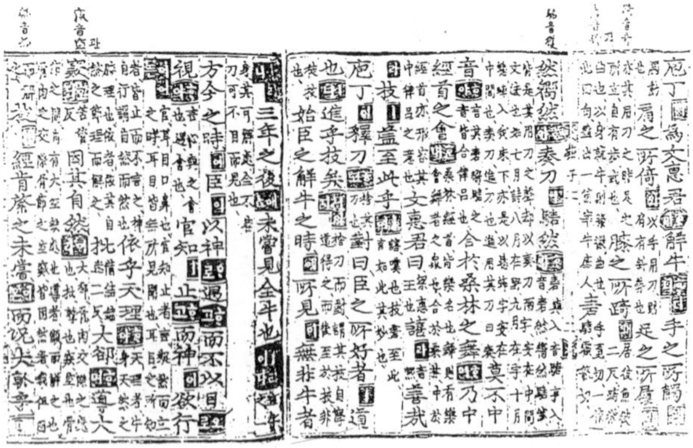

韓文加注的〈南華經〉

理、「孤駒無母」之語，也要補足說成「孤駒（的母親已死），現今無母」才合理，否則將誤會為「孤駒原來就沒有母親」，文意欠妥了。

這話的原意應是「孤駒本來有母，母馬死了，小馬如今成了孤駒」。原文「孤駒未嘗有母」的未嘗二字，在字面上來講，乃是從來一直不曾有之意，恐怕是欠當吧。

我們讀書，一面用眼在看，一面也要用腦去多加思考，不宜毫無疑惑的憑直覺全盤接受。東漢王充《論衡》中有「問孔」篇，東晉葛洪《抱朴子》中有「辯問孔聖」篇，唐代劉知幾《史通》中有「疑古」篇，雖然若干論斷有偏（如有興趣，請參看拙撰《上好短篇選》），但這種敢於大膽懷疑、尋繹眞理的精神，正是我們所要追求的。

請再看：清末民初四川富順李宗吾撰有《厚黑學》一書，他在該書「附錄」中說：

「我有讀書三訣：（一）、以古為敵：逐處尋它縫隙，讀書方能入理。（二）、以古為友：與古人互相切磋，鑽向深處研究。（三）、以古為徒：將古書當學生的作業來評閱，從而教學相長。」

他這「為敵」「為友」「為徒」三訣，對改進我們的讀書態度很有助益，與上述「問孔」「辯孔」「疑孔」三說更合乎實際，大家是否接受呢？

捨棄自己親兒，竟絕後嗣；
保全胞弟孤子，好續香煙。

七六　鄧攸歎良吏何竟無兒

善人行善積德，必有好報嗎？那可不一定。請看唐・房玄齡《晉書・卷九十・列傳第六十・良吏傳・鄧攸》，且已選入程允升《幼學故事瓊林・卷二・叔姪》篇「存姪棄兒，悲伯道之無後」一條，摘記如下：

「晉代鄧攸，字伯道（西元？—三二六），晉懷帝時，官河東太守、卻逢石勒作亂，官民匆忙逃難。鄧攸擔著扁擔，一端挑著兒子，一端挑著姪兒鄧綏急逃。途中幾度遇到亂兵打劫，鄧攸對妻說：我兒與鄧綏，不能兩全。吾弟早亡，只有此子，理不可絕，寧願放棄我兒，以後還可再生也。妻哭著點頭了，於是丟棄己子，護著姪兒逃生。後來亂平，晉元帝派他爲吳郡太守，十分清廉，後又升到尚書左僕射（宰相）。鄧攸棄子之後，竟然未再生育。」

「東晉太元八年淝水之戰，打敗苻堅的謝安太傅且義而哀之曰：『天道無知，使鄧伯道無兒』。」

到了唐朝，大詩人元稹（七七九—八三一，與白居易齊名，世稱元白）寫有《遣悲懷》詩，其第三首云：

「閒坐悲君亦自悲，百年多是幾多時，

鄧攸無子尋知命，潘岳悼亡猶費辭。」

也想是對鄧攸既同情又感慨吧。

無獨有偶，南朝宋・范曄《後漢書・卷三十九・列傳第二十九・劉平傳》也有棄子保姪的相似之事：

「王莽敗後，天下大亂。劉平之弟劉仲，爲強盜劫殺。劉仲有一女，剛一歲。劉平拋棄自己兒子，抱起姪女，護著老母，急忙逃難。劉母要回去尋找這孫兒，劉平說：『現太急迫，無法兩活。我弟劉仲，不能絕後。逃命要緊，只好不顧自己的孩兒了。』後來，他們躲到山區的樹林中。早上，劉平出去找食物，被飢餓的強盜抓著，要殺他吃他的肉。劉平哀求道：『我還有個老母，懇求把食物送回後再返來請死，好嗎？』強盜憐他誠孝，便放了他。劉平回來，侍候母親吃完飯後說：『與強盜約好了，我不能不守信用。』仍舊回到強盜窩寨受死。那群強盜大驚說：『以前曾聽聞有義人端士，今天眞的見到了，我們怎能忍心殺你呢！』劉平的善行終於傳開了。」

各位看官，鄧攸和劉平，都是棄兒存姪，德行可嘉。鄧攸且竟絕嗣，好心沒有好報。

這樣看來，善事似乎不必做了吧！這一點當有容許討論的空間。深一層看，擇善就是行義，乃是求心之所安，並不是為了日後會得好報才來行善，那是先計算了投資報酬率有得賺而後才去進行，其出發點是不正當的。當初鄧劉兩位在急切時斷然決定留姪棄兒，外人並不知情，自己也全然沒有餘暇去推斷未來，僅只基於兄弟手足情深，行其所當行而已。這種作為，才是純善。

朱柏廬《治家格言》說：「善欲人見，不是眞善。」不為人知的善行，那才叫陰德。《淮南子．人間訓》說：「有陰德者必有昭名。」我們要建立這種認識，則今後對己對人，臧否時才會掌握正確的分寸。

紀昌練眼，庚公扣輪，咎君謨咬箭鏃；
呂布射戟，劉邦捫足，陳堯咨看酌油。

七七　紀昌神箭射穿懸虱

射箭是六藝之一（見《周禮・地官・保氏》：「乃教之六藝：禮樂射馭書數」）。在《列子・湯問》篇中，有一學射故事，爲求明易，語譯如下：

「古時最會射箭的人叫甘蠅，只要他一旦拉弓扣弦，走獸就伏地不動，飛鳥就降下不翔，因爲知道逃也逃不了。他的弟子叫飛衛，技巧還勝過老師甘蠅。另有一位紀昌，求請飛衛教他射箭。飛衛說：『你先去學會不眨眼，然後才可學射。』紀昌回家，躺臥在妻子的織布機下，眼睛瞄著那快捷往復的梭子，兩年之後，眼皮不眨了，前去報告飛衛。飛衛說：『還不夠好，要再專學注視，達到視小如大，視微如巨才成。』紀昌回家，用牛尾細毛，弔著一個虱子，掛在窗前，目不轉睛，盯著注視。十天之後，虱子看來變大了。三年之後，大得像個車輪了。再另看其他物件，一注視就都變大了。於是他張弓射虱，一箭穿透了虱子的心。他再去稟告飛衛，飛衛說：『你已經學會了射箭了』。」

這事也收入了清・允祿《子史精華・卷一百二十・巧藝部一・射御》篇「貫虱之心」條中。今日讀來，雖然多有不近常情之處，例如眼睛怎肯久久不瞬？牛尾毛哪可繫得住小虱？觀虱豈能變大像車輪？箭頭怎會貫穿虱心？都欠合理。但其立意，乃是教我們凡事要專心一念，長久致力，才會走向成功之路，這點請要接受才好。

昔人注重射箭，既已列爲六藝，則習射便成爲必修課目。前代善於射箭的名人甚多，隨便舉幾個顯例：如《淮南子・本經訓》后羿射落九個太陽。《史記・李將軍傳》李廣射石沒鏃。《漢書・枚乘傳》養由基百步穿楊，百發百中。《北齊書・斛律光傳》斛律光是射鵰神手。《陳書・褚玠傳》引弓射虎，中口入腹。〈舊唐書・高祖〉李淵射箭，雀屏中目。《陸游・南唐書・劉彥貞傳》矢不虛發，號劉一箭。《歐陽修・歸田錄》及《朱子名臣言行錄》陳堯咨善射，當世無雙，號小由基。

射藝既甚爲普及，又講求精純，以致秦朝漢代之時，用「僕射」作爲最高的官名，委任善於射箭的能人來掌理國政，等於宰相，讀音爲「仆夜」，直到元代才廢止。

上面述及紀昌「箭穿懸虱」故事，還有後續發展，不可不看：

「紀昌既已學盡了飛衛的射箭之術，暗想天下能勝過我的，就剩師父飛衛一人而已，便欲謀殺飛衛，讓自己稱王。一天，兩人在郊外對面相遇時，竟然互相射箭。只見紀昌射來的箭，支支都被飛衛射出的箭在中途相對碰，雙雙墜落地面。飛衛的箭用完了，紀昌還有一支，箭射過來，近身時，飛衛用弓尾一撥，錯開了，全無差失。」

和上述相似的故事，又可參見唐人段成式《酉陽雜俎》據「朝野僉載」敘云：

「隋朝末年，有昝君謨者，善於射箭。他閉著眼睛開了弓，口中同時說要射向何處。說要射目就中目，說要射口就中口。有位王靈智，來向他學射。三年後，以爲師父的巧技都學到了，便想射殺他。此時昝君謨只有一柄短刀，王靈智的箭射過來，快近身時，昝君謨都用短刀格開。最後一箭，昝君謨張開口來承接，雙齒一合，竟能適時咬住箭鏃，口舌絲毫未傷，還笑著回應道：『王徒弟你學射箭三年了，可惜我還未曾教你這招「嚙鏃法」（用牙齒咬住射來箭頭的技法）咧』。」

射事雖在文史書中多有，但借射箭的精準表演而和平的化解掉一場戰爭，則唯有三國時代的呂布顯示了這項大能。據《後漢書・呂布傳》所記，譯之如下：

「袁術派大將紀靈，率領步兵騎兵三萬進攻劉備，劉備向呂布求救。呂布帶領一千多兵往援，駐扎在沛城郊外，派使者邀請劉備紀靈三人飲酒會餐。呂布對紀靈說：『劉備與我，情同兄弟，今被你大軍圍困，我乃特來相救。我呂布不喜歡合鬥，卻喜歡解鬥。』因插立一支長戟（槍頭有個小叉的兵器）在營帳外一百五十步處。呂布持弓搭箭說道。『各位請看，我如射中戟上的小叉，大家就該退兵；如果未中，那就不妨決戰。』只見呂布射出一箭，正中戟上小支。紀靈驚怕，回道：『呂將軍天威赫赫，將軍的話，敢不聽命。』第二天就撤兵了。」

這事又見於羅貫中《三國演義》第十六回「呂奉先射戟轅門」。演義就是依據正史演繹的，還有律詩詠歎，因這箭，消弭了殺戮之禍，然則射之爲用，蓋大矣哉！

自己不幸中箭，受了重傷，忙中還謊說輕傷無礙，這是劉邦的急智。請看《史記・卷八・高祖本紀》篇中「傷胸捫足」的典故：

「楚漢久相持，勝負迄未決。劉邦項羽，在廣武對峙。項羽要與劉邦獨身挑戰，劉邦不依，反而指責項羽有十大罪狀。項羽大怒，施弓箭射中劉邦胸部，劉邦痛極彎腰，順手捫著腳尖喊道：『射到我的腳趾頭了。』用意在說受傷無關重要。回到營帳裡，卻因極痛而躺在床上。張良強迫他起身，坐上軍車，到各個營帳去勞軍，一來要安定軍心，二來要警告大家防備項羽乘勝偷襲。」

這事又已收入《幼學故事瓊林・卷二・身體》篇中「傷胸捫足，計安衆士之心」條，對我們該有若干參考價值吧。

前面提到紀昌與王靈智要殺師父，這類壞人，還應加上《孟子・離婁下》所說的「逢蒙（羿的家臣）學射於后羿（有窮國的國君），盡羿之道。思天下唯羿爲愈己（只有后羿勝過自己），於是殺羿。」這都是極爲不該。還好、有位庾公之斯，倒很尊敬他師父。請讀《孟子・離婁下》中「抽矢扣輪」章。這是正面的好榜樣，不宜遺漏或忘記：

「鄭國派子濯孺子攻打衛國，敗了，衛國派庾公之斯追他。子濯孺子坐在兵車上邊逃邊說：『今天我生病了，沒有力氣拉弓，我會沒命了。』問那駕車的御者：

『追我的是誰呀？』駕駛答：『是庾公之斯。』子濯孺子說：『既然是他，我就會活命了。』駕駛問道：『庾公是衛國最會射箭的人，你說會活，爲甚麼？』他答道：『庾公之斯，學射於尹公之他；而尹公之他則學射於我。那個尹公之他，是位正人君子，他收的徒弟，也必是個正人，應該不會害我的。』過不多久，庾公之斯追上來了，問道：『老前輩爲何不拉弓？』子濯孺子說：『我病了，無力拉弓。』庾公之斯說：『我這後輩，學射於尹公；我師尹公，學射於您。我不該用您傳授下來的特技反來射您。但是，今天我奉王命，卻又不能不遵行呀。』庾公之斯拔出箭來，在車輪邊沿上抽扣，把箭頭上傷人的金屬箭鏃剝落脫掉，只剩箭桿，即使射中，祇痛不傷。然後向子濯孺子的兵車後廂，射了四支箭才返去。」

昔時各代善射的人很多，已如前述。但射箭仍只是一種個人技術，僅止於一人敵（項羽說：「一人敵，不足學，要學萬人敵。」見《史記》卷七項羽本紀）。即令箭法神準，也不可妄自驕矜。試看歐陽修《歸田錄》的記事一則：

「陳堯咨（北宋人任節度使，諡康肅）善射，當世無雙，公亦以此自矜（他也以神射驕誇，自比於百步穿楊的養由基）。嘗射於家圃（在自己的練靶場射箭），有賣油翁釋擔而立（一賣食油的老頭路過，放下油擔，站著觀賞），睨之，久而不去（斜著眼睛瞄看，久不離開）。見其發矢，十中八九，但微頷之（只是略微點一點下巴而已）。康咨問曰：『汝亦知射乎？吾射不亦精乎？』翁曰：『無他，但手熟耳（這沒啥稀奇，只是手法熟了而已）。』堯咨忿然曰：『爾安敢輕吾射（你憑啥膽敢輕視我的箭術，也太自大了吧）？』翁曰：『以我酌油知之（從我倒油的經驗就知道）。』乃取一葫蘆置於地（從油擔裡取出一個肚大口小的空葫蘆壺立在地上），以錢覆其口（用一枚外圓中有方孔的古錢幣正好蓋滿在壺口上），徐以杓酌油瀝之（用半圓的油杓子舀滿食油，高高舉起，慢慢傾側，讓油從杓邊流到杓底再往下瀉），自錢孔入，而錢不濕（油自錢孔中心注入壺中，油不粘錢，錢也不濕）。因曰：『我亦無他，唯手熟耳（一瓢油倒完了說：我這也沒甚麼，只是手法純熟吧了）。』堯咨笑而遣之。」

這番表演，眞是神乎其技，陳堯咨今天遇到能手，知是隱名高人，就含笑將他送走了。假如我跳高欄得了奧運銀牌，應當不可一世了吧，可是瞧他竟以十項全能榮獲奧金，難道我還神氣得起來嗎？有本事而不自誇，那是進入另一種更高的境界了。筆者讀罷這最後一段歐文，不覺技癢，獻醜端出打油詩四句曰：

操弓練就射鵰手，技妙能穿百步柳；
將謂世間無比倫，豈知遇上賣油叟。

中共導彈，瞄射毀衛星，好準；
神舟火箭，送人入太空，真行！

七八　中共飛彈擊落衛星

身爲現代人，不能落伍。試看太空競爭，正方興而未艾，中共近年來迎頭急追，我們哪可不睬？依紐約時報（New York Times）二〇〇七年一月二十九日第三版報導：

「美國防務中心主任泰瑞莎．希欽斯說：二〇〇七年一月十一日，中共發射一枚飛彈，在離地八百多公里處的太空中，擊毀了一枚老舊的中共氣象衛星（今日環繞地球運行的八四五枚現役衛星中，美國有四四三枚，佔53%，中共只佔4%）。」

又有「大陸新聞中心」的綜合報導（見二〇〇七、一、廿三、聯合報）：

「中共於一月十一日發射導彈，擊毀一顆自家的衛星，同時讓一顆『美國的間諜衛星』失聯，此事引發美國質疑中共的動機。中共軍事科學院戰略研究部彭光謙少將說：中共已經有能力把太空人送上太空再接回地球，有了這種操控高能力，要擊毀一顆衛星，並非難事。」

再請看《詹氏防衛周刊》（見二〇〇七、一、廿一聯合報）的敘述：

「美國在近來的多次重要戰爭中，對太空偵測衛星的依賴極大。中共乃想對美國太空裝備予以致命的打擊。早在一九九七年十月，中共即曾用雷射技術破壞了兩枚美國已經廢棄的低軌『偵測衛星』。而中共所發展的反衛星武器不僅是高能雷射、彈道飛彈，還有高功率微波武器、粒子束武器、殺手衛星、以及電磁砲等等，成爲中共對抗美國介入台海衝突的重要憑藉。」

中共從事太空追趕的實況如何呢？

中共有甘肅酒泉、山西太原、四川西昌三大衛星發射中心。酒泉中心建立最早，時在一九五八年。主要是發射中軌道、高傾角、及返回式衛星。他發射的次數最多，包括「神舟一號」到「三號」。太原中心則適合軌道及與太陽同步軌道衛星。西昌中心的設備及功能最齊全，能發射載運式火箭及綑綁式火箭，「長征三號」便是由此發射的。

中共自一九七〇年成功發射第一顆人造衛星「東方紅一號」後，就成爲（繼蘇、美、法、日之後的）全球第五個發射人造衛星國家，至今已累積有發射近百枚衛星的經驗。

一九九九年從酒泉發射「神舟一號」，到二〇〇二年的「神舟四號」，成功的發射四次無人太空艙。二〇〇三・十・十五，「神舟五號」在酒泉發射中心升空，是將首位太空人楊利偉送上太空。中共（繼俄、美之後）便擠身爲「載人太空俱樂部」的第三名會員了。

二〇〇五年十月十二日，「神舟六號」自酒泉送太空人費俊龍、聶海勝升空，飛行一百一十五小時半（約等於五個晝夜，共繞地球七十六圈）。

預定二〇〇八年升空的「神七」，則將搭載三位太空人，並會讓太空人跨出太空艙，進行太空漫步。

至於探月，則有「嫦娥一號」。預計二〇〇七年發射，奔向離地球三十八萬公里以外的月球，執行繞月探測；還包括繪製3D地圖，進行月球表面化學元素探測，進行月球土壤探測，進行地球與月球之間的空間環境探測。還要帶著三十首歌曲上太空，在距地球三十八公里以外向地球播放（包括鄧麗君「但願人長久」之歌在內）。

中國航天科技顧問戴震良及中共科工委主任張雲川都說：中共月球計劃分成「三大步」走：即探月工程、登月工程及駐月工程。其中「嫦娥一號」是第一「大步」中的第一「小步」，將執行繞月任務，耗資爲十三點六億元人民幣。

大陸第一位飛上太空的太空人楊利偉（新華社）

至於發射時間的選擇，爲了讓「嫦娥一號」能夠在地球、月球、太陽之間有個最佳的角度，俾能順利進入月球軌道，必須找一個最有利的發射時間。

太空競賽，除上述中共之外，其他各國，也都沒有放鬆，例如日本，將在近年計劃發射「月神號」繞月一年，最終是要在月球上建立「太空港」。而印度則預計在二〇〇八年發射衛星繞月兩年。又韓國預定在二〇〇八年試射太空火箭，二〇一〇年要完成九枚衛星發射。另外馬來西亞則預計在二〇二〇年想把人送上太空。至於美國自阿波羅太空船在一九七二年送人登月之後，近來宣佈約在二〇二四年，要在月球上建造永久基地。

回顧以往，美國和前蘇聯政府花了三四十年發展太空科技，中共只用了七年時間就趕上了載人送上太空。有西方專家認爲不出十年，中共的太空發展，必會超越俄羅斯和歐洲的成就。

試看中共自製的「神舟六號」太空船，每九十分鐘就可繞行地球一圈，太空艙裡的太空人費俊龍與聶海勝，一天中可以欣賞十六次的日出和日落。而軍事專家也認爲：

嫦娥一號繞月的模擬圖

「太空將是未來地球大國戰爭的主戰場，誰能控制太空，誰就能控制地球，大家爭奪『制天權』，將是各國的遠程目標。中共的太空事業是由軍方主導，太空人是軍方出身，其動機不言而喻。」

台灣在這種情況之下，該怎麼辦？要參加太空競逐，國家小，力不可爲。再者，請聽聽美國國家戰爭學院教授科爾說：「台灣的國防面臨另一問題是戰鬥意志低落，敵情意識薄弱，作戰志力不堅。」退役中將蘭寧利也撰文說：「偶與軍中老弟深談，他們都已是軍中的中上級幹部，理應全心以戰備爲念，但所關心者，無不是四處攀關係，鑽門路，把現職當作過渡的踏腳石。」（以上兩事請閱二〇〇七、一、廿一、聯合報A15版）如何安全護台，非本篇短文所可詳論。然居安要思危，怎樣能見兔顧犬，就待高明的賢者來策劃了。（本文完稿於二〇〇七年一月三十日）

獨自無言對馬關——連雅堂〈過日本馬關〉詩句。
不堪回首是台灣——連雅堂〈謁延平郡王〉詩句。

七九　連雅堂「三百年來無此作」

連橫（一八七八—一九三六）字武公，號雅堂，又號劍花。生於台灣台南，歿於上海，享壽五十九歲。有人說他是近代台灣文化界一大師，也是中國史學一名家。

他年青時，父親就勗勉說：「你是台灣人，不可不知台灣歷史。」因以纂述台灣史爲己任，迭經艱困，終於完成《台灣通史》巨著。他抒寫其對歷史之體認說：

「夫史者、民族之精神，而人群之龜鑑也。代之勝衰，俗之文野，政之得失，物之盈虛，均於是乎在。故凡文化之國，未有不重其史者也。古人有言：國可滅，而史不可滅。」

中日馬關條約，台灣割於日本，連橫抱文人救國之忱，任職於「台灣日報」「台南新報」後來在上海「國民日日報」任編輯，繼而在廈門創辦「福建日日新報」，鼓吹排滿，但清廷因其言論激烈，終遭查禁。

辛亥革命成功，中華民國肇建，連橫於民國元年到南京謁明太祖陵，賦詩曰：

「亡秦一劍風雲會，
破虜千秋日月新；
鬱鬱鍾山王氣盡，
國權今已屬斯民。」

後來，袁世凱當國，連雅堂感時傷逝，曾往文天祥祠吟詩曰：

「我亦遘陽九，
伶仃在海濱；
中原雖克復，
故國尚沉淪。」

遘音夠，意謂遭逢。陽九是指災異和厄運。文天祥《正氣歌》詞中有「嗟予遘陽九，隸也實不力」之句。連雅堂越居庸關，過張家口，出山海關，至奉天，經長春，返燕京，心情並不愉快，忿云：

「提劍來大陸，
流血購自由；
文章遭鬼擊，
百怪亂呼吸。」

此時、雅堂先生屢得家書，遂決然回到台灣，並將歷年所吟一百二十六首詩彙爲《大陸詩草》，於民國十年出版。章炳麟（章太炎）讀後贊道：「此乃英雄有懷抱之士也。」

大陸倦遊，回台南後，歎道：「吾生平有二事，其一已成（驅除滿清），其二爲通史未成，吾其何以對我台灣？」於是發篋出書，孜孜矻矻，潛心著作，每至夜深始息。歷經五載，於民國十年，《台灣通史》上中下册陸續出版。該書起於隋朝大業元年，終於清朝光緒二十一年，凡一千二百九十年間之事，網羅舊籍，博採遺聞，旁及西書，參以檔案，追溯到秦漢之際，所以命名爲「通史」。計分三十六卷：

「紀」四：開闢、建國、經營、獨立。

「志」二十四：疆域、職官、戶役、田賦、度支、典禮、教育、刑法、軍備、外交、撫墾、城池、關征、榷賣、郵傳、糧運、鄉治、宗教、風俗、藝文、商務、工藝、農業、虞衡。

「列傳」八。

連橫鑑於前人寫史，多偏於禮樂兵刑，著筆於民生甚少。實則國以民爲本，無民何以立國，所以他多談民事。又台灣地名多源於番語，例如宜蘭以前曰蛤仔難，或曰甲子蘭，後稱噶瑪蘭，改縣乃稱宜蘭，他都按當時的名稱寫記。除了在《台灣通史》自序及凡例中述明他的主旨之外，又自題詩句於卷末，有句云：

「三百年來無此作，
拼將心血付三台。」

「絕業名山幸已成，
網羅文獻責非輕。」

名山大業既告完成，連雅堂又蒐集古今之詩，擇其與台灣有關者編爲《台灣詩乘》六卷。他說：「詩則史也，史則詩也。余撰此篇，亦本斯意。是詩是史，可興可群。」他更研考台灣方言的來源，撰成《台灣語典》《台灣考釋》。日本友人前島信次形容說：「書和人都埋在灰塵裡，台灣通史作者貧困衰老，近視到離書一二寸才能看字。」如此專勤，何人能及？

民國三十五年，連橫因肝病逝於上海。病中曾諭告獨子連震東：「今倭燄迫人，中日終必一戰，光復台灣，即其時也。汝其勉之。」歿後不到十年，日本無條件乞降，台灣光復，雅堂先生應可引慰於九泉了。

「嘗試成功自古無，放翁（陸放翁）這話未必是」——胡適之「嘗試篇詩」起句；
「但開風氣不為師，龔生（龔自珍）此言吾最喜」——胡適之「各投所好」詩句。

八〇　胡適之「但開風氣不爲師」

旅美學人唐德剛，在《胡適口述自傳》的「寫在書前」文中說：「胡適之先生是現代中國最了不起的大學者和思想家。」但又說：

「最近從大陸來的人士，竟然對『胡適』和『胡適之』是否爲同一人，也發生了疑問。對『胡適』與『白話文』究有多深的關係，更不知其詳了。」

「我在一九七〇年訪台時，蒙林語堂先生召宴，我前往一家大酒店內，問那衣冠楚楚的總招待：『林語堂先生請客的桌子在哪裡？』他兩眼一瞪，反問我說：『林語堂是哪家公司的老闆？』社會的變動多大啊！」

胡適（一八九一——一九六二）原名洪騂、嗣糜，字希強、適之。原籍安徽績溪縣，生於上海，歿於台北。小時候就習讀父親胡傳手寫自編的《學爲人詩》四言韻文：

「爲人之道，在率其性；子臣弟友，循環之正。
謹乎庸言，勉乎庸行；以學爲人，以期作聖。」

「爲人之道，非存他術；窮理致知，返躬踐實。

黽勉於學，守道勿失；……………………。」

一九〇四年，胡適到上海入梅溪學堂，後轉澄衷學堂，再考入中國公學。一九〇九年十八歲，他秋日適野，見萬木皆衰，而柳獨迎風而舞，豈老子所謂弱者存耶？賦詩云：

「但見蕭颼萬木摧，尚餘垂柳拂人來；

憑君漫笑柔條弱，也向西風舞一回。」

一九一〇年，考取留美官費生，往美國康奈爾大學就讀。一九一五年轉學至哥倫比亞大學。他先後接受歐美各大學的名譽學位共三十五個。

胡適提倡用白話作文作詩，曾撰有《嘗試篇詩》曰：

「嘗試成功自古無，放翁這話未必是。我今爲下一轉語，自古成功在嘗試。

請看藥聖嘗百草，嘗了一味又一味。又如名醫試丹藥，何嫌六百零六次。

莫想小試便成功，哪有這樣容易事？有時試到千百回，始知前功盡拋棄。

即使如此已無愧，即此失敗便足記。告人此路不通行，可使腳力莫浪費。

我生求師二十年，今得嘗試兩個字。作詩做事要如此，雖未能到頗有志。

作嘗試歌頌吾師，唯願大家來嘗試。」

一九一七民國六年，他在《新青年》雜誌發表《文學改良芻議》，提出「八不主義」，倡導白話文。

民十四年，章士釗任司法總長，有次宴會中章胡同席。友人認爲胡是白話先驅，章是文言泰斗，但兩人從未筆戰，因挽二人同照一像，且請以「各投所好」題詩，胡適以舊詩體裁寫下七言絕句曰：

「但開風氣不爲師，龔生此言吾最喜；
同是曾開風氣人，願長相親不相鄙。」

辛士釗也回報一首，卻是用白話寫詩。兩賢風趣，洋溢紙上：

「妳姓胡來我姓章，你講甚麼新文學，我開口還是我的老腔。
你不攻來我不駁，雙雙並坐各有各的心腸；
將來三五十年後，這個相片好作文學紀念看。
哈，哈，我寫白話歪詞送把你，總算老章投了降。」

民十九年，胡適出版《白話文學史》。民廿六年日寇侵華，民廿七年胡任駐美全權大使，他爭取到美國的援華貸款，曾以白話自勉自勵：

「偶有幾莖白髮，心情微近中年，
做了過河卒子，只能拼命向前。」

民卅四年八月，日本投降。九月，國民政

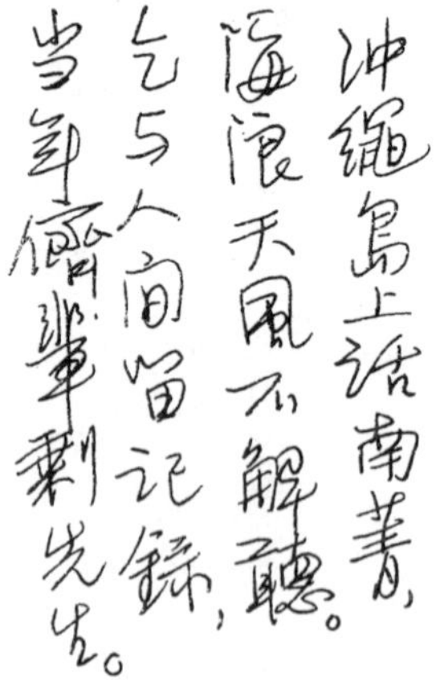

沖繩島上話南菁，
海浪天風不解聽。
乞與人間留記錄，
當年儕輩剩先生。

胡適之先生遺墨
（1958.6.16.沖繩島上口占，贈鈕永建先生）

府任胡爲北大校長。民卅七年，膺選爲中央研究院院士。一九五〇民卅九年，陷身大陸的次子胡思杜被逼聲明與他脫離父子關係，胡適答復記者訪問時說：

「我們早知道：在共產主義的國家裡，沒有言論的自由。現在我們更知道：連沉默的自由，那裡也沒有。」

一九五四民四十三年，中國大陸清算胡適。中共的「中國科學院」和「全國作家協會」決定，組成「胡適思想批判討論工作委員會」來清算胡適思想的流毒，批判的範圍廣達九項（見《學習》雜誌一九五五年二月號）。這波「批胡」運動，把胡適判得一無是處，說他所研究的學問沒有一樁是對的。直到一九六四年，毛澤東說「胡適的看法也有些比較對一點的」才收場。

民四十七年，胡適任中央研究院院長。一九六二民五十一年：，胡在主持院士會議時，忽然站立不穩，倒地逝世。

英國哲學家羅素（Bertrand Russell 1872-1970）訪華回英後，撰有《中國問題》（The Problem of China 1922），記述來華觀感說：「談到中國人物中具有必要的才智者，就我親目之所見，我願舉胡適博士爲例。他具有廣博的學識，對於致力改革抱著無畏的熱望。他所寫的白話文鼓舞起中國進步分子的熱情。他願意吸收西方文化的一切優點，但卻不是盲目的崇拜者。」羅素豈會輕易謬獎，所論中肯，筆者更不敢多所饒舌了。

端人必誠，誠即無假；
君子守信，信而有徵。

八一　鼎之假或非假拒作證

誠信無價。請看《韓非子・說林下》：

「齊伐魯，索讒鼎。魯以贋鼎往。齊人曰：贋也。魯人曰：眞也。齊曰：使樂正子春來，吾將聽之。魯君請樂正子春。樂正曰：胡不以眞往也？君曰：我愛之。答曰：臣亦愛臣之信。」

你送假鼎，我則更愛信實。

（本篇正文僅62字，標點19字，合計81字，首尾兩行（引言結語）亦僅29字，總共116字，是一篇精簡短文）

注釋：鼎—是一種三腳兩耳的金屬容器，用來烹煮或盛裝食物。上古時代作爲傳國之寶，故稱朝代改革爲「鼎革」。

讒鼎—禹帝鑄的鼎叫讒鼎。

贋鼎—假的、替代的僞鼎。

樂正子春—魯人，曾子弟子。樂正是複姓。

吾將聽之—我們會聽信樂正子春的眞假鑑定結論。

臣亦愛臣之信—我也珍愛我的誠信。

此一故事，發生有「雙胞」疑案。前面《韓非子》說是樂正子春，但《呂氏春秋・審己篇》則說是柳下季（就是柳下惠）。呂氏的記載如下：

「齊攻魯，求岑鼎，魯君載他鼎以往。齊侯弗信而反之，告魯侯曰：柳下季以爲是，吾即受。魯君請於柳下季。柳下季答曰：君之賂以岑鼎也，欲以免國破也。臣亦有國於此。破臣之國，以免君之國，此臣之所難也。於是魯侯乃以眞岑鼎往。」

甚麼是信？信就是誠實。《論語・爲政》說：「人而無信，不知其可也。」《左傳・昭八》說：「君子之言，信而有徵。」西諺說：「信用是第二生命。」有信暢走天下，無信寸步難行。那些不守信的人，雖可偷機於一時，卻不能欺騙於永遠。

不死本來無聖酒，長生哪會有仙丹；
秦皇漢武今何在？應笑痴人續命難。

八二　酒的死與不死難置評

不死酒，靈嗎？請看張華《博物志》：

「君山上，有美酒，飲者不死。漢武帝得酒，欲飲之。東方朔曰：臣識此酒，請視之。因飲至盡。帝欲殺之。朔曰：殺朔若死，此酒不驗；如其有驗，殺亦不死。帝赦之。」

死或不死之理，已由東方朔說盡了。

（本篇正文只有58字，標點18字，共76字，是一篇短文。加首尾兩行連標點33字，全文共109字。符合精短之旨）

注釋：

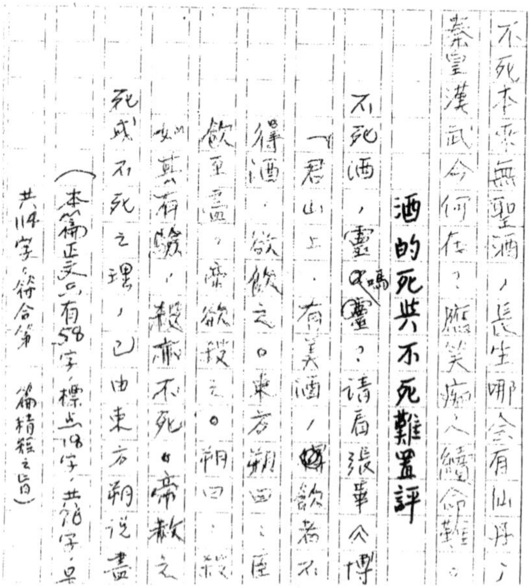
不死本來無聖酒，長生哪會有仙丹，
秦皇漢武今何在？應笑痴人續命難。
酒的死共不死難置評
不死酒，靈嗎？請看張華《博
「君山上，有美酒，飲者不
得酒，欲飲之。東方朔曰：臣
飲至盡，帝欲殺之。朔曰：殺
如其有驗，殺亦不死。帝赦之
死或不死之理，已由東方朔說盡
（本篇正文只有58字，標點18字，共76字，是
共114字，符合　篇精短之旨）

作者手寫原稿

君山——有四處：一在湖南洞庭湖中，二在江蘇江陰縣長江邊，三在江蘇宜興縣南，四在安徽盱眙縣東北。

東方朔——西漢人，性詼諧滑稽，《漢書》有「東方朔傳」。

附記：關於不死酒、不死藥、不死丹、不死樹、不死草、不死國、不死鄉、不死人、不死山、不老泉、不老草、長生露、長生漿、長年術、長年藥、延年藥、卻老方、卻死香、駐衰術、返魂丹、續命湯、益壽藥等等之記述，請參看拙撰《試說心語》第七十九篇，共九十三則，台北文史哲出版社出版。

售素描為學生籌旅費
繪草圖讓木匠免工錢

八三　畢加索巴黎送旅費

「熱那亞（Genoa）是意大利西北的大城，距離法國邊境只有二百公里，歷史悠久的熱那亞大學在焉。該校美術系有六十個學生，想要去巴黎參觀畢加索的畫展。他們出售自己的繪畫作品，用來籌措旅費，可惜久久未能如願，不克成行。畢加索聽到了，便寄去一幅他的素描，附一短信說：『試試這一幅。』結果賣了高價，足夠這班同學在巴黎歡度三天的費用。」

這樁軼事，甚有人情味，讀來溫馨。

以上是引自台灣台南市文國書局一九九九年出版的《歐美捧腹集》中的一臠。同一書中後面另外尚有一則畢氏趣譚說：

「畢加索找來木匠，要做一個別緻的櫃子。爲了使木匠明白他的心意，畢氏親手繪了一幅草圖，以助了解，問木匠要多少工錢？木匠說：『工錢不要，只請你在草圖上

畢加索

簽個名字給我就行了。』」

巴黎居歐陸中樞，是歐洲文化及藝術中心。有歐洲最大博物館的羅浮宮（Louvre Museum），有紀念拿破崙勝利的凱旋門（Triumphal Arch），有爲萬國博覽會而建的當年全球最高的艾菲爾鐵塔（Eiffel Tower），有純哥德式建築的聖母院（Notre Dame de Paris），都是必看的勝景。旅歐若不遊巴黎，會十分遺憾。

大家請看：畢加索（Pablo Picasso 1881-1973。或譯爲畢卡索，或譯爲必加梭），西班牙籍，出生於馬拉雅（Malaya）。父親是位教師。他從小就對美術有天才，初期愛用藍色爲主色，描繪乞丐病童飢民。其後改採粉紅和淡黃爲主調，以伶人醫生丑角等人物爲題材。後期的作品又轉變走半抽象的路，擺脫了傳統的束縛，而使藝術再生，確立量感與外觀間的關係，是立體畫派的創始者。第二次世界大戰中移居法國。去世時，被尊爲二十世紀最偉大的畫家。

作者遊巴黎鐵塔

前面的第一個小故事，顯露了畢氏的好心和善意。雖然身爲藝術大師，卻仍關愛後輩，主動寄去一幅畫，惠而不費，愛舉值得稱道。第二個小傳聞，證明他已遐邇馳名，一幅草圖，都是金玉，連木匠都要留作珍寶，難道不值得我們欣羨嗎？

對妄人不必爭短長
且忍耐終能成大業

八四　曾國藩岳麓緊溫書

曾國藩（一八一一—一八七二，湖南湘鄉人）平定了太平天國，是清代的中興名臣，道德學問文章，一時無兩。

他是怎麼成名的？且記述一段細事，或可由小以見大。

當他求學時，曾在湖南長沙「岳麓書院」（湖南大學前身）攻書，和另一位文士同室。那位文士的書桌，原本離窗戶有好幾尺遠，曾國藩因將自己的書桌安置在窗前。豈知那位同室同學大爲光火，怒斥道：「我案頭的光線，都被你遮掉了！」

曾國藩問：「那要我把書桌擺在哪兒才好呢？」

那同學指著曾的床頭說：「擺在那裡不就得了！」曾國藩依言，不予計較。

但曾求學很勤，雖到半夜，還在誦書。那位同窗又罵道：「白天不用功，半夜還在唸；打擾別人睡覺，豈有此理！」

曾國藩

曾國藩只好默讀，不再出聲，因而磨鍊了忍耐工夫，乃成不世之業。以後治軍，即使遇到挫敗，也能夠從容堅忍以對，轉危爲安，轉敗爲勝。

以上是取材自清代湘潭易宗夔《新世說》紕漏章中所記。此外，還當補充另一小節：不久，曾國藩參加考試錄取登榜，那位文士又吼道：「這整座書齋的好風水，都讓你一個人佔光了。」其他的同門學子都認爲那位狂生太虧理，爲曾國藩抱不平。但曾並不在意，反而勸慰同學，不予爭辯。

參照這些小處，不妨悟出兩點：第一、我們若遇妄人，對自己作不當的責怪，是否也要與對方一般見識，和他理論，掙得個黑白是非曲直對錯嗎？恐怕不必吧！如果互相爭吵的話，那你也就降低了品格，一同歸類爲妄人。譬如遇到一隻瘋狗對你吠叫時，你也對吼回去嗎？

第二、凡是一個人大有成就，除了自己內在的學驗與修爲之外，外在的機遇和時勢也是要配合的。請看曾國藩，首先、若不是母親去世，依禮他須辭職回湘在家守孝，無官無事，無牽無掛，他才可接受新的任務；否則仍衹是個京官而已，恐難出頭（那時他官任吏部侍郎）。其次、若不是太平天國攻進湖南，朝廷要他練兵保鄉，又要他出湘作戰，終建殊功；否則一個文人，怎會去帶兵打仗（立正稍息全不懂）。我們參看曾國藩早在咸豐六年九月二十九日於江西撫州軍營中寫給他次子曾紀鴻《字諭紀鴻兒》函中就說：「凡富貴功名，皆有命定；半由人力，半由天事。」他一生恭慎謹敬，才會大成。英雄造時勢，時勢也造英雄；若無洪秀全，曾國藩恐難彰顯。

曾歿後，布政使李元度有輓詩曰：

「岳岳擎天柱，南衡鎮上游；

靈鍾蕭相國（西漢丞相蕭何），地接蔣恭侯（三國蜀漢蔣琬，諡恭，也是湘鄉人）；

名士無雙略，儒臣第一流；

早聞議大禮，讜論已千秋。」

劉震仙也有輓詩曰：

「半夜吳江殞大星，雨花台畔野鵑鳴。

東都留守亡裴度（唐人・收復長安），南內先皇泣李晟（唐人・誅劉克成）。

一代旂常傳信史，千秋廟祀聽謳聲。

中興事業才施設，誰道擎天一柱傾。」

左宗棠則以輓聯表達心聲：

「謀國之忠，知人之明，自愧不如元輔；

同心若金，攻錯若石，相期無負平生。」

而梁啓超在《曾文正公嘉言鈔序》中贊道：「曾文正者，蓋有史以來不一二睹之大人也。其立德立功立言三并不朽。」梁氏下此褒語，我們也該去體察與探究這位曾大人何以能夠成名的根由吧。

家裡僅餘苧麻一束，持往典當；
束中藏有黃金五兩，送還拒酬。

八五　甄彬還黃金拒謝

還錢得好名，官授刺吏輔佐；守貧不妄取，德範皇帝遙知。這就是梁武帝贊賞甄彬「卿有還金之美」的故事。

南朝梁代，有位甄彬。品行純良，立身端正，鄉里親黨之間，都贊他是位君子。

甄彬家境不好，有一次，他爲了應付急需，拿出一綑苧麻（麻稈纖維可以搓成麻繩，織成麻布），向本州郡的長沙寺庫去質錢（就是典當。留麻爲質以借錢，以後還錢給息取麻）。後來還了借款，將苧麻綑贖出揹回家中，解開綑結，發現麻稈束裡夾藏著一包散碎的黃金，大約有五兩重。這不是自己的財物，便送還給寺庫。

司庫的人又驚又喜，對他說：「好久以前，有人拿這五兩碎金來質押借錢，我因那時正有急事，就隨手不經意的暫且塞在麻綑裡，自己也忘了，記不得放在哪裡，以爲是丟了。如今施主（施主是佛家對信眾的敬稱，梵語叫陀那鉢底：Danapati，也叫檀越）自動送了回來，眞是好心好德。這樣罷：我收下一半，另一半作爲對你的酬謝好了。」

甄彬堅持不受，推讓了十多次，最後他表白道：「我五月熱天，沒有葛衣穿，還披著羊皮來揹柴草，哪是拾金不還之徒？又難道是貪圖報酬的人嗎？」終於不受酬謝。

南朝梁武帝（四六四—五四九，梁朝開國皇帝蕭衍）當初還是平民的時候，就知道這件善行，及至就位爲帝（五〇二年登位），任命西昌侯爲益州（今四川省境）刺史，特派甄彬作錄事參軍（輔佐刺史，掌理公文）。赴任之前，梁武帝對一行同僚五人作臨行訓話，告誡他們必須廉潔愼謹。輪到甄彬時，武帝改口說：「甄卿，你以前有還金的美德，我不須用這些話來叮嚀你了。」因有這一故事，使得他的令名美譽，更加彰顯於當時。

好事值得傳揚，以故唐，李延壽《南史・卷七十・列傳第六十》，宋・孔平仲《續世說・卷一・德行》及宋・李昉《太平廣記・卷一六五・廉儉・甄彬》都有記述。今引錄《南史》原文，以供參對：

「甄彬，行己有品，鄉黨稱善。嘗以一束苧麻就州長沙寺庫質錢。後贖苧還，於苧束中得金五兩。彬得，送還寺庫。道人驚云：前有人以此金質辦，時有事，隨手藏之，不復憶而失。檀越乃能見還，請以半酬之。往復十餘，彬堅然不受。謂曰：五月披羊裘而負薪者，豈拾遺金者耶？卒還金。梁武帝布衣而聞之，及踐阼，以西昌侯爲益州刺史，以彬爲州府錄事參軍。將行、同列五人，帝誡以廉愼。至彬，獨曰：卿昔有還金之美，故不復以此言相屬。由此名德益彰。」

典當才有錢，可見甄彬家況並不好。典物只有苧麻，更見他家缺少值錢東西。物質層面，可謂處於貧寒而匱乏之狀況。但他拾金不昧，主動送還，拒受酬勞，堅守廉正，這在品德層面，則可謂富厚而豐足矣。

相同的義行，又見於陸心源《宋史翼》卷二，列傳第二，及李元綱（字國紀，宋孝宗時任上庠生）《厚德錄》有記：

「宋代林積，途經蔡州，住一旅館，臨睡時，發現枕下有一錦囊，盛珍珠數百顆。林積乃在壁上留字：『某年月日，某邑某址林積宿此（留下日期地址及姓名）。』珠寶巨商發覺失珠，急循原路追尋，得知林積住地，特來見林。林積說：『珍珠都在，請寫狀詞呈訴郡府，俾如數歸還。』府尹判由二人平分，商人甘願，林積說：『如我想要，那時我就可以全數私吞了。』堅辭不受。商人只好改請佛寺作大齋，付給數千串錢，爲林積祈福。」

林積字公濟，北宋慶曆年間進士，品性廉謹方嚴，任官時績效特著，王安石贊他極有才華。這篇短文中提到一筆巨大的財富，是冥冥中的儻來物，且無人知曉。只因爲非己所有，堅持退還，不要半文酬謝，這是何等操守，才會有此美行。

這裡另有一樁牽涉到一百萬的故事。有道是：錢已埋藏好，旁人都不曉，我若想私吞，誰也管不了。但世上就有那不貪財的君子，請見《漢書．閻敞傳》：

「閻敞（漢代人）爲郡掾（任職爲郡的助理官）。太守第五嘗被徵（太守是一郡之首長，第五是複姓，名嘗。徵是調職到別地），以俸錢百三十萬寄敞（第五嘗將一三〇萬錢託閻敞代管），敞埋於堂下（埋在地下無人知）。後甞舉家病死（第五甞全家在遠地都急病死了），唯餘孤孫九歲（只留下一小孫子）。甞死前，曾言有錢三十萬寄敞。及孫長大，來訪閻敞。敞即取錢悉數還孫。孫曰：『祖唯言三十萬，非百三十萬（祖父說只三十萬，沒有說是一百三十萬）。』敞曰：『府君病困時，謬言耳（太守又稱府君，他病重時說錯了），郎君勿疑（請全數收受）』。」

一百萬不是小數目，大可乾沒歸己，閻先生卻認爲「苟非吾之所有，雖一毫而莫取。」半文不要。他不過是個郡掾，約當現今市政府中的佐理，官位並不顯赫，品德卻甚崇高，行事令我們欽仰。

寫到這裡，本該擱筆，偶見二〇〇七、一、廿八、聯合報「追還五元」的眞實故事說：「我買了一盤炒麵，掏出廿五元付帳，拿起麵盒就走。行了八九步，後面有人拍我肩膀，原來是賣麵老闆追來說：『先生，你多給了我五元，還你！』我說：『沒有多給呀，我在別處買麵，都是廿五元啦。』老闆說：『我的麵只要廿元，你多給了五元，一定要退給你。』他不顧還有人等著買他的麵，如此誠實，今時少有，的確令我感動。」

任官令遭強盜變劫灰，幸逢裴度發文復職；
未婚妻送宰府當婢女，竟賜黃娥陪嫁成婚。

八六　裴度拯錄事賜婚

宦途遇盜，洗劫一空。幸遇貴相，絕處逢生。原官復任，更得細君（《漢書》東方朔傳：歸遺細君，細君是妻的別稱）。何其幸也，賴有裴公。

唐憲宗元和年間，有位官兒，奉到吏部文書，派赴湖州（今浙江省吳興縣，昔稱湖州府）委任爲錄事參軍（《杜佑通典》說：掌官書文簿及舉彈善惡）。他在赴任途中，遇到強盜，將錢財衣物搶個精光，連同任官的誥令公文證書都一併洗劫無存，他只好討乞回到京都長安，暫時棲身在一旅社的外廊之下，要向吏部投訴。吏部見他無憑無據，難辨眞假，沒有接受，他連連叫苦，躊躇無計。

恰巧這旅社距宰相裴度（七五六—八三九，封晉國公，《新唐書》有傳）府第不遠。這天裴度休假，他利用餘暇，換穿便服，到街市中探訪民間隱情，不意在旅社廊前見到這位錄事，得知他遭難的詳細經過。

錄事還補充說：「我盼望了這多年，才輪候到這個官職，如今沒有任官文誥，無法上任。這還不算要緊，我有個訂了親就將結縭的未婚妻，名叫黃娥，卻被州郡牧長強迫甄選，送往裴度宰相府裡做婢女去了。」

裴度這天穿的是紫色便裳，回話道：「我就是裴宰相府衙裡探察民情的紫衣校事之官，試試看我能不能想辦法化解你的困難。」說畢告辭走了。

這位錄事參軍事後一想：糟了，此人既是宰相的親校，他若據實向宰相面報，我豈不是犯了侮辱長官的大罪？整日心都不安。第二天，傳來命令，急召這錄事到府問話。錄事惶懼，硬著頭皮進府，偷眼仰視，上面端坐的正是昨天那位紫衣人，連忙再三叩頭請罪。

裴度和悅說道：「昨日聽到你的陳述，一晚上都叫人難受。今天特來宣慰你，讓你可以復職。」當場頒給他重新補發的官方誥令，仍然任命他為湖州錄事，憑此便可赴任了。

裴度又說：「黃娥就在隔室，可以結婚同行，隨你上路，他的嫁妝都已備妥。」相爺送給盤纏錢幣千貫，讓他兩口子順利到任去了。

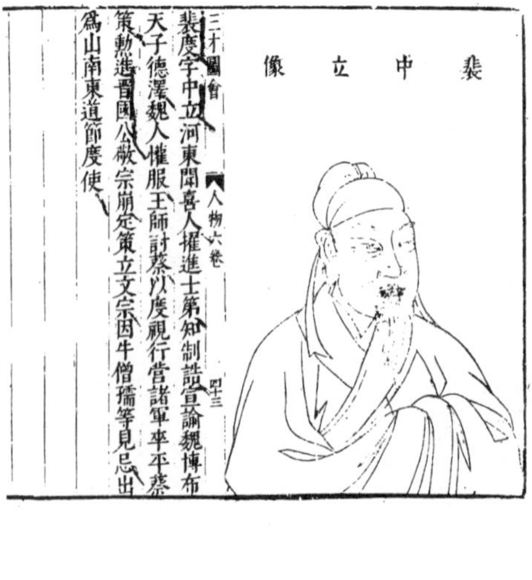
裴中立像
三才圖會　人物六卷　四十三
裴度字中立河東聞喜人擢進士第知制誥宣諭魏博布天子德澤魏人懽服王師討蔡以度視行營諸軍卒平蔡策勳進晉國公敬宗崩定策立文宗因牛僧孺等見忌出爲山南東道節度使

此事請見宋・李昉《太平廣記・卷一六七・裴度》，又見明・鄭瑄《昨非庵日纂・種德第三》。今摘錄鄭瑄日纂，原文如下：

「元和中，有湖州錄事赴任，遇盜罄劫，誥敕文簿俱無，遂於旅社行乞。舍近裴晉公第。晉公在假，偶微服出店，細詰其事。對曰：數載候得此官，遇寇盪盡。且某將娶而未親迎，妻名黃娥，遣郡牧獻於上相裴公矣。公時衣紫袴衫，謂之曰：某即晉公親校，當爲子偵。作別而去。翌日，忽傳公召錄事，往，竊視，即昨穿紫衣者，因謝過再三。公曰：昨聞君語，一夜惻然。今聊以慰憔悴，授以官誥，已再除湖州矣。又曰：黃娥可于飛之任也。行裝俱備，遂與偕赴任所焉。」

明代有位隱士，化名抱甕老人，撰輯有《今古奇觀》一書（月湖釣叟評爲愈讀愈奇，愈觀愈妙）。其中第四卷「裴晉公義還原配」，說的便是與本篇同一故事。且直接指名那位授官的湖州錄事參軍名叫唐璧，字國寶。未婚妻則叫黃小娥。他倆感戴裴宰相的恩德，便用沉香木雕成小像，朝夕拜禱。抱甕老人還有詩咏之曰：「運去雷轟薦福碑（見本書第七十四篇），時來風送滕王閣（見第七十三篇）；今朝婚宦（宰相賜婚，官復原職）兩稱心，不似從前情緒惡。」悲情轉爲喜劇收場。

裴度在唐憲宗時官任宰相，因平亂有大功，封晉國公。他守正不阿，經唐穆宗到唐敬宗，敬宗被劉克明殺死，裴度定計，誅殺劉克明，迎立唐文宗。他當權三十年，功勳比於郭子儀，且與白居易等人爲友。我們讀此故事，當可想見他思慮細密的治事之道。

不全講英文，不全講中文；
華洋兩都破，聽來很難過。

八七　會朋儕華友講洋語

一段眞人實事的短文，是知名教授祝振華先生寫記的。姑且學做文抄公，轉錄如下：

「某天，我與幾位知名的文化人餐敘。席間、詩人余□□教授和台大外文系顏□□主任兩位在交談時，很愛冒出一兩個英文字詞。——我平生最不贊成在全是中國人的場所冒出洋文來，因爲沒有這個必要。可是、說也湊巧，酒過三巡，在座的著名幽默大師綽號「老蓋仙」的夏元瑜教授突然含笑問我：『老祝，你現今正在誤洋人子弟（當時我以訪問學者身分，在洛杉磯的南加州大學任客座教授）。別人都說英文，你怎麼不說一個洋文字呢？』我笑著答道：『啓稟元老，我的洋文不行嘛。我只能唬唬洋人而已，在中國人面前開不了口嘛！』元老與我，一陣哈哈。直到餐飲散席，那兩位朋友再也沒有說洋文了。」

這是摘自台北《中外雜誌》第八十卷第一期，二〇〇六年七月出版。本文謄抄時，其中兩位只記姓氏，不錄其名。謹守厚道代爲隱晦（《中外雜誌》第四七二、四七三兩期刊有祝教授另一篇《苦讀英文七十年》，有參閱價值）。

此種情況，可能常見。有的是心存炫耀，說的卻非整句洋文，只是夾雜一兩個洋文單字，例如「他這個 bad egg（壞蛋），我不 care（我不在乎）！」知名的葉素吟女士在《脫口集》中進一步寫道：

「有位仁兄向我抱怨說：『那個 Supervisor（督導官）講話就講話，幹嘛老是夾些英文？他的 English（英語）好嗎？shit（狗屎）！』怪別人不該講英語，自己卻脫口而出。

「有個小姐打電話：『喂，喂，Hello（喂）！Miss 張？我是 Sophia（蘇菲亞），你要的資料我已經 fax（傳眞）給你了。……是……OK！那你 call（打電話）我好嗎？bye、bye（再見）……』」

「放下電話，她的主管進來對她說：『下午，新加坡那位 manager（經理）要來開會，麻煩你把那 schedule（時間表）copy（影印）每人一份好嗎？』」

這不可取（本書第六十一篇石瑛拒英語請併閱）。但有的則眞是出國太久了，一時間適當的中文字想不起來，反而英文字記得爛熟，隨口而吐，也就難怪了。可是，祝教授的原則是正確的。都是中國人，就該講華語，即使入了美國籍，也還不能忘本呀！

燕兒啊，遠飛寰海，必過湘中，請你帶封書信；
夫君呀，離家數年，不通音問，叫我依靠何人？

八八　傳書信燕足寄情詩

這是五代時期翰林學士又做過兵部尙書的王仁裕撰《開元天寶遺事》中的故事：

「長安（今陝西西安市）郭行先，有女紹蘭，適巨商任宗（嫁給大商人任宗爲妻）。宗爲賈於湘中（任宗遠去湖北湖南做生意），數年不歸，復音書不達（信函也寄不到）。紹蘭目睹堂中有雙燕戲于梁間（看到廳堂屋樑上有雙燕嬉戲），長吁語燕曰（長歎對燕兒訴說）：『我聞燕子自海東來，往復必經由湘中（燕是候鳥，來回必飛經湘鄂）。我婿（我的丈夫）離家，不歸數歲（幾年沒有回家），蔑有音耗（沒有音訊）。欲憑爾附書（想靠你附帶捎一書信），投于我婿（投寄給我丈夫），爾若相允，當泊我懷（你如答允，就飛到我懷裡來）。』燕遂飛于膝上。紹蘭吟詩一首云：『我婿去重湖（我丈夫遠去兩湖），臨窗泣血書（對著窗兒哭泣寫成血書），殷懃憑燕翼（情意殷切地借著燕兒的翅膀），寄與薄情夫（寄給輕視情感的丈夫）。』遂小書其字（寫爲細字），繫於燕足，燕遂飛鳴而去。任宗時在荊州（楚地），忽見一燕飛鳴于頭上，有一小封書繫在燕足。宗解而視之（任宗解下來看），乃妻所寄之詩也。宗感而泣下，燕復飛鳴而去。宗次年歸（任宗第二年便回家了）。」

這事又見於清・允祿《子史精華・卷一百三十五・動植部・鳥》「燕足擊詩」條。此種見飛燕而賦詩之典，無獨有偶，在《子史精華・卷一百三十五・鳥部》中，尚另有「猶帶前縷」故事，是引自唐代李延壽《南史・張景仁傳》：

「王整之姊，嫁爲衛敬瑜妻，年十六而敬瑜亡。父母舅姑，咸欲嫁之（自己的父母及夫家父母，都要她改嫁），誓而不許（發誓不從）。所住梁上有燕巢，常雙飛來去（雙燕並飛，同來同去）。後忽孤飛（後來忽然只有一燕孤單飛來）。女感其偏栖（栖就是棲，偏栖就是獨居。語出《玉臺新詠・蕭子暉・春宵詩》「夜夜妾偏棲」句），乃以縷繫脚爲誌（於是用絲線纏在燕足上作爲標誌）。後歲，此燕果復更來（明年，此燕果然又來了），猶帶前縷（仍帶著往年繫的絲線）。女復爲詩曰（心有所感，乃發而爲詩）：『昔年無偶去（往年缺了配偶離去），今春猶獨歸（今春仍舊獨身歸來）；故人恩既重（先夫恩情太濃重了），不忍復雙飛（不容再找新伴雙飛）』。」

南朝，陳・徐陵《玉臺新詠》收有枚乘「雜詩」：「思爲雙飛燕，銜泥巢君屋。」又金・元好問「清平樂」詞「飛去飛來雙語燕，消息知郎遠近。」燕兒喜歡成對雙棲，倆倆相依，呢喃細語，同偕比翼。它春暖北來，秋涼南返，築泥巢於屋梁上，隔年復能認明舊巢，與人親善，且又能捕食害蟲，故列爲保護鳥。我們形容閒適和舒叫「燕安」，夫婦偕好叫「燕侶」，賀人結縭叫「燕爾新婚」，都與燕攀上了好關係。而本篇前段故事，乃是借燕傳信，夫妻得以團圓。後一故事，則是人與燕兩變孤單，同情相惜。因而應有體會那互愛是幸福的、兩益的、至貴的、無價的，請珍視之。

能千里傳書的還有鴿子。陶宗儀《輟耕錄》中，記有鴿傳書信的另一故事：

「顏清甫的幼子，彈得一鴿（用彈弓射下一鴿），歸以供膳（帶回家要燒來吃）。於翎毛間得書一緘（鴿身有信一封），題云：付男郭禹開拆（交我兒郭禹拆看）。禹乃曲阜縣尹仲賢也（郭禹就是山東曲阜縣長郭仲賢）。蓋其父自眞定寄至魯時（從河北寄來山東時），仲賢改授遠平縣尹去（郭仲賢又調往遠平任縣長去了）。鴿未及知（鴿兒來不及知道），盤桓尋覓（高下翻飛找郭），遂遇害。顏清甫見之，責其子（說他兒子不應該），便取木匣函鴿（用木盒裝著鴿兒），赴仲賢官所，獻書與鴿（送上書信及鴿子），且語其故（說明緣由）。仲賢戚然曰：『吾家蓄此鴿已十七年矣。凡有家書，雖隔數千里，亦能傳致（都能送到）。誠異禽也（這眞是隻神異的鴿兒呀）。』命左右瘞之（叫人將鴿子埋了）。」

書讀多了，勞累多，是苦役嗎？不見得。

識字少時，煩惱少，會快樂嗎？未必然。

文告多了，趕完了，很得意嗎？甭高興。

八九　後進洪學士哪及先進蘇學士

正面的故事聽多了，膩了，未免厭煩；茲引反面故事來調劑一下，或可收中和之效，請對照比看。

宋代梅詢（九六四—一〇四一），字昌言，飽學，進士及第。宋眞宗時，任翰林學士，專替皇帝撰寫詔書聖旨，《宋史・卷三百零一》有傳（但正史中無此故事）。

某一天，要撰寫詔命告諭的文書特別多，限時趕寫，絞盡腦汁，思慮十分辛苦。他趁中途擱筆休息的短暫時刻，還帶著寫了一半的草稿，沿著前階長廊踱步，欲舒散一下緊繃的心情。無意間看到一個年老的工役，在樹蔭下午睡剛醒，伸了一個懶腰，似乎十分快樂。梅詢心生感觸，對他誇贊道：「你好舒服呀！」老工役愉悅地點了點頭，表示同意。梅詢想到自己好累，全是書讀太多之故，因又問道：「你識字嗎？」老役爽朗答道：「我不識。」梅詢歎道：「你不識字，免了許多煩惱，這就更加快活了。」

以上是引自宋・沈括《夢溪筆談》卷廿三・譏謔篇中的故事，原文是：

例一：「梅詢爲翰林學士，一日，書詔頗多，屬思甚苦，操觚循階而行。忽見一老卒，臥於日中，欠伸甚適。梅忽歎曰：暢哉！徐問之曰：汝識字否？曰：不識。梅曰：更快活也。」

依照宋・洪邁《容齋隨筆》解釋：皇帝的誥諭，都必須用四六駢文驪體，且應詞語精切，文句警策，以崇聖意。由此看來，似乎頗不容易。我們參看《宋史・卷三三六・列傳九十五》載：「司馬光謙稱他不會寫四六駢體文章，向宋神宗請辭撰寫詔書之官職，可見並不好幹。

梅詢似乎是認爲自己書讀多了，文字博了，以致惹來辛苦，覺得並不划算，轉而羨慕那僕人一字不識的悠閒愜意，這恐怕是一時的疲感，不足爲訓吧。

然而凡事都有相對的一面，所謂「兼聽則明，」這話不假，讓我們可以作前後對照。依據唐・康駢（唐僖宗時進士，官任校書郎）《劇談錄》說：

例二：「唐中宗景龍年間，蘇頲爲中書舍人（替天子寫文誥），皇帝文詔極多，蘇頲手操口對，無毫髮參差，而謄寫詔書者均趕不及。」

再看正史：唐・姚思廉《梁書・卷二十五・列傳第二十九》徐勉的傳記：

例三：「徐勉篤志好學，文詞迅捷。梁武帝踐阼，拜尚書左丞。徐勉居官，既閑（熟習）文牘，兼善辭令。雖文案塡積，坐客充滿，應對如流，手不停筆。」

與徐勉同時代的，還有《梁書·范雲傳》的記述：

例四：「范雲、居選官（掌管選拔官吏），任守隆重（責任及操守都嚴肅端正）。書牘盈案（公文堆滿案桌），賓客滿門，范雲應對如流，無所壅滯。官曹文墨，發擿（解說疑難）若神（似有神助）。時人咸服其明贍（文章明順暢足）。」

晉代陶侃，愛惜分陰，爲大家所熟知。在《晉書·陶侃傳》中，還有他的另一面：

例五：「陶侃，賦性聰敏，勤於政務。閫外多事，千緒萬端（國家內外事務極多），罔有遺漏（陶侃對諸事從未遺漏）。遠近書疏，莫不手答（接到書信，無不親手答復）。筆翰如流，未嘗壅滯。」

上述例二的蘇頲，撰寫御誥，能手操口對，毫釐不差，使得謄寫成正式誥書的官員都來不及。而例三的徐勉，與例四的范雲，他們待辦的詔諭堆積很高，還要接應來賓，卻能對答如流，手不停筆。至於例五的陶侃，親筆復信，從未遲慢，眞都是甚爲難得的了。我們再看《新唐書·卷九十六·列傳第二十一》房玄齡輔佐唐太宗李世民：

例六：「房玄齡在官府數十年，軍符府檄，駐馬立辦（不論軍令或政諭，停馬即能辦畢），文約理贍，初無草稿（措詞簡要，說理充足，振筆寫來，不打草稿）。唐高祖（李淵）曰：此人深識機宜，足當大任。」

房玄齡的高才睿識，必然超過上述的蘇徐范陶，但仍比不上沈約《宋書·卷四十一·列傳第二》對劉穆之的忙迫描述：

例七：「穆之內綜朝政，外供軍旅，決斷如流，事無壅滯（內管國家大政，外應作戰供需，決策判斷流暢，毫不壅塞滯礙）。賓客輻輳，求訴百端，內外諮稟，盈階滿室（來賓密接，百種訴求，垂詢請示的人，充滿階庭廳舍）。目覽詞訟，手答牋書，耳行聽受，口並酬應（眼看、手寫、耳聽、口答）。不相參涉，悉皆贍舉（不會互相干擾，都可充分完成）。」

一天要撰寫幾百件皇帝詔書的，尚有唐代稱爲「內相」的陸贄（七五四—八〇五）。他的《陸宣公奏議》，多用駢文，結構縝密，對偶工整，後世奉爲典範。《舊唐書》《新唐書》都有「陸贄傳」，其中說到：

例八：「唐德宗時，朱泚謀反，天下叛亂，機務塡委（機要事務堆積在一起）。徵發指縱，千緒萬端。一日之內，詔書數百。陸贄（七五四—八〇五）揮翰起草，思如泉注（他揮筆撰稿，思緒有如噴泉湧出）。初若不經思慮，既成之後，莫不曲盡情意，中于機會。胥吏簡札不暇（謄寫諸官都忙不過來），同僚皆服其能。」

以上這些高人，在萬忙中還都游刃有餘，這是怎樣修煉到的？反過來看，卻不可自以爲了不起，妄比蘇東坡，下面請閱明代姜南《風月堂雜識・洪景盧自矜》短篇，比前述第一例梅詢多了自負：

例九：「洪景盧居翰苑，制誥沓至（要寫的聖誥，紛紛交下來了），自早至晡，凡二十餘草（從早到過午，便有二十多宗案件）。事竟，少步庭間（趕辦完了，去散步一下）。見一老叟，曰：今日文書特多，皆已畢事，學士才思敏捷，眞不多見（翰院一老人，說奉承話）。洪矜之云（洪景盧自誇說）：蘇學士想亦不過如此速也（蘇東坡也只有這等快速了）。老叟答曰：蘇學士之敏，也不過如此；只是蘇學士撰文時，從來不須翻查書冊也（蘇寫文誥不要查書找資料，洪卻不行）。洪爲之赧然，自恨失言（臉紅了，悔恨說錯了話）。嘗對客言（事後曾對朋友說）：是時若有地縫，亦當入矣。」

從這幾個小故事，我們可以體會到：讀書既多，學識已富，本該要樂於承受各種繁劇。如果能解救國危，澤溥百姓，自己內心也會感到快慰，這辛苦就値回票價了。至於那不識字的人，只能靠勞力來餬口，能夠獨善其身就很不錯了，離快樂二字還差得遠呢！只是、自己雖有滿腹經綸，卻毋須自誇自大。請看孔子聖人，何等謙遜，他自述說：「吾有知乎哉？無知也！有鄙夫問於我，空空如也（見《論語》子罕第九）。」我們非聖非賢，有何德何能讓我們自驕自傲呢？

回到自家門，認為這是別人家，劉臻儀同傳話柄；
未見火車票，不知何站應下車，愛因斯坦留笑談。

九〇　城南劉儀同要訪城東劉儀同

飽學的人，在某些方面，可能頭腦不清楚，以致做出些糊塗事，正如《易經・渙卦》裡所說的「匪夷所思」。且看唐代魏徵記述的一則趣史：

隋代有位劉臻，隋文帝時，官任儀同三司（官名，指與三公的儀制相同，簡稱儀同，是高官）。他只專啃書本，尤其對兩漢書（指《漢書》《後漢書》二種）最爲精熟，當時被稱爲「漢聖」。他整天都專與文史爲伴，以致對常情世務，很少操心，而且屢多恍惚。

當時另有一位劉訥，也官任儀同三司，兩人交情密好。劉臻住在城南，劉訥住在城東。有一天，劉臻乘車外出，正事辦完之後，偶然起意，想要造訪城東劉訥，便問駕車的說：「你知道劉儀同的家嗎？」

駕車的不可能知道是要去城東劉訥儀同的家，只直覺的認爲要回劉臻儀同自己的家。隨口答道：「當然知曉。」於是引車直回自己的家門口停下。

駕車的下車前去扣門，劉臻竟然未曾發覺這是自己的家，只認爲已經到了劉訥儀同的家門。他在車上抓著馬鞍，大聲喊道：「劉儀同劉訥兄可以出來見客啦！」

他兒子開門迎了上來，劉臻覺得意外，驚問道：「你也到劉訥儀同的家裡來了嗎？」

兒子回答道：「這裡是父親大人你的家呀！」

劉臻左顧右盼的看了好一陣，才恍然大悟眞是自己的家。回頭對那駕車的罵道：「你爲何這樣粗心大意？我要去造訪那城東的劉訥儀同，你卻沒有搞清楚，逕自折回到我劉臻儀同的家，你眞是糊塗透頂了。」

這事請見唐・魏徵《隋書》卷七十六・列傳第四十一，又參見宋・孔平仲《續世說・卷十一・紕漏》第六條。原文是：

「隋、劉臻爲儀同。有劉訥者，並爲儀同。二人情好甚密。臻住城南，訥住城東。臻嘗欲訪訥，謂從者曰：汝知劉儀同家乎？從者不知欲訪訥也，謂欲歸本家，既扣門，臻猶未悟，謂是訥家。據鞍大呼曰：劉儀同可出矣。其子迎門，臻驚曰：汝亦來耶？其子答曰：此是大人家。於是顧眄，久之方悟，怒叱從者曰：吾欲造劉訥耳。」

糊塗妙聞，中外都不缺。試看那發明相對論的大科學家愛因斯坦（Albert Einstein 1879-1955），有一次坐火車回家。列車長例行前來查票，愛因斯坦搜遍口袋，就是找不到。列車長說：「愛叟（Sir）！我認識你。你一定是買了票才上車的，暫時找不到沒有關係。」愛因斯坦卻發急說：「那可不行。如果找不到車票，我都不曉得該在哪一站下車哩！」何以故？想必是他一心只記得相對論及量子論，而忘卻其他的俗事吧？

另外有一糊塗笑談，且來湊趣：

「夫妻都是博士，在專業領域裡鉅細全知，無所不曉。應邀參加學術大會，要乘火車前往。盛裝後，到了火車站。妻對夫說：『看你的襪子，一隻藍色，一隻綠色。趕快回去換一換，我在車站等你。』隔了好久，丈夫從家裡回來了，說道：『害我冤枉白跑一趟。家裡留下的襪子，也是一隻藍，一隻綠，換不換都是一樣的嘛！』」

太凡吾人在心神恍惚時，就會做出糊塗事。有個小偷，技術通天，能開百樣鎖。有次潛入一富家，偷了許多珠寶。一看酒櫃裡還有洋酒，正好大過酒癮。哪知喝太多了，竟然沉醉，倒在地毯上。主人回家逮住，判罪入獄，這小偷也太迷糊了吧？我們讀來，展眉一笑，借此也知世界之大，各種糊突糊弄的事還眞不少呢。

我國發行的愛因斯坦百週年郵票

好男兒當橫行天下，誰願端坐讀書冊？
大丈夫要立功異域，安能長久事毛錐？

九一　高昂不作老博士

武人擅長騎馬打仗，不想唸書。但天賦敏慧，提筆頃刻成文的也大有人在。例如《太平廣記・卷第二百・文章三・高昂條》便記有武人精於詩文，請君共賞：

「北齊時代的高昂，膽力過人，其父次同，求得名師教學，高昂不遵師訓，專事馳驅。每謂：『男兒當橫行天下，自取富貴，誰能端坐讀書，作老博士也？』東魏末，齊神武（即北齊高祖神武皇帝高歡）起義，高昂傾力附之，遂成霸業。嘗從軍，作《行路難詩》曰：

『卷甲長驅不可息，六日六夜三度食，
初時言作虎牢停，更被處置河橋北，
迴首絕望便蕭條，悲來雪涕還自抑』。」

（引錄自宋・龐元英《談藪》）

此詩氣概不凡，乃能傳世。高昂不願學文，正是以漢代班超（三三—一〇三）爲榜樣。

請看《後漢書・卷四十七・列傳第三十七》所述：

「班超少有大志，不修細節。家貧、傭書養母（替人抄寫賺錢供養母親），任勞吃苦。嘗擲筆歎曰：『大丈夫當效傅介子（漢昭帝時奉使大宛國，殺樓蘭王，封義陽侯）張騫（攻匈奴，通烏孫大宛康居等國，封博望侯）立功異域，以取封侯，安能久事筆硯間乎？』遂投筆從戎，出使西域，通五十餘國，封定遠侯。」

這種立志奮揚的例子還不少，例如後漢趙溫，字子柔，爲京兆尹，雅有大志，嘗歎曰：「大丈夫當雄飛，安能雌伏？」南北朝宗慤，字元幹，少時，叔父問其志，答道：「願乘長風，破萬里浪！」以致引來唐代王勃在《滕王閣序》中寫出「有懷投筆，慕宗慤之長風」的名句，意思是仰慕班超投筆從戎與宗慤乘風破浪的壯志。至於武將而通文事的，還有前述《太平廣記》同卷又敘及高崇文口占詩句：

「唐・高崇文，薊門之驍將也。討伐劉闢，八戰皆捷，封王。一日大雪，諸屬員賞雪吟詩。崇文遽至，笑曰：『諸君共樂，卻未顧及我這鄙夫；我本武人，但亦有《詠雪》詩句。』乃口占（不用筆，隨口吟出，叫口占）曰：

『崇文（高崇文自稱己名）崇武不崇文，提戈出塞舊從軍；
有似胡兒射飛雁，白毛空裡落紛紛。』

咸謂可與北齊高昂相比。」

再看《太平廣記》同卷的王智興條：

「唐・王智興，少即驍銳，武略英特，累立戰功，唐穆宗時爲節度使。一日，幕員與賓朋賦詩，王至，諸人收去筆墨，換用盃盤迎接。智興問曰：『適聞諸賢作詩，何得見我而罷？』因命取紙筆來，復曰：『我自韜鈐（指兵法戰略）發跡，未嘗留心章句；今日陪奉英髦（比喻才俊），不免略陳愚懇。』於是引紙援毫，頃刻而就云：『三十年來老健兒，剛被郎君遣作詩；

江南花柳從君詠，塞北煙塵我自知。』

四座覽之，驚歎無已。」

同書同卷，復有記敘高駢述懷言志之五律：

「唐・高駢，嘗射一箭，貫穿二鵰，號爲落鵰侍御。唐僖宗時爲節度使，號召共討黃巢，威震一時。其《自賦言懷詩》曰：

『恨乏平戎策，慙登拜將壇；

手持金鉞重，身掛鐵衣寒；

主聖匡扶易，恩深報效難；

三邊猶未靖，何敢便休官。』

常人難及。」

唐・李延壽《南史・卷五十五・列傳第四十五》有曹景宗傳，《太平廣記・卷第二百》也同有曹傳，略謂：

「南朝梁・曹景宗，善騎射，以膽勇聞。梁天監五年，大破魏軍，收其軍器山積，景宗俘得生口萬餘人，馬千匹，凱旋獻捷。梁武帝蕭衍於華光殿宴飲，令左僕射（宰相）沈約賦韻作詩。景宗未得韻，意不平，帝曰：『卿技能甚多，何必止在一詩？』景宗已醉，求之不已，乃令沈約分韻，時韻已盡，唯餘競病二字。景宗操筆，斯須而成，詩曰：

『去時兒女悲，歸來笳鼓競；
借問行路人，何如霍去病？』

帝及朝賢驚歎竟日。」

上段曹景宗用競病二字作韻，正與《左傳・僖公七年》鄭國大夫孔叔對鄭伯說「諺有之曰：心則不競，何憚於病？」相應，當也可能是巧合。另外還有一位曹翰，也是武將而能詩，這是清代王士禎《池北偶談・卷十七・二曹詩》記的：

「宋・曹翰，平江南後，封上將軍。一日、內宴，群臣賦詩，翰以武人，不預（沒邀他參加）。曹翰請求，宋太宗允准，限刀字韻。曹援筆立成，詩曰：

『三十年前學六韜，英名常得預時髦；
曾因國難披金甲，不爲家貧賣寶刀。
臂健尚嫌弓力軟，眼明猶識陣雲高；
庭前昨夜秋風起，羞看盤花舊戰袍。』

太宗覽之，驟遷數級。二曹事絕相類，大奇也。」（這首七律最爲雄健）

唐人賈島有《苦吟》詩云：「二句三年得，一吟雙淚垂」之句，可見作詩太不容易。必須駢驪通曉後，才算有作詩的初步基礎。寫文章可以肆意拉長，充分發揮，完了才擱筆，但寫詩則有字數的限制，因此作詩必須有餘不盡，意在言外，讓弦音繞梁三匝，留下想像的空間，任由讀者的思維去馳騁，這才是好詩。文人窮其一生，可能還不易寫出擲地有聲的鏗鏘之作，那掄刀舞劍的武人，哪有時間來琢磨字句？眞是難矣哉！

本篇摘了七例，文歉略長，敬請分段來看，就將它變成短篇了。可以通篇全看，也可挑出二三段，或全都不看，悉隨尊意。

文末尙有一項商榷，我們如要活得像個正常人，倘若捨書不讀，恐怕不行。那兩句「誰能端坐讀書」「安能久事筆硯」的憤慨話，作爲發狠勵志，另求精進則可，如借此放棄學習，怠忽逃避則不可。吾人無論從事哪個行業，都需要知識作後盾，而知識就是從讀書中得來。況且，讀書是一本萬利穩賺不賠的，前人一輩子的經驗，寫成一本書，我們讀它，一天就學到了，哪有比這更便宜的事。《禮記・學記》說：「學然後知不足。」《荀子・勸學》說：「學不可以已。」《論語・李氏》孔子說：「不學詩，無以言（不知道怎樣說話得體）。不學禮，無以立（不知道怎樣立身處世）。」這都還沒有涉及專門科技，那又是另一個廣闊的世界，何可一日不讀書？

這個試題，對在下乃是舊作；
此番御考，請皇上另出新題。

九二　晏殊要考新試題

童生講實話，憨態大家誇，皇帝喜在心，一生寵信他。「誠」之爲用，大矣哉！這位童生是誰？晏殊也。

北宋晏殊（九九一——一〇五五），字叔同，卒謚元獻，做過翰林學士，同中書門下平章事（就是宰相），有《珠玉詞》傳世。富弼（後來也是宰相）是他女婿，范仲淹、歐陽修都是從他門下出身的。

宋・沈括《夢溪筆談・卷九・人事一》以及宋・張思巖《詞林紀事・卷三・宋一・晏殊篇》，兩書都記敘了下列趣事：

「晏殊七歲就能寫文章，北宋眞宗景德年間，他十四歲了，以神童名義赴首都汴京，經張文節（即張知白，任參知政事，後來做到宰相，死後謚文節。

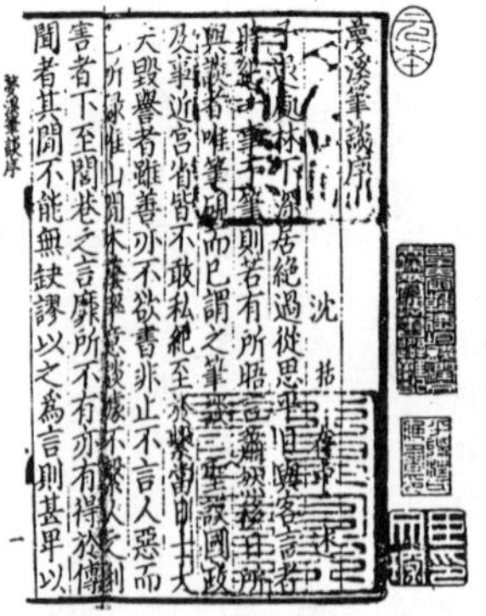
夢溪筆談序
沈　括
予退處林下深居絕過從思平日與客言者 [illegible]
[illegible] 則若有所晤言 [illegible]
與談者唯筆硯而已謂之筆談 [illegible] 國政
及事近宮省皆不敢私紀至於繫當日士大
夫毀譽者雖善亦不欲書非止不言人惡而
已所錄唯山間木蔭率意談噱不繫人之利
害者下至閭巷之言靡所不有亦有得於傳
聞者其間不能無缺謬以之爲言則甚卑以

夢溪筆談元代刊本

《宋史・卷三一〇有傳》）向朝庭推薦，恰逢天子殿前御考進士，就要他參加。晏殊一見試題，就啓奏説：『這個題目，我在十天之前，就已模擬寫過了一篇駢體賦文，草稿還在，請皇上另外命題。』眞宗極爲愛贊他的誠實。」

眞誠篤實，必會受益，晏殊後來乃屢蒙大用。今再舉一個故事，宋・朱熹《名臣言行錄・寇準》説：

「宋代寇準，年才十九，即登進士。時宋太宗取士，多問其年（査問年齡多大），年少者往往罷遣（年輕的就不錄用）。有人勸寇準增年（虛報增加年齡）。寇準曰：吾方初進，可欺君耶（難道可以欺騙皇上嗎）？後爲宰相。」

這都是謹守誠實而得善報。

年少貪杯壞正事，殺頭只怪自身誤；
犯了酒失貶了官，勸君節飲多惜福。

九三　陶侃飲酒設限

司馬遷《史記・卷一百二十六・滑稽列傳》淳于髡對齊王曰：「酒極則亂，樂極則悲，萬事盡然，言不可極。」又宋代邵伯溫《聞見前錄》范魯公《戒子孫詩》云：「戒爾勿嗜酒，狂藥非佳味，能移謹厚性，化爲凶險類。」足證多飲亂性，定然不好。

晉代陶侃（二五九—三三四），字士行，早歲是個孤兒，家境貧困。後舉孝廉，歷任江夏太守、武昌太守、荊州刺史。官封太尉，拜大將軍。文治武功，都有足述之處。

他早上將一百塊磚頭搬到書齋門外，傍晚又搬回書齋之內，這便是「陶侃運甓」的故事，藉此勤習勞動，將來好替國家效力。他又說：「大禹聖者，乃惜寸陰；至於我們，當惜分陰。」這是「惜分陰」的故事。以致清代李錫齡有「惜陰軒」書齋，而且出版了《惜陰齋叢書》行世。

陶侃

陶侃在任職武昌太守時，武昌扼荊楚咽喉，文士雲集。那時殷浩（後爲建武將軍）、庾翼（後爲六州都督），都是陶侃府衙裡的屬員，後來都大有成就。

陶侃每次飲酒，都有定量。宴會中途，常常歡樂未盡而酒限已滿，就不再添杯了。殷浩等人，勸他稍稍再喝少許無妨，這話觸動了陶侃的心事，他悽然不語。沉默了好久，才解釋道：「我在年輕時，曾經因爲貪杯而毀了正事，母親告誡我今後飲酒不可過量。如今先母已逝，但慈音遺訓，仍然在耳，我何敢忤逆破戒呢？」

這是《晉書・卷六十六・陶侃傳》記載的，也見明・李暉吉《龍文鞭影》二集・上卷「陶公限飲」條。另外《韓非子・卷三・十過》則有楚國大將司馬子反因飲酒而被斬首之事（也見於《說苑》卷十。爲節約篇幅，這兩事都免引原文）：

春秋時代，楚共王與晉國作戰，楚國大敗，楚共王眼睛也受了傷。戰爭中，楚國統兵官司馬子反（司馬是官，子反是名）口渴了，要喝水，小廝穀陽知道子反愛酒，就送上一把酒壺，壺裡盛了兩升酒，說：「請喝水吧！」子反一嗅，酒氣撲人，叱道：「這是酒，拿下去！」穀陽說：「這不是酒呀，可以喝的嘛！」子反是個嗜酒的人，禁不住酒香的誘惑，就大口大口的喝下許多，醉了。

楚共王要敗中再戰，召見司馬子反，子反說他病了，不能來。楚共王親往軍營探病，聞到濃濃的酒味，下令道：「今天作戰，我且受傷，依賴司馬子反來扳回敗局，他卻在戰場中醉酒，危害到國家社稷，也對不起殉死的戰士，罪無可恕，立即斬首。」

上文提到穀陽，只是個豎子僕廝，不明大義，只效愚忠，在戰場獻酒，致使主帥被殺。穀陽誠然有過，但司馬子反也犯上大錯，蓋禍由自取焉。再請看《三國志・吳志・卷五十七・虞翻傳》載：

「虞翻（在吳國官任騎都尉）性疏直，數有酒失（幾次都因酗酒而犯下錯失）。孫權積怒非一（吳主孫權不止一次對虞翻生怒氣，積了許多），遂貶虞翻往交州（將他降職貶謫調往邊遠之州）。」

白居易詩云：「誰料平生狂酒客，如今變作酒悲人。」又漢・韓嬰《韓詩外傳》有云：「酒入口者舌出，舌出者言失，言失者棄身。」《三國志・吳・陸凱傳》曰：「酒以成禮，過則敗德。」由此以觀：少杯不會亂性，淺酌可以怡情，酗酒則只會壞事，養身保命，要記得節制才好。

治喪簡約，不必厚費；
葬禮儉素，毋須卜卦。

九四　郭威治喪戒奢

文天祥有《過零丁洋》詩云：「人生自古誰無死？」死後接著便是治喪大事。有人舖張，那只是擺闊給活人看的，死者哪能知道？還不如簡薄殯殮爲佳。依宋・薛居正《舊五代史・卷一一三・太祖紀第四》所記後周太祖郭威（開國皇帝）臨終前，告諭繼承皇位的周世宗，囑咐後事說：

「我若不起，要儘快下葬，不得久留。用紙衣及瓦棺就行。墓地務必簡樸。匠人要給工資雇來，不得抓百姓派官差。不要豎立石人石獸，不要派人守墓。我一生喜歡儉素，若違此言，我的靈魂不會助佑你。」

郭威不愛奢華，即帝位後，把前朝皇宮內的珍寶玉器全部都打碎不要。他還去曲阜跪拜孔子墓，是天子拜孔聖的唯一獨例。關於治喪，戒奢，他還對周世宗補充說：

「我看到前代唐朝李家十八帝的墓園，大費金錢珍寶和人力，但後來都遭盜墓者來挖墳偷寶，死不安寧。你們不是聽說過漢文帝主張儉素嗎？他葬在霸陵原，墓中全無寶物，到現在墳墓完好無損。你要記住我的告諭。」

還有《舊唐書・卷五十一》，長孫皇后在臨終之際，向唐太宗交代後事：

「我在生之日，無益於時。今命將終，不可厚費。葬者，藏也（語出《禮記》），就是埋藏起來不讓別人看到就好。自古聖賢，都贊成儉樸。只有那無道昏君，才大事鋪張，這是錯的。我死後，只須就地入土，用瓦器陪葬就合我意了。」

劉昫《舊唐書・卷八十一》、孔平仲《續世說・卷五》記載唐代做過兵部尙書及刑部尙書的盧承慶在臨終前交待兒子如何辦理後事，詳明實在，值得參考：

「死生至理，猶朝之有暮（死是自然現象）。吾終，殮以常服（給我換穿普通服裝）。拜祭用常饌，不用牲牢（祭我用家常菜，不用牛羊豬牲）。墳高可認，不須廣大（墳堆能看到就好，不必大）。事辦即葬，不須卜擇（事完就入土，不要卜卦看吉日）。有棺無槨，務在簡要（用單層棺，棺外的套棺叫槨不需要）。碑誌但記年代，不須多事文飾（立碑只刻生卒年月日，不立墓誌銘。總之，入土爲安，不必大事張揚，不要千人送殯）。」

不但此也。唐・李延壽《北史・卷六十四》受封爲逍遙公的韋敻，他對自己喪事的安排是(一)、用舊衣入殮。(二)棺木只須容身就好。(三)用牛車載棺往墓地。(四)祭品用素菜。(五)送禮拒收。

又宋・釋家・文瑩《續湘山野錄》述及北宋宰相王旦（九五七—一〇一七）病重，請來工部侍郎楊億面託後事，都值得參閱：

「我死後，棺內不可放置金銀寶物。遺體火葬。在我父祖墳旁建一簡陋茅塔，存我骨灰。我這心意，雖已諭知兒輩，但恐他們拘於世俗禮儀，不照我願行事，所以拜託你楊侍郎，請從旁叮嚀督告。」

死後一了百了，沒有必要自己抬舉自己。縱眼看看世界，那美國第三任而且連任的總統傑佛遜（Thomas Jefferson 1743-1826），他生前預立的墓碑碑文是：「傑佛遜、美國獨立宣言作者、維琴尼亞大學創辦人」。簡潔兩句話，他沒有提到當了八年總統的最高榮耀，卻只提到撰寫獨立宣言（立國寶典），創辦大學（作育英才），這是何等的高蹈曠識？反看我們，卻還儘在世俗觀念的低層界限中來紛耆攪擾，競比排場，未免也太膚淺了吧。

班蒙猜題：大明寺水，天下無比；
蘇軾解字：青苗惡法，誤國賊民。

九五　文吏班蒙猜字謎

解隱語，猜字謎，要憑智慧。例如「一彎橫月帶三星」，請猜是甚麼字？答案是「心」，頗見巧思，也饒雅興，可以悅賞。宋・李昉《太平廣記》卷一七四，引自馮子休《桂苑叢談》，又見於隱名作者《玉泉子》，又見於明・馮夢龍《增廣智囊補》卷下・捷智・敏悟「令狐綯」條，都同有此一隱謎故事：

「唐・令狐綯（七九五—八七二，宰相，見《新唐書》卷一六六）出鎮淮海日，率班蒙與從事遊大明寺，忽見壁上有題字云：『一人堂堂，二曜同光，泉深尺一，點去氷傍。二人相連，不欠一邊，三梁四柱列火然，除卻雙勾兩日全。』諸人駐足良久，莫之能辨。班蒙獨曰：『一人豈非大字乎？二曜者日月，非明字乎？尺一者十一寸，非寺字乎？氷去點，水字。二人相連，天字。不欠一邊，下字。三梁四柱而列火然，無字。兩日除雙勾，比字。得非大明寺水，天下無比乎？』眾皆洗然（敬肅驚懼叫洗然）曰：『黃絹之奇智，亦何異哉？』（指楊修猜出「黃絹幼婦外孫齏臼是「絕妙好辭」的智慧」）詢之老僧，曰：『頃年有客獨遊，題之而去。』不言姓氏。」

這位班蒙，智商極高，他的解答是：一人合爲「大」字，二曜是指日月，合成「明」字；尺一就是十一寸，合爲「寺」字；氷去了點是「水」字；二人相連，便是「天」字；不字欠缺一邊，是「下」字；三橫梁，四直柱，是「無」字的上半部，然字不要列火，只餘四點，就合成「無」字。兩日除掉雙「，便留爲「比」字；連讀即是「大明寺水，天下無比」了。

這就是一篇隱語。我們再看：清・陳夢雷《古今圖書集成・文字典・第二五八卷・隱語部・紀事》引自宋・袁氏百歲老人《楓窗小牘》有關蘇軾王安石的故事：

「王荊公安石柄國，有人題相國寺（在今河南開封城南）壁云：『終歲荒蕪湖浦焦，貧女戴笠落柘條，阿儂去家京洛遙，驚心寇盜來攻剽。』人皆以爲是丈夫遠出而妻子憂心荒亂也。及安石罷相，蘇軾召還，諸公共飲寺中，以此詩問蘇。蘇曰：『終歲』者，十二月也，十二月合爲『青』字。『荒蕪』，田有草也，合爲『苗』字。『湖浦焦』，水去也，水去合爲『法』字。『女戴笠』是『安』字。『柘』落去木，剩『石』字。『阿儂』是吳言（江浙吳城方言），合吳言是『誤』字。『去家京洛』是隱射『國』字。『寇盜』乃是『賊民』。連起來便是『青苗法安石誤國賊民』也。」

這段「紀事」較前複雜，轉折多，難度大，如若不是蘇軾，恐怕無人能解。此外，元代伊士珍《瑯環記》敘述宋代趙明誠夢得奇句隱語：「言與司合，安上已脫，芝芙草拔」三句，父親趙挺之解析說：言與司合是「詞」字，安的上半脫去是「女」字，芝芙拔去草頭便成「之夫」二字，整個來看，你是「詞女之夫」。後來果然娶得李清照爲妻，應驗了兒時奇夢，詳情請參閱拙撰《上好短篇選》第廿一篇。

到了清朝，由於滿漢民族情結而大興文字獄。查嗣庭主持江西科舉考試，他依據《詩經‧商頌‧玄鳥》章句，出了「維民所止」的申論題，被奸臣故意檢舉這題是隱射「雍正無頭」（雍字去頭成維，正字無頭是止），竟然屈死在監牢中，眞是太冤了。

本篇的作用，乃是借來啓發我們的智慧，有助於腦力激盪（brain-storming），增強分析推理的能量。請看：前人如此聰敏，我等豈可服輸？

一百位名士，武將多少？文儒多少？
七十二賢人，冠者幾人？童子幾人？
三千個弟子，從軍若干？商旅若干？

九六　才子宗臣撰對聯

明代才子宗臣（一五二五—一五六〇），字子相，明世宗嘉靖廿九年進士，任官刑部、吏部，與李攀龍、王世貞等文士在北京結友，稱爲「嘉靖七子」，斐聲文壇，《明史・文苑》有傳。

那時，佔據河套地方（今內蒙自治區）的韃靼酋長俺答（一五〇七—一五八二，明史有傳）屢次南侵中國。有一回，俺答屯兵在黃河北岸江邊，向嘉靖帝提出「先比文後比武」的挑戰。如果比文輸了，他就退兵。嘉靖帝便指派七子往試。

俺答在黃河上搭了浮橋。比賽規則是：明朝派一人從橋北拿取試題，走到橋南就要答出來。橋上不准停步，如停步就將人推下河去云云。由於猜不到題目的難易，且事關兩國的和戰與個人的生死，大家都不敢冒險而逡巡猶豫。

宗臣挺身而出，步上橋北，取到試題一看：寫著「撰一付對聯，不超過廿個字。要包括古代一百個文武名人。」宗臣在浮橋上沒有停步，到橋南時，對聯已撰成了：

「孔門七二賢，賢賢人聖；

雲臺廿八將，將將封侯。」（廿音念，意爲二十）

上聯說的是孔子弟子七十二位賢人。下聯指東漢光武帝（前六—後五七）殿前功臣鄧禹、寇恂、馮異等二十八員武將，都封侯爵，漢明帝繪成圖像，掛在雲臺之上，世稱「雲臺二十八將。」（《後漢書・朱祐傳論》有記載）

這對聯只用了十八個字，就包含了文武名人一百位。俺答見了，連聲贊道：「中原才子了不起，中原才子了不起！」當即依諾下令撤兵。宗臣便有了「中原才子」之號。他死後，鄉人在他原籍江蘇興化縣城孔子廟西的儒學街上建了一座「中原才子」坊，據說至今還在。這是引自近代・湖海散人《茶餘飯後集》所記。

此外、依數字湊趣，歪解經書，也有借以取樂的另一故事：

北齊神武帝時的石動筩，在國學（國學即太學堂，爲全國唯一最高學府，設有五經博士）學院中，閱看博士（《文獻通考》：太學裡置博士生）論文，文中有一段寫道：「孔子弟子，達者（通達六藝的碩儒）七十二人。」

石動筩問道：「這七十二人之中，多少人已成年，戴有冠帽（古昔男子成年時，要舉行加冠儀典，叫冠禮，戴上帽子）？多少人年歲未到，還未戴上冠帽？」

這位國學博士生回答說：「經書和史傳裡都未提到，無從知曉。」

石動筩說：「當然有。戴帽的三十人，未戴帽的四十二人。」

博士生問道：「石大人你是根據哪種文獻知道的？」

石動筩答道：「你看，《論語・先進第十一》說：『冠者五六人，童子六七人。』五乘六等於三十人，是戴帽的成年人。六乘七等於四十二人，是未戴帽的童生。而三十加四十二等於七十二，正合乎達者七十二人之數，這不就很清楚了嗎？」

聽到的人，都哄堂大笑。爲存眞，引明・曹臣《舌華錄・諧語第七》原文如下：

「石動筩嘗於國學中看博士論云：孔子弟子，達者七十二人。因問曰：達者七十二人之中，幾人已著冠？幾人未著冠？博士曰：經傳無文，何因得考？動筩曰：已著冠著有三十人，未著冠者四十二人。博士曰：據何文？動筩曰：論語云：冠者五六人，五六三十人也。童子六七人，六七四十二人也；豈非七十二人乎？坐中皆大笑。」

我們讀《論語》，那《先進》篇中的兩句，原來是孔子弟子曾皙（曾參之父）對孔子述志的話，與達者七十二賢並無關連。石動筩借來胡解經義，只算是俳諧鬥趣而已。

又有邯鄲淳《笑話文學・絕倒錄》另記孔門弟子一事：

「或問：『孔子弟子三千，後來的出路怎樣？』答曰：『二千五百人從軍，另五百人爲商旅。』問曰：『何書可證？』答曰：『論語注云：二千五百人爲軍，五百人爲旅，合共三千，可證。』」

這是解頤湊趣之談。依據《論語・衛靈公》第一章說：「衛靈公問陣於孔子，孔子對曰：俎豆之事，則嘗聞之矣；軍旅之事，未之學也；明日遂行。」其中「軍旅」二字，有的注解說是「二千五百人爲軍，五百人爲旅。」軍是加入部隊，從軍去了。旅又可解釋爲商旅，就是流動的商人，又叫行商，《易・復・象》說「先王閉關，商旅難行。」所以旅就可認爲是從事商貿去了。

在語文園地裡，不論說話或撰文，假如老是正經八百來訓示大道理，可能會太嚴肅，反將遭遇抗拒；倘能適時摻入一絲幽默，使神經弛緩，暫獲輕鬆，似乎也不無調劑之益，我們就視它爲解悶的開心果罷！

有錢也會去酒樓尋樂，
囊空只好在家裡啃書。

九七　無錢去宴樂

北宋晏殊，諡元獻，進士上榜後，派往昭文館（掌管圖書修撰）研究。那時館中的文士們都喜邀約酒宴聯歡，蔚爲風氣，以致京城內的茶樓酒肆，都是他們輪番預訂聚會的場所。晏殊那時缺錢，不能隨往應酬，下班後就回家，陪弟弟們讀書講課。

及到有一天，宋眞宗要挑選任命一位東宮官（輔佐太子的專官），奏章從皇宮裡硃批下來，入選的竟是額外指定這位閒散的館員晏殊，連宰相也不明白爲何會挑中他的。

第二天宰相上朝，議事時輪到挑選東宮官一案。眞宗諭示道：「近來聽說那昭文館裡的學士群，都喜歡宴飲遊樂，獨有晏殊從不參加，只是在家陪諸弟讀書，這種謹厚品德，正是擔任東宮官的最好人選。」

晏殊奉聖旨升任新職，依例要覲見皇帝謝恩，以及恭聆如何輔佐太子的訓示。宋眞宗告知他爲何入選的因由，晏殊在答奏時，據實回稟道：「小臣也不是不喜歡宴樂，實在是我沒有多餘的錢。如果有錢，也會前往。」皇上欣然，贊他誠摯，更寵信有加。宋仁宗即位後，晏殊終爲宰相。

請對閱《夢溪筆談‧卷之九‧人事一》原文：

「晏元獻公，及爲館職，當時館士好爲宴集，以至市樓酒肆，往往皆爲遊息之地。公是時貧甚，獨家居與昆弟講習。一日，選東宮官，忽自中（從皇宮中）批除（授官）晏殊。執政（宰相）莫諭所因。次日進覆，帝曰：近聞館閣臣僚，無不嬉遊宴賞，唯晏殊閉門與昆弟讀書，如此謹厚，正可爲東宮官。公既受命，廷對，帝面諭除授之意。公樸實曰：臣非不樂宴遊者，以貧，不敢，臣若有錢，亦將往。帝益嘉其誠實，眷顧日深。仁宗即位，卒至大任。」

可見誠實無價。它的反面就是虛僞，如今矯飾造假的人太多了，口是心非，欺人騙己，像晏殊這樣講老實話的人，聽來格外舒服親切。本書第九十二篇也是他的故事，值得同看。不過、晏殊並非一直是個拘謹的憨士，他很會填詞，是北宋初期的重要詞家，宋代王灼《碧雞漫志》說他作詞「風流蘊藉，溫潤秀潔。」試看他《浣溪沙》詞有句曰「無可奈何花落去，似曾相識燕歸來」，楊愼在《詞品》裡評曰：「二語工麗，天然奇偶。」既纏綿，又溫婉，千年傳誦不衰。又如他的《蝶戀花》詞云：「昨夜西風凋碧樹，獨上高樓，望盡天涯路。欲寄彩箋兼尺素，山長水闊知何處？」清代王國維《人間詞話》說近乎《詩經》的「蒹葭」篇，最得風人情致。凡此種種，能不佩服？

故事不會嫌多，

最後再湊一個。

九八　有人來借書

這是殿後的餿故事。

平凡的我，一生未有成就，又覺得虛度此生可惜，唯一能做的是胡湊一些疏拙小文，或許對人有微益吧？因此利用餘暇，硬擠出一些通俗淺易的小篇章以自愉，這些「斷爛朝報」（借用《宋史・王安石傳》之句，意謂殘缺不全），將來能否送入印刷機，或逕行丟進字紙簍，仍在未定之天，暫且完成初稿再說。

我有三個撰寫原則：

第一、文章要簡短：譬如那些景陽崗武松打虎、諸葛亮舌戰群儒，典故原是極佳，但文體太長，不合於現代工業社會講求的「輕薄短小」之旨，故都割愛不要。

第二、文字要生動：那些板起面孔的說教，正經八百的訓示，太嚴肅，也太枯燥，聽來猛打瞌睡，倒不如借故事以作引喻，在輕鬆中體驗出道理，從微小處開悟到大處，讓讀者易於接受。例如大科學家牛頓（Issac Newton 1642-1727）的小故事，他說「我不過是個小孩，在那浩瀚的知識大海的沙灘上，偶然拾到了一枚貝殼。」這話多親切可愛。

第三、大家耳熟能詳的故事不錄：例如畫蛇添足、亡羊補牢、狐假虎威、盲人摸象、臥薪嚐膽、完璧歸趙等掌故，人人都曉，不必再來饒舌。

第四、凡所記述的，都要有來歷、有依據，不可讓讀者認爲是信口雌黃，隨意胡謅，因而每事都要註明出處，可以覆按。

寫書還要配上插圖。若無插圖，便好像公園裡只有蔓草，缺少綠樹紅花，怎能吸引遊客？這些日子裡我已經寫就若干篇初稿了，想要插入著名的西班牙畫師畢加索（Pablo Picasso 1881-1973）和清末大臣曾國藩的人像。爲此，我前往圖書館裡去找，從《百科全書》中，影印了畢氏的頭像（未侵犯智慧財產權）。另外、我以前出版了一冊小書《上好短篇選》，其中第四十七頁有曾國藩臉蓄鬍鬚、頭戴官帽、身穿朝服、胸掛朝珠的人像。市立圖書館有我這本書，但我在那大閱覽室的書架上遍尋不見，心中起疑，是不是這本書寫得不好，由於乏人欣賞而被淘汰下架了呢？（我還寄給了外國圖書館，並且分獲謝函）

我試著去請教圖書管理員，問她有沒有這本書？她打入電腦一查，回答道：「這本書我們有，書的編目：條碼編號是 QAB-034951，索引書號是 856.9 ／ 894，歸屬於『語文類』，但已被讀者借閱去了，要到這個月底才能歸還。」

我聽罷，內心中油然升起一陣溫暖。想不到該本淺陋的書，竟然還有人起心借回家去參看，對我而言，該是一番小小的鼓勵吧，敢不自勉嗎？

填數字，填字母，愈填愈精，敢受挑戰；
練腦力，練心智，愈練愈會，欲罷不能。

九九　神奇的方陣圖

美國學人卡特（Philip J. Carter）和羅騷（Kan A. Russel）二人合編了一冊〝The IQ Challenge〞（且直譯爲智商挑戰），由 Barnes & Noble Books 公司于一九九四年在紐約出版，是一本有關腦力激盪（brain-storming）的書，其中有趣的是「方陣空格填字」。

若想查考方陣塡數字的起源，應可追溯到我國古代的「洛書」。請閱《易經・繫辭上卷》第十一章的記載：

「是故天生神物，聖人則之。天地變化，聖人效之。天垂象，見吉凶，聖人象之。河出圖，洛出書，聖人

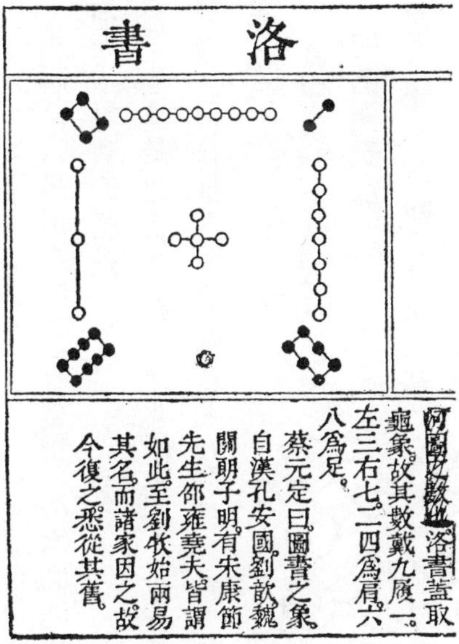

第 99-1 圖

則之。」

這裡所提到的「洛書」，依上古的傳述，是說當大禹治水時，有神龜自洛水的河中出現。龜背上有九組不同點數所組成的圖案。描述這點數的話是：

「戴九履一（上邊是九，好似帽子戴在頭頂。下邊是一，好似鞋子穿在腳下），左三右七（三在左邊，七在右邊），二四為肩（二與四各佔頂端的兩個邊角，好似雙肩），六八為足（六與八分居底端的兩側，好似雙足）。」

請見第99-1洛書圖（這是易經中的附圖）。圖中偶數二四六八都用實心的圓點表示，而奇數一三五七九則用空心的圓圈表示。

若將這洛書圖形改用數字顯示，便如第99-2圖。妙的是這從1到9之數如此安排，使得無論自橫向縱向或自斜向兩對角線相加，其和數都是15。罕異的是：這洛書圖案遠距今時已有兩千多年了，何以那時的中國先賢有這麼高絕的超等聖智？

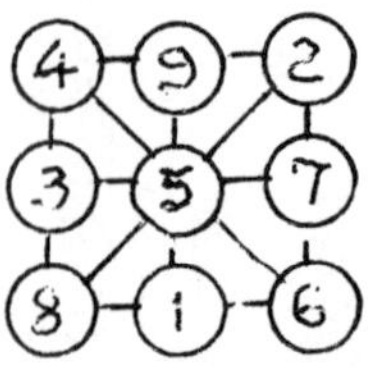

第99-2圖

上述那本《智商挑戰》書中對數字方陣填空的敘述，題目難易都有。茲摘述一則4×4的簡單方陣如第99-3圖，題文是：

「請將自1到16的數字填入方格中（已填入7），須使橫向直向斜向相加之和都等於34。」

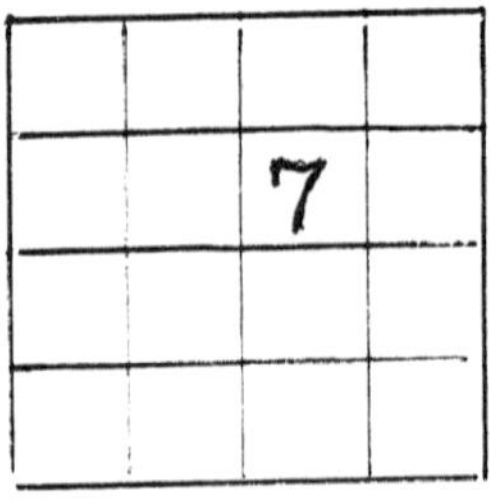

第99-3圖

高明的讀者如有興趣，不妨試填，完成之後，再與第99-14圖

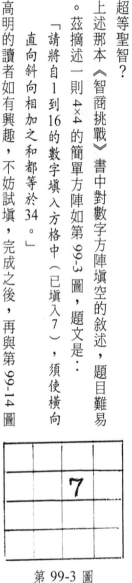

核對。

現今全球流行的「數獨」（Sudo Ku，日文是數字只出現一次之意），自日本發源，也已風迷歐美亞紐等八十五個國家，同樣是練習推理能力的方陣空格填數字遊戲（見台北二〇〇六、五、一五、中國時報的整頁報導），只是規則相異而已。

方陣空格如果用來填英文字母，就叫 word square。下面引敘兩個例子：

K	I	N	G
I	D	E	A
N	E	X	T
G	A	T	E

第 99-4 圖

O	R	A	L
M	A	R	E
E	V	E	N
N	E	A	T

第 99-5 圖

右面第 99-4 圖直行有四行，要填入含有四個字母（letter）的英文單字（word）4 個。橫向也有四列，也須填入含有四個字母的單字 4 個。但實際上該圖橫直都用相同的單字填入，因此只含 4 個單字，就是 KING、IDEA、NEXT、GATE 四字，甚為智巧。

至於第 99-5 圖填入的直行字與橫排字卻不相同。直行是 OMEN、RAVE、AREA、LENT 四字，橫排則是 ORAL、MARE、EVEN、NEAT 四字，合共八個字，能夠湊成，仍是難得。

另請注意第 99-6 圖，這是用五個字母填入的著名魔法方陣字（famous magic word square）。相傳是古羅馬時代的刻石，於一八六八年發現，今展藏於英國 Corinium Museum 博物館內。神奇的是它橫讀直讀反讀倒讀都成字，至今無人能模仿做出類似的第二個方陣。

R	O	T	A	S
O	P	E	R	A
T	E	N	E	T
A	R	E	P	O
S	A	T	O	R

第 99-6 圖

上述博物館地址是 Park Street, Cirencester, GL7 28X, United Kingdom。該館已列名於《世界博物館》（Museum of the World）一書第二冊第五二〇頁，台北國家圖書館參考室西文部有藏。在這方陣中，例如 ROTAS（輪值表）有四次出現，即左邊直行順唸，頂端橫行順唸，右邊直行倒唸，底端橫行倒唸，共四處（一字四見）。又如中行 TENET（主義、信條）也有四次出現，即中央直行順唸和倒唸，中央橫行順唸和倒唸，也共四次（一字四見）。

這 5×5 方陣中，橫直倒順理論上應有20個字，實際上卻只有5個字。倘有興趣，請閱《法文百科全書》（Grote Nederlandse Larousse Encyclopedie——GNLE）這套書的第21冊141頁第三欄，有 Sator-Arepo-formule 之詳述。台北國家圖書館參考室有此書。

今再列舉5個奇特的五字方陣，如圖第 99-7, 99-8, 99-9, 99-10, 99-11。這5題全是橫讀直讀都重複使用一個字，也就是一字兩見。不是聰智者哪能湊得出來？只是不能倒唸，比第 99-6 圖差遜了一半。

S	P	O	R	T
P	A	P	E	R
O	P	I	N	E
R	E	N	E	W
T	R	E	W	S

第 99-7 圖

S	T	A	F	F
T	I	L	E	R
A	L	A	T	E
F	E	T	E	S
F	R	E	S	H

第 99-8 圖

S	H	A	F	T
H	U	L	L	O
A	L	L	A	Y
F	L	A	K	E
T	O	Y	E	D

第 99-9 圖

R	U	D	E	R
U	V	U	L	A
D	U	C	A	T
E	L	A	T	E
R	A	T	E	D

第 99-10 圖

S	O	L	I	D
O	P	E	R	A
L	E	G	A	L
I	R	A	T	E
D	A	L	E	S

第 99-11 圖

最後、還有高難度的六字方陣。今舉兩例，如第 99-12，99-13 圖所示。此二圖不論橫讀直讀，都可發現同一字縱橫兩見。六字方陣甚爲困難，卻也精妙極了。

B	A	T	T	E	R
A	R	R	I	V	E
T	R	I	P	O	D
T	I	P	P	L	E
E	V	O	L	V	E
R	E	D	E	E	M

第 99-12 圖

E	S	T	A	T	E
S	H	A	V	E	N
T	A	L	E	N	T
A	V	E	R	S	E
T	E	N	S	E	R
E	N	T	E	R	S

第 99-13 圖

13	8	12	1
2	11	7	14
3	10	6	15
16	5	9	4

（第 99-3 圖答案）

第 99-14 圖

本篇雖難謂純然是說故事文體，但每一節所引述的，都會啓發深思，饒有興味，具備增益智慧之功效。請不要以爲這是雕蟲小技，何必操心？須知爲大於微，凡事都該從小處下手。若能打好小道上的基礎，由小以悟大，根柢紮實之後，自會開瓊花，結碩果，豈不美哉？

有幸接觸第二外文，
等於觀光另一世界。

一〇〇　有趣的英文字

正經文章看多了，可能令人乏味，似該端上開胃小碟來調和一下，因且引述一些英文文字的組合題解，縱使偏離了故事範疇，但能刺激腦細胞的運行，既可消閒，也兼增智。雖非正菜，奉勸品嚐，請由小識以進大益。

一、英文字（word）是由字母（letter）組綴而成。其中約有百多字，依其原有字母的排序，無論順唸或倒拼，都是完整的字。請問你能否略舉若干例字來支持此說？

解答：are—era　　mood—doom
bard—drab　　part—trap
deliver—reviled　　room—moor
civic—civic　　seton—notes
flow—wolf　　time—emit
god—dog　　was—saw

keep—peek　　xat—tax

lever—revel　　race car—race car　　level—level

二、母音（vowel）是構成單字（word）的元素，但有例外。你能列舉一些沒有母音的英文字以作證明嗎？

解答：

cry（哭）	ply（層）	slyly（狡猾地）
crypt（地窖）	pygmy（侏儒）	spry（活潑的）
fly（飛）	pyx（聖餅盒）	spy（間諜）
hymn（聖歌）	rhythm（押韻）	sylph（少女）
lymph（淋巴）	shh（噓）	syzygy（朔望）
my（我的）	shy（怕羞的）	try（嘗試）
myrrh（沒藥）	shyly（羞怯的）	tryst（約會）
nymph（蛹）	sly（狡猾）	why（何故）

三、你知否哪些英文字含有多少個母音字母？

解答：aero（a. 飛行器的）——4 個字母中有 3 個母音字

idea（n. 主意）——4 個字母中有 3 個母音字

ooze（v. 慢慢地流）——4 個字母中有 3 個母音字

adieu（n. 辭別）——5 個字母中有 4 個母音字

audio（n. 電視錄聲）——5 個字母中有 4 個母音字

eerie（a. 膽小的）——5 個字母中有 4 個母音字

queue（n. 排成一列）——5 個字母中有 4 個母音字

bureau（n. 局，處）——6 個字母中有 4 個母音字

iodate（n. 硫酸鹽）——6 個字母中有 4 個母音字

aureole（n. 光環）——7 個字母中有 5 個母音字

couteau（n. 雙刃大刀）——7 個字母中有 5 個母音字

sequoia（n. 紅杉）——7 個字母中有 5 個母音字

autunite（n. 鈾灰鑛）——8 個字母中有 5 個母音字

automatic（a. 自動的）——9 個字母中有 5 個母音字

outrageous（a. 殘暴的）——10 個字母中有 6 個母音字

behavioural（a. 行爲的）——11 個字母中有 6 個母音字

quinquereme（n. 五槳船）——11 個字母中有 6 個母音字

strengths（n. 強度）——唯有這 9 個字母的單字只有 1 個母音

deliberative（a. 愼重的）——12 個字母中一子音一母音相隔出現

四、由 11 個字母組成的字，抽出它的奇數字母，依順序可以排綴成爲一個新字，餘留的偶數字母，連綴起來又可成爲另一新字，你能猜到嗎？

解答：t r i e n n i a l l y → tinily → renal

五、移動單字中的字母位置，便能改綴爲另一新字，這叫〝anagram〞（例如將 made 改爲 dame，就是〝字母重組〞，或稱〝字母變位〞。若是將 lived 倒反變爲 devil，就可叫〝迴文字〞了）。英文中的例字很多（中文也有，如猶猷，騙鷊，景晾，忘忙，吉吐，果杲東，和〝不可隨處小便〞改〝小處不可隨便〞，〝屢戰屢敗〞改〝屢敗屢戰〞都是）。你能列舉若干例子嗎？

解答：4 個字母：post——stop——pots——spot——tops

5 個字母：carte——trace——caret——react——crate

6 個字母：signer——reigns——singer——resign

7 個字母：leconic——conical

8 個字母：tangible——bleating

9 個字母：auctioned——education——cautioned

12 個字母：conservation——conversation

六、字母重組，也有由一個字變換成爲兩個字的：

解答：adversaries——are advisers

enormity——more tiny

infection——fine tonic
segregate——easter egg
policeman——open claim
deserted——deed rest
silhouette——hotel suite
couples——up close
moustache——mouth case
muttering——emit grunt
fieldfare——feed frail
partridge——grip trade
pheasant——heat pans
ptarmigan——tramp gain
starling——grin last
Thailand——dial than
shoveler——love hers
wagtail——wait lag

七、另有由一個字移換成為三個或四個字的：

解答：charisma——is a charm
commendation——aim to condemn
desecration——care is noted
hibernated——bear hit den
incomprehensible——problem in Chinese
legalisation——Is it a legal? No!
matrimony——into my arm
militarism——I limit arms
Protectionism——nice to imports
revelations——tear no veils
softheartedness——often sheds tears
switchboard——I batch words

八、更有由二個字或二字以上的短語來作變換的：

解答：a merry Christmas and a happy new year——many a sad heart can whisper my prayer
fasten your seat belts——truss neatly to be safe
HMS（=His Majesty's Ship 英國皇家海軍兵艦）pinafore——name for ship
I love Ms Nude——venus de milo

New door——one word——nor do we
Sahara Desert——sear sad earth
They see——the eyes
The Mona Lisa——no hat a smile

九、以上這種字母重組，尚有屬於動物類的字，你能列舉出來嗎？

解答：Africa lion（非洲獅）——California
anteater（食蟻獸）——neat rate
beaver（海狸）——rave be
carthorse（拉車的馬）——orchestra
dolphin（海豚）——hold pin
leopard（豹）——paroled——role pad
lioness（母獅）——lesions
muskrat（麝香鼠）——rum task
porcupine（豪豬）——upper coin
racoon（浣熊）——corona
samoyed（薩莫耶特狗）——someday
spaniel（長耳狗）——alpines

terrier（小獵狗）——retirer

whale（鯨魚）——he law

十、還有屬於職業類的字母重組，你可知道？

解答：carpenter（木匠）——rap centre

doctor（醫師）——to cord

lawyers（律師）——sly ware

mechanic（機械師）——came chin

policeman（警察）——ample coin

secretary（秘書）——try crease

shoemaker（製鞋匠）——shake more

teacher（教師）——the care

十一、下面是由 5 個字母組成的英文字，將前面一字的中央字母改爲 r，就變爲另一個英文字了。

bacon---baron	lucid---lurid	pouch---porch
badge---barge	noose---norse	splat---sprat
cadet---caret	patch---parch	stout---strut
calve---carve	peach---perch	touch---torch

十二、名作家及大人物的姓名也能變位，怎可忽視？

解答：William Shakespeare（莎士比亞 1564-1616）——I'll make a wise phrase

Horatio Nelson（納爾遜 1758-1805）——on then, O sailor

Florence Nightingale（南丁格爾 1820-1910）——→flit on cheering angel

Charles Lamb（蘭姆 1775-1834）——→a bell charms

Charles Dickens（狄更斯 1812-1870）——→Ken scares child

Hans Christian Anderson（安徒生 1805-1875）——→reason ann it's hard chins

Somerset Maugham（莫罕 1874-1965）——shame more must go

Robert Louis Stevenson（司蒂文生 1850-1894）——to steer noon silver bus，或 our best novels in store

Charlotte Bronte（布朗蒂 1816-1855）——lob net or chatter

Tennessee Williams（威廉 1914-1983）——new smile essential

William Ewart Gladstone（格萊斯頓 1809-1898）——wild agitator means well

Margaret Thatcher（柴契爾夫人 1925-）——that great charmer，或 meg the arch tartar

十三、衆多美國總統姓名的重組，你我倘若不知，豈非孤陋？

解答：George Washington 喬治・華盛頓——Oh! Going? Greatnews!

Washington 華盛頓——showing tan

Madison 麥迪遜——maid son

Monroe 門羅——no more

Abraham Lincoln 亞伯拉罕・林肯——ram ball on chain

Gar Field 伽・菲爾德——gild fear

Theodore Roosevelt 西道爾・羅斯福——O! Do reverse the tool

Woodrow Wilson 伍得諾・威爾遜——wind or owls woo

Harding 哈定——rig hand

Calvin Coolidge 卡爾立・柯立芝——lodge civic loan

Herbert Hoover 赫勃・胡佛——both here rover

Franklin Delano Roosevelt 富蘭克林・羅斯福——a fooler sent like overland

Truman 杜魯門——run mat

Reagan 雷根——age ran

Ronald Reagan 朗萊・雷根——loan arranged

最後貢獻給讀者一句話：神聖羅馬帝國（Holy Roman Empire）皇帝查理五世（Charles V, 1500-1558）說：「一個人多懂得幾國語言，他就是多做了幾個人。」五百年後的今天，這話仍有道理，那末就請你進入這座大觀園，來欣賞園內的奇花瑤草吧！

書名索引（數字代表篇目）

1 詩經 九、九五、九七
2 書經 二〇
3 易經 二五、五〇、九〇、九八
4 洛書 九九
5 禮記 二〇、六三、六七、七七、九一
6 春秋 三〇
7 左傳 八一、九一
8 孝經 一七
9 中庸 九
10 論語 二〇、二一、三七、五五、六三、七二、七五、八九、九一、九六
11 孟子 一一、二〇、四六、六四、七五、七七
12 三字經 七二
13 南華經 七五
14 南華眞經新傳 四四
15 涅槃經 一八
16 佛教報恩經 七〇
17 佛說音悅經 五九
18 百喻經 四一
19 晏子春秋 二〇
20 呂氏春秋 三〇、三四、六七、八一
21 史記 一、一一、三〇、三二、四六、四七、四九、五〇、六四、六五、六六、七一、七二、七七、九三
22 戰國策 四九、五〇、七二
23 漢書 三〇、五〇、五五、七七、八二、八六、

九〇

24 後漢書　四、九、二〇、三〇、五〇、五五、七六、七七、九〇、九一

25 三國志　三〇、三二、四三、四九、五五、六八、九三

26 三國演義　二一、三二、四九、五五、七七

27 晉書　一九、三〇、五五、五六、六五、七〇、七六、八九、九三

28 宋書　五〇、八九

29 梁書　五五、八九

30 陳書　七七

31 魏書　三〇

32 北齊書　三〇、七七

33 南史　三〇、七〇、八五、九一

34 北史　四七、五五、七〇、九四

35 舊唐書　二三、二九、三一、四七、五五、七七、八九、九四

36 新唐書　六、二三、二四、二七、三一、四七、六八、七四、八九、九五

37 舊五代史　九四

38 新五代史　六、四五

39 南唐書　七七

40 宋史　五、六、一四、一九、二五、二六、二九、三〇、三五、四四、四九、五五、六二

41 元史　四四

42 明史　一七、三〇、六二、九六

43 明史稿　三八

44 明太祖實錄　三八

45 民國誌　六八

46 台灣通史　七九

47 資治通鑑　九、三八、六八

48 續通鑑　二五

49 史通　七五

50 國史考異　三八
51 唐史論斷　二五
52 子史精華　二九、五〇、六〇、七七、八八
53 白話文學史　八〇
54 歷史與思想　三九
55 管子　二〇、三三、三四、七五
56 荀子　六六、九一
57 莊子　五六、七五
58 列子　一〇、五六、七〇、七七
59 墨子　二〇、三〇
60 荇子　七〇
61 揚子　三〇
62 商子　七〇
63 商君書　七〇
64 韓非子　三、一〇、二〇、五〇、七〇、八一、九三
65 淮南子　六九、七二、七六、七七
66 抱朴子　七一
67 文中子　三〇、六四
68 尹文子　二〇
69 子華子　六五
70 玉泉子　九五
71 公孫龍子　七一
72 太公兵法　三〇
73 孫子兵法　四九
74 駱賓王文集　六八
75 韓昌黎文集　五五
76 嵇中散集　七〇
77 儼山外集　四八
78 武訓夫子全集　八
79 蔡元培全集　六一
80 鄧小平文集　五一
81 脫口集　八七
82 淘沙集　一

83 龍虎集　二三
84 韓詩外傳　九三
85 忠義水滸傳　六二
86 水滸傳　六二
87 水滸後傳　六二
88 列女傳　一九、五五
89 宋高僧傳　六九
90 武訓傳　八
91 胡適口述自傳　八〇
92 鄧小平傳　五一
93 民國百人傳　四〇、六一、六九
94 牛頓傳　二三
95 朱子名臣言行錄　三〇、七七、九二
96 續湘山野錄　九四
97 景德傳燈錄　四五
98 秋暉雲影錄　三五
99 煙雲鑑往錄　六一
100 醉翁談錄　六二
101 聞見前錄　九三
102 樂府雜錄　五五
103 四鑑錄　九
104 舌華錄　二五、六三、九六
105 歸田錄　三〇、七七
106 軼聞錄　六一
107 樂善錄　六〇
108 談藝錄　二七
109 厚德錄　八五
110 笑笑錄　一四
111 劇談錄　八九
112 野錄　七〇
113 閱微草堂筆記　一八、六七
114 太平寰宇記　四六
115 猗覺寮雜記　六八
116 老學庵筆記　六五

117 蜀中名勝記　四五
118 官場現形記　三六
119 太平廣記　二一、八五、八六、九一、九五
120 西京雜記　三〇
121 誠齋雜記　六六
122 雲仙雜記　七〇
123 蓬軒別記　二一
124 西行漫記　七〇
125 初學記　六五
126 拾遺記　五五
127 瑯環記　九五
128 中說　三七
129 新世說　二九、八四
130 續世說　二三、三一、八五、九〇、九四
131 今世說　五五
132 世說新語　一九、四三、七〇、八二
133 試說心語　八二
134 續通鑑雋語　二五
135 孔子家語　五六
136 大唐新語　二九
137 呻吟語　五、二一
138 人間詞話　九七
139 冷齋夜話　七四
140 隨園詩話　七〇
141 寓言新話　六七
142 避暑雜話　五五
143 西溪叢話　二〇
144 捫虱新話　七〇
145 博物志　八二
146 五總志　二五、六八
147 獨異志　五五
148 碧雞漫志　九七
149 夢溪筆談　二五、二六、四四、七〇、八九、九二、九七

150 簷曝偶談　一四
151 桂苑叢談　九五
152 池北偶談　六
153 開元天寶遺事　六〇、八八
154 宣和遺事　五八、六二
155 當代名人故事　六一
156 詞林紀事　九二
157 惜陰齋叢書　九三
158 四庫全書　一八、二〇
159 野客叢書　九三
160 江鄰幾雜志　六六
161 東萊雜志　一〇
162 益陽縣志　三六
163 上好短篇選　九五、九八
164 昭明文選　二九
165 元曲選　七四
166 風月堂雜識　八九
167 癸辛雜識　六二
168 幼學故事瓊林　一九、四三、五〇、七四、七六、七七
169 法苑珠林　三七
170 中國山水畫史　七〇
171 儒林外史　二九
172 曾文正公嘉言鈔　八四
173 清稗類鈔　二、二八
174 筆銘　六九
175 墨銘　六九
176 硯譜　四五
177 七修類稿　三八
178 癸巳存稿　七三
179 朱子治家格言　三七、七六
180 唐摭言　二一、七三
181 摭遺　七三
182 德音古鑑　九、一七

183 古事今鑑 六
184 說郛 六八
185 說苑 二〇、三三、五九
186 新序 六四、六五、七二
187 增廣詩韻全璧 一九
188 唐詩三百首 六八、七三
189 千家詩 六八
190 玉堂新詠 八八
191 槐聚詩存 二七
192 大陸詩草 七九
193 珠玉詞 九二
194 西湖遊覽志餘 四八
195 古今圖書集成 九五
196 陸宣公奏議 八九
197 唐宋文舉要 七三
198 昨非庵日纂 二四、三五、五八、六三、六四、七四、八六
199 堯山堂外紀 七四
200 單車環球行 五四
201 風雨見龍蛇 三三
202 增廣智囊補 四八、四九、五六、六四、六六
203 古文觀止 五、六、二九
204 聊齋誌異 一八、七三
205 古今談概 一四、二一、七〇
206 墨客揮犀 七〇、七四
207 龍文鞭影 一九、二三、二四、五五、七三
208 容齋隨筆 八九
209 朝野僉載 七七
210 曲洧舊聞 七〇
211 太平御覽 七二
212 酉陽雜俎 六八、七七
213 群書治要 二〇
214 風俗通義 六〇、七〇
215 經世奇謀 三一

216 文苑英華　七三
217 雲溪友議　二一
218 楓窗小牘　九五
219 台灣語典　七九
220 台灣考釋　七九
221 笑話文學　九六
222 中外雜誌　八七
223 牡丹亭　二七、五五
224 光學論　二三
225 管錐篇　二七
226 論衡　三三、七五
227 談藪　九一
228 趣譚　三〇
229 厚黑學　七五
230 知識誕生的秘奧　二三
231 知識生產的技術　二三
232 我的父親鄧小平　五一
233 牛津辭典　二七
234 韋氏大辭典　二七
235 大英百科全書　四〇、九八
236 法文百科全書　九九
237 三民大辭典　八、六三、七五
238 中華辭海　八、七五
239 最新國語辭典　七五
240 中國人名大辭典　八
241 紐約時報　七、七八
242 美國世界日報　二二
243 聯合報　四、五三、五四、六七、七八、八五
244 經濟日報　五二
245 人間福報　四
246 瀟湘晨報　四六
247 台南新報　七九
248 國民日日報　七九
249 福建日日報　七九
250 詹氏防衛周刊　七八
251 美國商業周刊　五二、五四

蕭衍　85, 91
蕭伯納　16
蕭良友　24, 73
魏易　40
魏徵　20, 90
魏文帝　1
魏武帝　32
聶海勝　78
顏清甫　88
顏眞卿　74

十　九　畫

羅素　80
羅正鈞　8
羅貫中　49, 62
禰衡　28, 30, 55
懷讓禪師　45
證嚴上人　7

二　十　畫

蘇秦　30
蘇軾　27, 29, 95
蘇頌　30
蘇頲　89
蘇小小　21
蘇東坡　16, 29, 70, 74, 89
嚴忌　50
嚴嵩　5, 68
嚴世蕃　5
釋道世　37
釋贊寧　45

廿一畫以上

顧和
顧元慶　14
藺相如　28
竇建德　23
蘭寧利　78
蘧景玉　29
酈食其　11

十六畫

盧杞　31
盧南名　18
盧承慶　94
盧照鄰　68, 76
衛姬　34
衛敬瑜　88
諸葛亮　98
諸葛孔明　19, 29
錢穆　39
錢思公　30
錢鍾書　27, 55
閻敞　85
閻伯嶼　73
閻婆惜　62
霍光　6, 47
霍集占　35
鮑叔　28
鮑超　28
鮑春霆　28
穆生　50
曇惠王　49
駱賓王　9, 68, 73
獨孤皇后　38

十七畫

應奉　30, 55
應劭　35, 71
戴宗　62
戴昺　21
戴本孝　70
戴維斯　57
戴震良　78
謝安　76
謝啓　30
謝僑　30
薛稷　55
薛居正　94
薛德瑞　54
鍾繇　1
鍾離春　65
韓信　11, 47, 49
韓愈　27, 28, 55, 65, 74
韓文甫　51
薄一波　51
隰斯彌　3

十八畫

蕭吉　38
蕭何　48, 84

劉伯承　51
劉知幾　75
劉原父　6
劉禹錫　20
劉惠卿　54
劉黑闥　23
劉墀石　5
劉義慶　19
劉穆之　89
劉儀同　14
劉繼祖　38
魯肅　30
魯哀公　56
魯蕩平　68
樂史　46
樂毅　49
樂正子春　81
潘岳　65, 76
潘聖章　38
歐里　54
歐陽修　6,19, 21, 23, 24, 32, 45, 47, 55, 92
歐陽詢　74
熊秉三　40
熊希齡　40
熊崇智　40
蔡邕　55
蔡瑁　11, 49
蔡襄　29
蔡元培　40, 61
鄧攸　76
鄧析　67
鄧禹　96
鄧綏　76
鄧小平　51
鄧毛毛　51
鄧伯道　76
鄧麗君　51, 78
鄭仲　48
鄭瑄　24, 35, 63
鄭晚　9
鄭板橋　14
蔣乂　55
蔣琬　84
蔣幹　11, 49
蔣經國　20
蔭昌　12
墨子　30
穀陽　93
滕國君　66
賴景瑚　61
臧啓芳　8

漢高祖　50
漢文帝　94
漢景帝　50
漢武帝　55, 66, 82
漢獻帝　43
漢明帝　96
漢光武帝　4, 96
裴度　86
裴伯茂　55
裴取之　30
管仲　20, 28, 33, 34, 43, 48
管寧　43
趙溫　91
趙匡胤　56
趙匡義　56
趙仲讓　70
趙伯平　25
趙明誠　95
齊白石　56
齊桓公　20, 33, 34
齊宣王　65
齊威王　66
壽勛　12
褚遂良　55
養由基　77
蒲松齡　18, 73
赫魯雪夫　51

十五畫

劉平　76
劉交　50
劉仲　76
劉向　20, 33, 50, 59, 67
劉邦　11, 32, 49, 77
劉秀　4
劉昞　30
劉恕　55
劉昫　23, 47
劉敞　6
劉晏　64
劉訥　90
劉寔　30
劉備　77
劉豫　49
劉肅　29
劉濞　50
劉臻　90
劉一丈　5
劉少奇　51
劉克明　86
劉克莊　6
劉和謙　12

費龍俊　78
陽里華子　56

十　三　畫

楊炯　68, 73
楊堅　38
楊素　30
楊修　95
楊絳　27
楊億　94
楊震　9
楊黼　17
楊守陳　35
楊伯起　9
楊利偉　78
楊思標　7
楊崇義　60
楊循吉　21
楊朝融　7
楊樹坊　8
愛迪生　40
愛因斯坦　90
楚元王　50
楚王戊　50
楚共王　93
楚莊王　20
楚襄王　20
楚靈王　20
董卓　32, 47
董顯光　40
葉公超　30
葉夢得　55
虞舜　46
虞翻　93
虞世南　55
賈島　91
賈逵　55
賈桂琳　4
鄒陽　50
鄒覺民　28
雷伊　53
雷義　28
廉頗　28
甄彬　85
葛洪　30, 75
慈禧太后　69
道光皇帝　2
達賴喇嘛　7

十　四　畫

廖仲愷　12
廖福本　12

淳于髡　93
斛律光　77
魚朝恩　31
康熙皇帝　29
乾隆皇帝　35
晚晴老人　15
莎士比亞　16

十二畫

傅介子　91
傅堯俞　64
傅斯年　29
庾信　55
庾翼　93
庾公之斯　77
曾參　10, 96
曾晳　96
曾國藩　1, 28, 84, 98
無鹽女　65
無際大師　17
程頤　63
程顥　63
程允升　43, 50
隋侯　42
隋文帝　38, 90
隋煬帝　47
項羽　11, 32, 49, 77
項槖　72
馮異　96
馮道　68
馮自由　61
馮夢龍　14, 21, 48, 49
黃祖　55
黃射　55
黃興　12, 23, 69
黃娥　86
黃巢　91
黃克強　69
黃庭堅　29
揚雄　74
富弼　92
甯越　30
惠施　75
嵇康　70
華歆　1, 43
騎劫　49
傑佛遜　94
喻培倫　69
喬仲常　21
屠牛吐　65
湯顯祖　27
斯茅庚　46

袁紹　32, 68
袁術　77
袁世凱　40, 79
袁宏道　74
陳平　11, 49
陳音　14
陳重　28
陳善　70
陳琳　68
陳誠　40
陳毅　70
陳壽　43
陳寵　50
陳立夫　12
陳玉成　28
陳可均　69
陳果夫　12
陳堯咨　77
陳師召　14
陳無己　64
陳夢雷　95
陳懷恩　54
許攸　32
許先甲　55
許勉無　55
許彝千　55
陸深　48
陸游　28, 55, 70
陸贄　89
陸皓東　69
陸道暉　55
畢沅　25
畢加索　83, 98
郭威　94
郭子儀　31, 86
郭台銘　20
郭仲賢　88
郭紹蘭　88
連橫　79
連雅堂　79
連震東　79
陶侃　19, 69, 89, 93
陶澍　2
陶行知　8
陶宗儀　98
陶母湛氏　19, 44
崔準　8
粘罕　49
莊周　27, 75
逢蒙　77
商鞅　70
第五嘗　85

荀玫　29
郗昂　14
袁賀　55
桑維翰　45
浮丘伯　56
祝振華　87
晉懷帝　76
宮崎寅藏　69

十一畫

張允　11
張巡　55
張良　11, 30, 41, 49, 77
張劭　28
張昇　26
張詠　6
張斌　49
張湯　55
張華　82
張騫　91
張載　65
張夔　19
張之洞　61, 69
張大千　30
張文節　92
張文黼　27
張由古　29
張安世　55
張君瑞　28
張廷玉　17
張杲卿　26
張知白　92
張叔夜　62
張紅紅　55
張若霈　29
張冥飛　68
張鳴岐　69
張雲川　78
張獻忠　62
寇恂　96
寇準　6, 92
曹臣　25, 63
曹操　11, 32, 43, 49, 68, 70
曹翰　91
曹元寵　58
曹阿瞞　32
曹孟德　32
梅詢　89
梅聖俞　21, 27
梅棹忠夫　12
梁武帝　85, 91
梁啓超　8, 84

唐信宗　89, 91
孫甫　25
孫科　12
孫策　28
孫權　30, 93
孫盛　56
孫之翰　25
孫中山　12, 40, 56, 61, 69
孫丕揚　11
徐珂　28
徐晞　48
徐勣　23
徐階　70
徐勉　89
徐曠　47
徐子盛　30
徐文林　47
徐世勣　24
徐宗漢　69
徐敬業　68
徐圓朗　23
班固　30, 29, 50
班超　91
班蒙　95
班孟堅　29
秦檜　29, 48
秦少游　70
秦始皇　29, 38
秦惠王　30
夏禹　46
夏寅　15, 30
夏元瑜　87
夏志清　27
袁枚　27
袁子才　27, 70
章士釗　80
章太炎　79
馬援　4, 20
馬英九　69
馬祖道一　45
高昻　91
高駢　91
高緯　38
高歡　91
高崇文　91
俺答　96
常景　30
晏殊　25, 92, 97
晁蓋　62
桓溫　19, 56, 70
殷浩　56, 93
眞娘　21

紀靈　77
紀曉嵐　18, 67
姜太公　30
姜宸英　43
范式　28
范逵　19
范進　29
范雲　89
范增　49
范攄　21
范曄　4, 20, 55, 76
范仲淹　25, 30, 74, 92
范成大　28
苻朗　70
苻堅　76
苻融　55
韋青　55
韋陟　14
韋敻　94
韋安石　14
俞琳　31
郎瑛　38
飛衛　77
胡榮華　54
柳下季　81
柳下惠　81
柳公綽　19
段成式　68
皇甫謐　30
珍芳達　27
柏恩斯坦　7
柯夫斯基　39

十畫

唐庚　43
唐堯　46
唐伯虎　4
唐德剛　80
唐高祖　47, 73, 77, 89
唐太宗　23, 24, 64, 74, 89, 94
唐高宗　23, 68, 73
唐中宗　68, 89
唐睿宗　68
唐玄宗　20, 31, 45, 60
唐肅宗　31
唐代宗　31
唐德宗　32, 55, 89
唐憲宗　45, 86
唐穆宗　91
唐敬宗　55, 86
唐文宗　86

林語堂　13, 80
林凱文　53
林義傑　53, 54
林覺民　69
林載爵　39
孟子　29
孟母　19
孟郊　28
孟獲　29
孟東野　27
長孫紹遠　55
長孫皇后　94
東方朔　82, 86
東郭垂　33
東郭郵　33
金兀朮　49
金耀基　40
房琯　14
房融　14
房玄齡　64, 65, 89
房彥謙　64
和珅　35
岳柱　44
岳飛　19, 49
匡衡　30
承宮　30
枚乘　50, 88
宓子賤　1
弦唐子　30
咎君謨　77
季辛吉　57
易宗夔　29, 84
邯鄲淳　96
昭明太子　55

九　畫

姚寬　20
姚襄　56
姚若侯　17
姚思廉　89
胡適　12, 40, 80
胡思杜　80
胡林翼　1, 28, 36
洪邁　89
洪秀全　1
洪景盧　89
查理　53
查嗣庭　95
查理五世　100
施江虹　27
施耐庵　62
紀昌　70, 77
紀昀　18

宋太祖　56
宋太宗　6, 14, 56, 91, 92
宋孝宗　85
宋眞宗　6, 89, 92, 97
宋神宗　63, 70, 89
宋徽宗　57, 58
宋高宗　48
杜宣　10
杜衍　25, 35
杜確　28
杜如晦　64
杜詩綿　7
佛印　70
佛洛斯特　30
沈括　25, 26,44, 70, 89
沈約　46, 91
沈謙　16
沈驎士　30
沙門道一　45
沙門傳實　15
貝聿銘　4
貝禮中　4
阮瑀　50
阮籍　70
邢邵　70, 55
何澄　44
何景明　29
余英時　39
伯納蕭　16
克魯奇　39

八　畫

周忱　48
周瑜　11, 23, 28, 49
周公旦　30
周太祖　94
周世宗　94
周司業　29
周亞夫　50
周振圃　27
周恩來　12, 51, 57
周樹人　69
周鵬生　46
周壽昌　43
宗臣　5, 96
宗慤　91
明太祖　31
明英宗　15, 48
明思宗　38
武松　98
武則天　14, 68
林積　85

艾略特　30

七　畫

李白　21, 40, 45
李昉　21
李弇　60
李密　23, 30, 47
李靖　23
李勣　23, 24
李廣　77
李淵　77
李準　69
李廙　64
李元綱　85
李元嬰　73
李日高　30
李北海　74
李世民　23, 24, 89
李宗吾　75
李昌齡　60
李林甫　29
李叔同　15
李秀成　4
李宗吾　75
李延壽　55
李商隱　15, 70
李國鼎　30
李暉吉　55
李清照　95
李德成　66
李義山　15
李懷光　31
李寶嘉　36
李懋功　24
李攀龍　96
吳喜　50
吳子章　73
吳相湘　61
吳稚暉　61
吳敬梓　29
呂布　77
呂坤　5, 11
呂望　30
呂端　14
呂蒙　32
呂不韋　34
呂本中　10
呂奉先　77
呂蒙正　25
宋江　62
宋濂　44
宋玉琳　69

毛澤東　12, 46, 51, 70, 80
白生　50
白居易　46, 70, 76, 86, 93
左宗棠　1, 2, 84
左季高　1
甘蠅　77
甘迺迪　4
申公　50
包愷　30
布朗　61
平原君　71
令狐絢　95
令狐德棻　55
弘一大師　15
北齊神武帝　96

六　畫

朱弁　70
朱翌　68
朱昂　30
朱泚　89
朱隗　27
朱熹　39,92
朱元亨　18
朱元璋　31, 38
朱柏廬　37, 76
朱秋雲　35
朱執信　69
朱買臣　30
朱經農　40
朱遵度　30
吳坰　25
吳相湘　40, 69
吳開先　12
伊尹　47, 48
伊士珍　95
伊庵權　15
任宗　88
任畢明　23
吉溫　14
吉瑣　14
安集延　35
安祿山　55
后羿　77
卡特　99
兆惠　35
江泌　70
米芾　29
羊續　64
托克托　6, 25, 49
多倫阿　28
西門豹　1

王世貞　96
王永慶　52
王安石　6, 25, 70, 85, 95
王定保　21
王長庚　52
王國維　97
王智興　91
王雲五　40
王稼祥　51
王漁洋　27
王福畤　73
王鴻緒　38
王闓運　27
王靈智　77
文王　30
文瑩　94
文天祥　79, 94
文彥博　44
文徵明　4
公孫述　4
公孫龍　71
公儀休　64
元稹　76
元世祖　44
元好問　36, 88
尹仲容　52
尹公之他　77
允祿　29, 50
卞彬　70
牛頓　22, 98
方聲洞　69
厄魯特　35
六祖慧能　45

五　畫

田單　49
田常　3
田嬰　66
田成子　3
田汝成　48
田綸霞　27
石瑛　61
石勒　76
石曼卿　70
石動筩　96
石田裕輔　54
司馬光　44, 64, 66, 70, 89
司馬遷　16, 30, 46, 47, 49, 50
司馬子反　93
毛西河　27
毛奇齡　27

人名索引（數字代表篇目）

二～三畫

丁敬身　27
了悟和尚　15
大禹　93, 99
大寂禪師　45
于嵩　55
子路　11
子產　1
子賤　1
子濯孺子　77

四　畫

孔子　11, 21, 24, 29, 30, 37, 56, 71, 72, 89, 94, 96
孔叔　91
孔穿　71
孔融　28, 55
孔平仲　23, 31
孔守正　56
王旦　25, 94
王充　33, 75
王杰　35
王昕　55
王珪　70
王振　48
王雱　44
王密　9
王嘉　55
王筠　27
王碩　55
王勃　68, 73, 74
王榮　56
王通　37, 64
王莽　47
王粲　55
王猛　70
王整　88
王楙　50
王士禎　6, 70
王壬秋　27
王仁裕　60, 88
王文誥　27
王世充　23, 47
王世杰　40